한중일
힘의
대전환

국립중앙도서관 출판예정도서목록(CIP)

한중일 힘의 대전환 : 한반도가 주도하는 새로운 시장을 위
한 중국과 일본 사용법 / 지은이: 우수근. — 고양 : 위즈덤
하우스 미디어그룹, 2019
    p. ;   cm

ISBN 979-11-89709-69-3 03320 : ₩17000

한중일 관계[韓中日關係]

349.1-KDC6
327.5-DDC23   CIP2019001537

한중일 힘의 대전환

초판 1쇄 인쇄 2019년 1월 25일 초판 1쇄 발행 2019년 1월 31일

지은이 우수근
펴낸이 연준혁

출판 1본부 이사 배민수
출판 2분사 분사장 박경순
책임편집 박지혜
디자인 Mmato

펴낸곳 (주)위즈덤하우스 미디어그룹 출판등록 2000년 5월 23일 제13-1071호
주소 (410-380) 경기도 고양시 일산동구 정발산로 43-20 센트럴프라자 6층
전화 031)936-4000 팩스 031)903-3893 홈페이지 www.wisdomhouse.co.kr

값 17,000원 ⓒ 우수근, 2019
ISBN 979-11-89709-69-3 03320

한반도가 주도하는 새로운 시장을 위한
중국과 일본 사용법

한중일 힘의 대전환

우수근 지음

위즈덤하우스

POWER SHIFT

이제는 대한민국이
도약의 선두에 서야 할 때

6·25 직후 전 세계 120여 개국 중 119위에 불과했던 대한민국의 경제 규모는 지난 70여 년의 피땀 어린 노력 끝에 3050클럽(소득 3만 달러, 인구 5000만 명 이상)의 수준으로 격상했다. 전 세계에서 국민소득이 3만 달러를 넘는 나라는 30여 개로 이 가운데 인구가 5000만 명을 넘는 나라는 미국과 독일, 일본, 영국 그리고 프랑스, 이탈리아 6개국에 불과하다. 이곳에 우리가 당당하게 일곱 번째 회원국으로서 합류하게 된 것이다. 또한, 2018년 우리나라에서 탄생한 아이들의 미래생산성은 세계 2위 수준으로 나타났다. 이는 2018년 세계은행이 인적자본 프로젝트의 일환으로 전 세계 157개국을 대상으로 인적자본지수(HCI)를

측정한 결과이다. 아이가 해당 국가의 보건 및 교육 등의 혜택을 받고 성장하여 갖추게 될 생산성을 각국별로 비교한 지표로서, 우리나라에서 출생한 아이들이 1위인 싱가포르에 이어 2위에 오른 것이다. 아울러 2018년 5월, 우리는 세계 3대 신용평가사인 무디스와 S&P, 그리고 피치의 국가신용등급 평가에서 중국과 일본보다도 두 단계나 높은 평가를 받았다. 우리의 이와 같은 저력을 제대로 간파했기 때문인지 세계적 투자은행인 골드만삭스는 이미 2008년에 "2050년이 되면 한국은 국민소득 약 8만 7,000달러로 미국에 이어 세계 2위를 차지하게 될 것"이라고 전망하기도 했다. 우리 한반도는 지구 육지면적의 0.07퍼센트에 불과하다. 국토 면적이 전 세계 109위에 불과한 우리가 전 세계 229개국 가운데 11위인 경제대국이 되고 올림픽 참가국 206국 가운데 8위에 오른 것도 결코 우연만은 아니다. 이렇게 우리는, 20세기의 형편없는 최약소국에서 21세기의 늠름한 중견강국으로 성장한 것이다. 나는 이런 대한민국이 한없이 자랑스럽다.

나는 지천명의 나이를 넘어선 지금도 '너무 순진하다', '철이 덜 들었다'는 말을 듣곤 한다. 아직도 나 개인보다는 국가와 민족을 더 염려할 때가 많기 때문이다. 솔직히 나의 가장 큰 스트레스 중 하나는 바로 대한민국과 한민족이다. 내 말을 의심하건 말건, 이는 적어도 내 자신에게 만큼은 부인할 수 없는 사실이다. 이러한 나는 우리 한반도 전체 역사 가운데 현재의 대한민국이 가장 위험한 시기를 겪고 있다는 생각을 지울 수 없다. 한반도가 대륙세력과 해양세력에 둘러싸여 있다는 사실은 변함이 없다. 이러한 지정학적 환경 속에서 불행히도 약체인 우리는 줄곧 외침을 당했고 식민지배도 당했다. 하지만 적어도 고려 시대나 조선 시대에 분단을 겪지는 않았다. 현재는 미국이라는, 기존의 열강들보다도 훨씬 더 강한 위세를 지닌 나라 또한 한반도에 큰 영향을 끼치고 있다. 그 속에서 가장 약체인 우리는 설상가상으로 남북으로 분단된 채 서로 싸워왔고 지금도 대치하고 있다. 더 기가 막힌 것은, 이렇게 분단된 남녘 내에서도 이념과 지역 문제로 반목과 불신이 끊이지 않는다는 것이다. 나는 주변국 특히 중국과 일본에게 매번 얻어터져왔던 우리의 불행한 역사가 마냥 주변국의 야욕과 탐욕 때문이라고 생각하지 않는다. 주변국에 대한 몰이해와 내부의 분열과 갈등이, 불행의 역사를 또 다시 반복하게 만드는 것은 아닐까. 내가 밤잠을 이루지 못하는 이유다.

'감정적 판단'을 넘어 '적확한 인사이트'가 필요하다

시장조사 전문기업인 엠브레인 트렌드모니터가 2018년에 실시한 '외교관계' 인식조사 결과, 우리나라 사람들은 첫 번째 비호감 국가로 일본을, 두 번째 비호감 국가로 중국을 꼽았다. 그 이유로 일본에 대해서는 역사 왜곡(86.1%, 중복응답), 식민지배 역사(44.9%), 독도 영유권 주장(41.0%)이, 중국에 대해서는 사드문제와 한한령, 미세먼지 등이 주를 이루었다. 이로써 유추할 수 있듯이 우리가 중국이나 일본에 대해 갖는 기본적 감정은 대체적으로 긍정적이라기보다는 부정적이다. 중일 양국에 대해 '때국놈', '쪽바리'라는 비하도 서슴치 않는다. 지구상에서 G2와 G3로서 당당한 국력을 자랑하고 있는 두 나라를 이토록 무시하는 나라를 찾아보기 어려울 정도이다. 하지만 냉정히 생각해보자. 우리가 과연 중국과 일본을 이렇게나 부정적으로 생각함으로써 얻을 수 있는 소득은 과연 무엇인지, 오늘날 중일 양국에 대해 과연 얼마나 '정통(精通)'하기에 이런 자세를 취할 수 있는지 말이다.

1978년, 국제사회에 문호를 열던 당시 중국의 1인당 국내총생산(GDP)은 154달러에 불과했다. 세계 최빈국인 남부 아프리카 국가들에 비해 3분의 1도 채 되지 않는 수준이었다. 그러나 그로부터 40여 년 정도 지난 오늘 중국의 GDP는 연간 9,000달러에 육박하게 되었다. 더 나아가 2025년경이면 1만 2,700달러를 넘어 고소득 국가가 됨과 동시에 경제규모 면에서도 미국을 추월할 것으로 예측된다.

일본의 국토 면적은 한반도의 1.7배이고 남한의 3.7배이다. 인구는 남북한을 합친 것보다 5000만이나 많은 약 1억 3000만 명 선으로, 경제는 중국에 밀려 G3가 되었지만 여전히 독일, 프랑스, 이탈리아 등을 합친 규모에 견줄 정도다. 기술 수준은 미국과 독일 다음일 만큼 세계 최고를 자랑한다. 외환보유고 역시 1조 2500억 달러(약 1400조 원) 규모이며, 산업생산시설은 우리보다 열네 배나 많다. 2017년 말 대외자산은 1012조 4310억 엔(약 9986조 8218억 원)으로 사상 처음으로 1000조 엔을 넘어섰다. 이처럼 우리의 양 옆에 위치한 중국과 일본은 글로벌 사회에서 각각 G2와 G3의 위상을 자랑하는 나라이다.

그런데 현재 중국은 미국으로부터 전례 없이 강한 파상공격을 당하고 있다. 미국의 공격이 점점 강해지고 있는 것은 중국이 미워서가 아니다. 중국이 부상할수록 미국의 패권적 지위가 위태로워지기 때문이다. 전 세계 유일의 패권국가 미국도 이럴진대 우리의 중국에 대한 인식은 어떤가? 중국을 전하는 우리 사회의 언론매체는 아직도 과거의 감정에 사로잡힌 채 부정적 소식을 실어나르는 데 여념이 없는 듯하다. 이를 보고 있노라면, 청나라 말기 외세에 대한 '적확한 통찰'도 없이 '감정적 배척' 등을 일삼다가, 오히려 청의 몰락을 자초하고만 의화단(義和團)이 떠오르기도 한다.

일본에 대해서는 또 어떤가? 1920년대에 일본통이던 중국인 따이지타오(戴季陶)는 저서 《일본론》에서 "일본인은 중국을 수술대에 올려놓고 수천 번 해부하고 시험관에 넣고 또 수천 번 실험한다. 하지만 중국인은 일본을 그냥 무시한다"고 중국 사회에 경각심을 불러 일으켰다. 그의 말은 일본을 대하는 우리의 자세를 떠올리기에 충분하다. 100년 전 중국을 계몽하기 위해 나온 말이, 지금의 우리에게도 무관하지 않은 것이다.

사실 일본과 중국은 나에게는 각별한 나라가 아닐 수 없다. 나는 2002년 일본에서 쓴 졸필인 《얻어맞을 각오로 쓴 한국인 우군의 일본에 대한 직언叩かれる覚悟で書いた韓国人ウ君の日本への直言》에서 다음과 같은 심경을 밝힌 바 있다. 한국은 나에게 지금과 같은 몸과 마음을 부여해준 '어머니'와 같은 존재요, 일본은 성인으로 성장하는 청년기의 사고 형성에 큰 영향을 준 '아버지'와 같은 존재라고. 그리고 이제, 30대 중후반부터 비롯된 인연 속에서 내 삶을 더 폭넓고 깊게 해준 중국에 대해서는, 정면교사이건 반면교사이건 '스승'과 같은 존재라고 일컫고 싶다.

나에게 있어서 한중일 3국은 이 정도로 소중한 나라들이다. 현재 국제사회에서 우리 한중일 3국의 위상은 점점 더 커지고 있다. 이런 모습은 글로벌 사회가 '팍스 아시아나Pax Asiana' 시대로 접어들려 하며 더 강해지고 있다. 아시아의 시대는, 여러 측면을 고려할 때 한중일 3국이 주도하는 시대라 할 수도 있다. 그리고 이는 곧, 전 세계에서 중일 양국을 '이해하고 활용함에 있어 가장 유리한 여건' 속에 놓여 있는 우리가 세계의 주역이 될 수 있음을 의미하는 것이기도 하다. 다시 말해 한중일 3국이 주도하는 아시아 시대의 도래는 우리 대한민국이 어떻게 대응하느냐에 따라, 우리의 생존과 번영을 한층 더 견고하게 다지는 호기가 될 수도 있는 것이다.

　우리에게는 다른 나라 사람들이 부러워하는 우리만의 독특한 '뭔가'가 있다. 다름 아닌, 중국과 일본을 바로 옆에 두고 있다는 점이다. 이는 한중일의 '과거'에 몰입되어 있는 사람에게는 여전히 '불행'으로 작용할 것이다. 하지만 한중일의 '현재'를 인식하고 있는 사람에게는 '행운'으로 여겨질 수 있다. 중국과 일본을 잘 모를 때에는 그들이 애물단지에 불과하지만, 제대로 알게 되면 보물단지가 되는 것이다. 문제는 과거의 악감정에 사로잡혀 이미 두 나라에 대한 모든 분석을 중단하고 하나는 때국으로 다른 하나는 쪽바리로 정의내린 뒤, 깊이 있는 공부도 하지 않는다는 것이다. 우리는 중일 양국의 정치·경제 및 사회와 문화 구조를 '적확하게' 인식해야 한다. 양국을 바라보는 우리의 사고와 자세를 21세기 오늘에 맞게 업그레이드upgrade하고 업데이트update해야 한다. 최근 들어 세계에서 가장 유력한 시장의 하나로써 부상할 조짐을 보이게 된 북한에 대한 두 나라의 예사롭지 않은 숨결을 고려하더라도, 양국에 대한 야무진 인식과 주도면밀한 대처가 그 어느 때보다 중요하지 않을 수 없다. '21세기 중일 양국'에 대해 '21세기 대한민국'의 관점에서 '제대로' 지피지기해야만 중국과 일본을 우리의 생존과 번영을 위한 도약대로 삼을 수 있는 것이다.

텅없이 부족하지만, 20년 이상 중일 양국에서 직접 생활하며 고민하고 체감한 결과 나오게 된 졸저는 바로 이와 같은 맥락에서 비롯되었다. 아무쪼록 졸저가 우리 국민과 기업으로 하여금 중국과 일본을 좀 더 적확하게 파악하고 활용하는 데 자그마한 도움이라도 되었으면 좋겠다.

졸저를, 자식 노릇 한 번 제대로 못한 불효죄인의 심정을 담아 존경하고 사랑하는 아버지 우제열 님 그리고 어머니 故 배춘자 님께 드린다. 또한 오랜 기간 동안 나와 함께 해주고 있는 김하룡 님과 이승욱 님에게도 이 자리를 빌려 각별한 사랑과 고마움을 전하고 싶다.

눈 내리는 한강을 바라보며
송영미의 남편이자 임삼공의 사위, 우지혁의 아빠, 우수근 拜

PART 2 동북아 힘의 지형을 이해하는 10가지 키워드

PART 3 한국이 주도하는 동북아 전환 시대의 논리

PART 1

오늘, 대륙과 열도는 무엇을 꿈꾸는가

I

지피지기면 백전백승. 겉으로는 위세를 떨지만 속으로는 힘겨워 헉헉 거리는
중국과 일본이라는 두 강국을, 우리는 다독이기도 하며 위로하기도 하고 필요할 때는
약점을 건드려 감히 우리를 함부로 건드리지 못하게 만들어야 한다.
그 완급조절의 힘으로 동북아의 안정과 공동번영의 길을 이끌어가는 것이다.
우리 같이 작은 나라가 해낼 수 있겠느냐고? 충분히 가능하다.
그래서 제대로 아는 것이 그만큼 중요하다.

중국과 일본은 '산꿔(3國)'와 '모노다네(物種)'의 수렁에 빠져 있다

아베 정권 출범 이후 일본에서는 TV 등 대중 매체와 정치인의 입을 통해 '일본이 최고다'는 식의 자랑이 이어지고 있다. '일본은 훌륭하다'라는 붐을 일으켜 애국심을 조장하려는 것이다. 이런 가운데 2018년, 영국 런던에 살고 있는 일본인 여성이 《세계에서 바보 취급을 당하는 일본인》이라는 책을 출간하여 인기를 모았다. 저자는 해외에서 자신이 느낀 일본의 이미지와 '일본은 훌륭하다'라는 붐 사이에 괴리가 크다는 점을 구체적인 예를 들며 직설적으로 표현했다. 예를 들면 "(일본인들은) 정치에 무관심하면서 소고기덮밥(규동)의 가격이 10엔(약 100원)만 올라도 난리가 난다"고 안타까워했다. 또한 "투표율이 상당히 낮은데도,

왜 익명 게시판과 SNS 등에서는 정치적 풍자나 다양한 의견들이 넘쳐나는지 모르겠다"고 비꼬기도 했다. 그러면서 〈도쿄신문〉과의 인터뷰에서 '세계인들은 일본인들을 존경하고 있다'는 표현이 TV 등에서 넘쳐나는 것을 봤다. 하지만 해외에서 일본이 화제가 되는 경우는 거액의 국가 부채와 저출산 문제 등이 거론될 때"고 했다. 또한 "'일본은 시장으로서는 끝이다', '일본에 투자하지 말라'는 말도 있다"면서 "물론 일본인에게도 장점은 있지만 '일본은 훌륭하다'는 것은 환상이다. (일본인 독자에게) 객관적으로 장래를 생각할 기회를 주고 싶었다"고 덧붙였다.

과학저술가인 매트 리들리Matt Ridley는 저서 《이성적 낙관주의자》에서 중국 사회의 불평등 문제에 대해 일반적 견해와는 다른 관점을 제시했다. "중국에서 부자들의 소득이 빈자들의 소득보다 더 빠르게 증가하면서 중국 내에서의 불평등은 더 심해지게 되었다. 그러나 중국의 빠른 경제성장은 전 세계 차원에서 보았을 때 세계의 빈부 격차를 그만큼 빠르게 축소시키는 효과도 가져왔다"는 것이다. 중국의 성장이 국내적으로는 문제가 있긴 하지만, 인류 전체적으로 볼 때는 나쁜 것만은 아니라는 주장이다. 이와 관련, 원자바오溫家寶 전 국무원 총리의 "우리 중국이 13억 인구를 먹여 살리는 것만으로도 우리는 전 세계에 기여하는 것"이라는 농담 아닌 농담은, 중국의 이웃인 우리에게는 우스갯소리로만 들리지 않는다. 만약 14억의 중국이 성장을 멈추거나 혹은 중국이 '산궈(3國) 문제'를 잘 대처하지 못하여 크게 요동이라도 치게 되면, 우리에게 미칠 파급력은 생각만 해도 아찔한 일이기 때문이다. 성장할수록 온갖 어려움이 불거지는 가운데 끙끙거리고 있는 이웃 중국을 보다 냉철하고 합리적으로 지켜볼 필요가 있는 것이다.

중국이 직면한 '산꿔 문제'

14억의 인구라는, 거대한 잠재 시장을 갖고 있는 중국 영토 곳곳에는 다양한 지하자원과 천연자원이 적지 않게 매장되어 있다. 나아가 대륙 곳곳에는 중국 각 시대의 다양한 유적과 유물이 묻혀 있어 그야말로 '보물단지'와도 다름없다. 외국의 입장에서는 매우 부러운 조건이다. 하지만 정작 중국에게 반드시 좋은 것만은 아닌 듯 보인다. 땅이 너무 크고 또 인구 또한 너무 많기 때문에 생길 수밖에 없는 '대국병'을 앓고 있기 때문이다. 나는 이러한 중국의 대국병을 국내 문제, 국경 문제, 국제 문제로 분류하여 '3국 문제'라고 명명하며 예의주시해왔다. 이에 대해 간단히 알아보도록 한다.

먼저 중국의 국내 문제이다. '가지 많은 나무에 바람 잘 날 없다'는 우리말 속담처럼, 우리나라도 5000만 명 정도밖에 안 되는 인구이지만 다양한 문제가 끊임없이 발생하고 있다. 하물며 14억 명이 넘는 중국은 어떻겠는가. 설상가상으로 중국에는 아직까지도 호적에 등재되지 않은 '검은 아이들黑子' 또한 적지 않은 것으로 알려지고 있다. 이들까지 포함하면 중국의 인구는 15억 명이 넘을 것이라는 추산도 있다. 이 많은 인구들이 모여서 북적거리며 살아가고 있는 것이다. 게다가 역사적으로 남달리 개인주의가 강한 그곳이 아닌가. 이를 고려할 때, '생각치도 못한意想不到' 일이 하루가 멀다 하고 터져 나오는 것도 이상하지만은 않을 것이다. 오죽하면 중국의 고위당국자들이 '띠따 런뚜어地大人多' 즉, '아아, 우리 중국은 땅이 너무 크고 사람도 너무 많아서 힘들어…'라며 탄식하곤 하겠는가. 이처럼 우리는, 중국을 마냥 부러워만

오늘, 대륙과 열도는 무엇을 꿈꾸는가

할 것이 아니라 그들이 품고 있는 내면의 고충도 염두에 둘 필요가 있다. 엎친 데 덮친 격으로 시진핑 정권 앞에는 혀를 날름거리는 구렁이들처럼 국경 문제와 국제 문제가 똬리를 틀고 앉아 있다.

중국은 거대한 영토이니 만큼 무려 14개국과 육로로 영토를 맞대고 있다. 이 가운데 베트남이나 인도 등을 포함한 몇 개의 이웃 나라와는 아직도 영토 분쟁을 벌이고 있다. 뿐만 아니라, 육지와는 별도로 일본을 포함한 6개국과는 영해 분쟁도 벌이고 있다. 국제사회에서 영토 관련 사안은 국민감정과 직결되어, 민족주의로 비화하거나 급기야는 전쟁까지 불사할 정도로 휘발성이 강한 문제이다. 이는 큰 나라건 작은 나라건 거의 예외가 없다. 어느 나라든지, '죽으면 죽었지 영토는 터럭한 치도 양보할 수 없다!'는 초강경 입장을 취하고 있기 때문이다. 중국은 불행히도 영토나 영해 문제를 둘러싸고 적지 않은 나라들과 옥신각신하고 있다. 이 상황에서 가령 중국이 어떤 특정한 주변국을 덩치가 작다고 무시하며 함부로 대했다간 다른 주변국들이 어떤 식으로 공동전선을 구축하며 나올지 모른다. 아무리 덩치 큰 중국이라도 영토 관련 문제는 정말이지 골치가 아픈 사안이 아닐 수 없는 게다.

마지막으로 국제 문제이다. 국제사회에서 중국의 부상은 거침없다. 지금도 과거만큼은 아니지만 매년 6퍼센트 대의 성장을 지속하고 있다. 6퍼센트라는 수치를 대수롭지 않게 여길 수도 있지만, 국제경제학의 관점에서 볼 때 매년 6퍼센트 전후의 성장이란 결코 쉽지 않다. 실제로 우리를 포함한 서구 선진국 가운데 이 정도의 성장을 지속하는 국가는 찾아보기 힘들다. 6퍼센트란 결코 무시할 수 없는 성장률인 것이다. 하지만 세상에는 항상 좋기만 한 일은 없는 법. 중국이 성장할수록 미국의 견제도 심해지고 있다. 일본도 마찬가지다. 중국에 대한 침략의 원죄를 지니고 있는 일본 역시 중국이 부상할수록 그만큼 더 두렵고 초조해질 수밖에 없기 때문이다. 그리하여, 중국이 부상할수록 그에 대해 맞서는 입장에 놓인 미일 양국은 공동전선을 한층 더 강화하려 한다.

진짜 문제는 미일 양국의 공동전선은 양국의 결합으로만 그치지 않는다는 것이다. 양국은 다른 나라들도 그들의 공동전선 안으로 끌어들이려 하고 있다. 예를 들어 중국 서쪽 국경을 맞대고 있는 베트남은 중국과의 사이가 엄청 나쁘다. 중국에게 1,000년 정도 지배당했으니 중국에 대한 베트남의 증오는 정말이지 뿌리 깊지 않을 수 없다. 이에 더해 미일 양국은 중국의 또 하나의 숙적이라 불리는 인도까지 규합하고 있다. 인도 또한 중국과 영토 분쟁을 벌이고 있으며 얼마 전에는 서로 총격전을 전개하기도 했다. 지금도 양국은 국경 분쟁지역에 서로 군사를 배치한 채 대치하고 있는 중이다. 이러한 상황을 미일 양국이 모를 리 없다. 이런 식으로 미일 양국은, 중국과 관계가 나쁜 나라, 그리고 관계가 나쁠 여지가 있는 나라를 중심으로 합종연횡의 대중 공동전선 강화에 여념이 없다. 이 또한 중국으로서는 여간 골치 아픈 문제가 아닐 수 없는 것이다.

이처럼 3국 문제에 시달리고 있는 중국을 나는 일본의 스모相撲 선수에 비유하기도 한다. 엄청난 덩치를 자랑하는 스모 선수들, 그들을 과연 누가 건드릴 수 있겠는가. 하지만 그들에게도 매우 치명적인 '적'이 존재한다. 다름 아닌, 바로 '복합합병증'이다. 스모 선수는 달리 말해서 '초거대 비만증 환자'라고 할 수도 있다. 이들이 건강하게 장수하기

오늘, 대륙과 열도는 무엇을 꿈꾸는가

위해서는 다이어트를 해야 한다. 하지만 스모 선수들이 살을 뺀다면, 스모 선수로서의 역할은 쉽지 않게 된다. 스모 선수로 활약하기 위해선 큰 덩치가 필요하고 그러려다 보면 치명적인 복합합병증에 시달려야 하는 진퇴양난의 딜레마가 생긴다. 중국은 14억이라는 인구를 지닌 '전례 없는' 단일 국가다. 마치 복합합병증과도 같은 3국 문제로 시달리지 않을 수 없다. 그렇다면 어떻게 해야 할까? 지금보다 몸집을 줄여 '상하이 국', '베이징 국', '광동 국'과 같은 몇 개의 소규모 국가로 쪼개는 건 어떨까? 아마 중국 공산당 최고 지도부부터 맹렬히 반대할 것이다. 그들로서는 조그마한 나라의 최고 지도자가 되기보다는 세계 최대의 인구 대국이자 엄청난 규모의 영토 대국 수장으로 있는 것이 훨씬 폼 날 것이기 때문이다. 세계의 부러움을 사고 있는 중국이라 하더라도 그 앞날이 마냥 밝지만은 않다.

일본이 직면한 '모노다네(物種) 문제'

일본 사회 또한, 다양한 문제에 직면해 있다. 이들 중에는 현재의 일본이 직면한 단기적 문제들도 있지만, 중장기적 측면에서 일본의 앞날을 어둡게 하는 근원적 문제, 즉 '모노다네 문제'도 적지 않다. 일본이 품고 있는 문제들 역시 국내, 국제, 국경 분야로 나누어 간단히 살펴보기로 한다.

먼저 국내 문제이다. 일본의 주요한 국내 현안에는 자연재해에 대한 대처나 쓰레기 처리 등의 환경문제, 총인구의 28퍼센트를 넘은 65세

이상 인구에 대한 대처와 노인 케어 등을 포함한 고령화 문제, 2008년 이후 인구가 지속적으로 감소하고 있는 소자화少子化, 즉 인구 감소 문제, 그리고 빈부격차 문제와 외국인 노동자 고용 문제 등이 있다. 이들 문제는 그야말로 민생 관련 문제이다. 이 때문에 대부분의 일본인들은 국경 문제나 국제 문제보다 국내 문제에 더 많은 관심을 갖고 있다. 이 점에 착안, 아베 총리는 민생경제 해결에 역점을 두고 성과를 내는 한편, 그 인기를 몰아 과거사 문제나 영토 문제 등도 자기 의도대로 끌어가고 있는 것이다.

다음으로 국경 문제, 즉 영토 관련 문제이다. 어디까지나 일본 정부의 주장에 의하면, 일본 또한 최소한 3개국과 영토 문제가 얽혀 있다. 우리와의 독도 문제, 중국과의 센카쿠 쇼도尖閣諸島 문제, 그리고 러시아와의 북방 문제이다. 개인적으로 나는 일본 유학 중에, 일본 정부가 말하는 이 세 개의 영토 문제에 대해 작심하고 연구해본 적이 있다. 그 결과 독도는 확고하게 우리의 영토라는 변할 수 없는 사실을 확인하는 등 일본의 세 개 영토 문제에 대해 나름의 견해를 지니게 되었다. 하지만 '일본 정부'의 생각은 다른 것 같다. 여기서 일본 정부 앞뒤에 따옴표를 써서, 일본 정부임을 특히 강조한 것에는 이유가 있다. 일본에는 일본 정부가 주장하는 영토 문제에 대해 반대 견해를 지닌 사람들이나 단체도 적지 않기 때문이다. 예를 들면 '독도는 대한민국 영토'라고 주장하는 양식 있는 개인과 단체가 엄연히 존재하기 때문에 이런 분들까지 하나로 뭉뚱그려서 비난하고 싶지는 않다.

중일 양국 사이의 센카쿠 쇼도 지역은 일본이 실효지배하고 있지만, 중국도 이 지역을 '디아위 다오釣魚島'라고 부르며 중국령으로 주장하고 있다. 명나라의 영락제 원년(1403년)에 출판된《순풍상송順風相送》이란 고서에 등장한 '조어서釣魚嶼'란 명칭 등을 포함하여 적지 않은 근거를 제시하고 있다. 그런데 이곳이 1895년 청일전쟁 당시 일본제국에 의해 무주지無主地로써 일본 영토로 편입되었다. 2차 세계 대전이 종료된 뒤 미국은 자국이 위임통치하는 오키나와의 관할권 안에 이 지역을 포함시켰다. 1972년 오키나와가 일본에 반환되면서 현재에 이르게 된 것이다.

다음으로 러시아와의 사이에서 북방 네 개 영토 문제가 있다. 쿠릴 열도 최남단의 두 개 섬(이투루프섬과 쿠나시르섬)과 홋카이도 북동쪽의 두 개 섬(시코탄섬과 하보마이 군도)에 대한 러일 양국 간의 영토 분쟁을 말한다. 이 네 개의 섬 지역은 2차 세계대전 이후 구소련의 영토로 편입되었고 구소련 붕괴 후 러시아의 영토로 계승되어 오늘에 이르고 있다. 이에 대해 일본은 '이 지역은 역사적으로 홋카이도에 부속된 일본의 고유 영토다. 그런데 1945년 이래 구소련에게 강탈당한 것이니 만큼, 반환해달라'고 요구하고 있다. 이에 대해 러시아는 '샌프란시스코 강화조약에서 일본은 쿠릴 열도 전체에 대한 일체의 권리를 포기했고, 이투루프 섬과 쿠나시르 섬은 영유권을 포기한 이 쿠릴 열도에 포함되어 있지 않은가'라며 자국령임을 주장하고 있다.

세 번째로 국제 문제이다. 현재의 일본은 국제사회로부터 폭넓게 견제 및 경계당하고 있는 중국과는 달리, 몇 가지 사안들을 제외하고는 국제사회 일반과 비교적 원만한 관계를 지니고 있다. 그런데 문제는 여기서 말하는 그 몇 가지 예외적인 사안들이 인류의 보편타당한 윤리와 도덕 등에 정면으로 위배되고 있다는 것이다. 다름 아닌, 과거사 등과 관련된 사안들이다. 일본은 아직도 과거의 침략 사실을 부정하고 있다. 뿐만 아니라 일본 정부에 의한 위안부 및 강제징용 등의 문제도 부정하거나 왜곡하고 있다. 이로 인해, 일본을 바라보는 국제사회의 시선은 결코 곱지 못하다. 국제사회의 적지 않은 국가들은 일본의 막강한 경제력을 생각하며 드러내놓고 일본을 비난하거나 반일(反日)의 모습을 보이지는 않고 있다. 하지만, 내심으로는 그 저급성에 대해 한심해하거나 경원시하고 있다. 천민 근성을 지닌 벼락부자에 대해 겉 다르고 속 다른 행동을 하는 일반 민심과 다를 바 없는 것이다. 이로 인해, 국제사회에서 일본의 위상은 그 막강한 경제력에 비해 훨씬 떨어지는 것이 사실이다. 이 또한, 안타깝지만 일본이 스스로 풀어야 할 자업자득이 아닐 수 없다.

중국의 가시밭길은 우리에게 기회의 요소

일본의 3국 문제는, 여러 가지를 고려할 때 중국의 3국 문제보다는 비교적 덜하다고 할 수 있다. 일본은 정치경제 및 사회적 토대 등이 중국보다 더 안정되어 있기 때문이다. 따라서 여기서는 중국에 더 초점을 맞춰 이야기하도록 한다.

현재 중국 공산당은 거대한 실험을 하고 있다. 중국이라는 거구를 유지한 채 3국 문제와 같은 복합합병증을 치료하려는 실험 말이다. 14억 인구 단일 국가가 전례 없었던 일인 것처럼, 남들이 해본 적 없는 실험이 아닐 수 없다. 따라서 결과는 어떠할지 누구도 장담할 수 없다. 나는 중국이 품고 있는 이 복잡다단한 난제들은 앞으로 상당 기간 해결되기 쉽지 않을 것이라고 생각한다. 그렇기 때문에 중국을 너무 과도하게 경계하거나 두려워할 필요가 없다.

설상가상으로 중국에 대한 미일의 견제도 나날이 심해져, 중국의 가시밭길 또한 더더욱 두터워지고 있다. 그러나 역설적으로 바로 이러한 점 때문에 우리에게는 위협보다는 기회의 요소가 더 많다. 가뜩이나 안팎으로 시달리고 있는 와중에 우리와도 척을 져서 좋을 것은 없기 때문이다. 실제로 이는 현재의 우리를 바라보는 오늘날 중국 당국의 관점이기도 하다. 그럼에도 불구하고 우리는 아직도 중국으로부터 침략받았던 역사나 현재의 엄청난 규모 등에 스스로 위축되어 과도하게 경계하거나 우려하고 있다. 중국의 숨은 고민을 도외시한 실로 안타까운 상황판단이다. 따라서 이제는, 중국의 안팎 사정을 적확하게 파악하고 한숨 돌릴 겨를 없는 중국과의 원원을 우리가 주도하도록 하자. 지피지기면 백전백승, 겉으로는 위세를 떨지만 속으로는 힘겨워 헉헉 거리는 이 나라를 다독이기도 하고 위로하기도 하며, 필요할 때는 그 약점을 건드려 우리에게 감히 함부로 하지 못하게 하는 가운데 동북아의 안정과 공동번영의 길을 이끌어 가는 것이다. 우리같이 조그만 나라가 가능하겠냐고? 충분히 가능하다. 중국에 대해서 속속들이 알게 되면 제반 협력이나 비즈니스 등은 얼마든지 해낼 수 있기 때문이다.

'중국특색의 사회주의'란 정말 사회주의일까

오스트리아 출신 경제학자인 프리드리히 하이에크Friedrich Hayek는 저서 《치명적 자만》을 통해 사회주의를 혹독히 비판했다. "사회주의와 자유주의 중 어떤 것을 선택할 것인가 하는 것은 가치의 문제가 아닌, 참과 거짓을 가리는 문제이다. 사회주의가 제시하는 그 이상과 현실과의 괴리 때문에 사회주의가 나쁜 게 아니다. 유명한 철학자 칼 포퍼Karl Popper가 말한 것처럼, 사회주의는 '거짓으로 판명난 사이비 과학이론'일 뿐이며 거짓 이론이기 때문"이라는 것이다. 그러면서 그는 사회주의 그 자체를 '치명적 자만The Fatal Conceit'이라고 혹평하기도 했다. 그의 이러한 비판에 대해 중국 당국도 모를 리 없다. 그래도 중국이 사회주의를 포기하지 못 하는 이유는 무엇일까?

엄밀히 말해 중국은 사실상 이미 사회주의를 버렸다. 중국식으로 포기한 것이기 때문에 우리가 잘 파악하지 못하고 있을 뿐인 게다. 어떠한 일을 함에 있어 중국은 신속, 과감 그리고 단호함과는 거리가 멀다. 미국과는 퍽 다르다. 가랑비에 옷 젖듯 하는 완곡함, 그런 것 같기도 하고 아닌 것 같기도 한 애매모호함, 그리고 물에 술 탄 듯, 술에 물 탄 듯한 '은근슬쩍'이 중국식이기 때문이다. 이런 중국식을 통해 중국은, 표면상 사회주의를 견지한다고 하지만 사실상 포기한 것이나 다름없다. '중국특색의 사회주의'라는 애매모호한 개념을 들고 나와 사회주의라는 허울만 남긴 채 그 속은 중국 특색으로 바꿔버린 것이다. 그렇다면 중국 특색이란 과연 무엇인가? 그에 대한 범위와 내용을 규정짓기란 쉽지 않다. 그에 대해 논리정연하고 철두철미하게 잘 아는 중국 당국자들도 거의 없을 것이다. 그러나 한 가지 확실한 것은, 중국특색이란 마치 '전가의 보도'와도 같은 것이라는 점이다. 중국이 원하는 것은 뭐든지 중국특색이 되며 그렇게 채택한 것은 사회주의, 즉 중국특색의 사회주의가 되기 때문이다. 중국을 이해하는 또 하나의 키워드인 '표리부동'이 여지없이 잘 드러나는 한 단면이 아닐 수 없는 것이다.

화식의 후예, 중국

〈화식열전貨殖列傳〉은 중국 고대 한 무제 당시 역사가 사마천司馬遷이 지은 《사기》에 수록된 이야기이다.[2] 책 이름의 한자 그대로 '재물貨을 증식殖시킨' 부자들과 관련된 이른바 부자평전과도 같은 책이다. 재미있는 것은, 여기에는 이름만 들어도 알 수 있는 중국 춘추전국시대의 유명한 책사와 학자들도 다수 포함되어 있다는 점이다. 예를 들어 공자의 수제자인 자공子貢을 비롯, 주 문왕을 도와 은나라를 무너뜨리는 데 큰 공을 세운 강태공 강상姜尙, 주 환공을 도와 제나라를 강성대국으로 만든 관포지교管鮑之交의 주인공 관중管仲, 월나라 구천을 도와 오나라를 멸망시킨 범려范蠡 등이다. 각각 책사 등으로 명성이 자자했던 이들은 상공업 발전을 통한 부국강병책을 역설했다. 그들은, '부국강병은 자유로운 시장에서 비롯된다'며 자유로운 경제활동을 강조했다. 이로 인해, 고전 경제학의 시조인 《국부론》의 저자 애덤 스미스Adam Smith보다 1,800여 년 앞서 시장경제를 설파했다고 평가받기도 한다.

이들 책사와 학자들은 실제로 상공업에 종사하여 거부가 되었다. 관중과 같은 경우는 '신하이지만 웬만한 나라의 군주들보다도 부자였다'고 전해지기도 한다. 이 정도로 중국인들은 예로부터 '돈벌이'에 거리낌 없이 당당하게 임해왔다. 실제로 사마천은 '정부의 시장개입은 시장의 효율성을 파괴함으로써 경제성장을 저해할 뿐'이라며 비판했다. 한무제 말기에 민생 경제 사정이 나빠진 것은 자유로운 경제 활동을 억제하고 전매사업과 국영기업 등을 확대했기 때문이라고 분석했다. 그러면서 활발한 경제 활동에 부정적인 고관대작들에 대해서는 '빈궁하면서도 탁상공론에서 헤어나질 못하는 사대부들은 과연 본받을 만한가? 자신은 물론 백성들의 빈궁함도 해결하지 못하는 수치스러운 자들에 불과하지 않는가'라며 강하게 비판하기도 했다. 이렇듯 중국은 고대부터 그 어느 나라보다도 자유로운 시장경제를 전개해온 나라이다. 이러한 중국인들에게 공동 경작 공동 분배와 같은, 원래적인 사회주의는 태생적으로 어울리기가 쉽지 않다.

2018년은 오늘날의 중국이 채택하고 있는 새로운 경제정책을 도입한 지 40주년이 되는 해이기도 하다. 1976년 마오쩌뚱毛澤東의 사후 집권한 덩샤오핑鄧小平이 1978년 10월 일본을 방문하고 귀국한 뒤 12월부터 전격적으로 '중국특색의 사회주의 경제'라는 것을 시행했기 때문이다. 1978년 중국의 1인당 국내총생산GDP은 154달러로, 사하라 남부 아프리카 국가들의 3분의 1도 채 되지 않았다.[3] 하지만 오늘날 중국의 1인당 국민소득은 연간 9,000달러 전후이다. 2025년이면 1만 2,700달러 선을 넘겨 고소득 국가 수준이 될 것으로 전망된다. 뿐만 아니라 중국은, 이미 세계 최대의 상품 생산국가이며 세계에서 가장 강력한 글로벌 경쟁력을 지닌 국가로도 꼽히고 있다. 이 속에서 중국 화폐인 위안元은 이미 2015년에 미국의 달러, 일본의 엔, EU의 유로 및 영국의 파운드와 더불어 국제통화기금IMF의 특별인출권SDR 바스켓의 다섯 개 통화 중 하나로 올라섰다. 이 SDR 편입으로 위안화는 국제준비통화가 되는 데 한 단계 더 다가선 것이다.

이처럼 20세기 과거에 사회주의 체제를 채택했던 구소련(현재의 러시아 연방)을 비롯한 동유럽 국가들은 경제가 붕괴되는 등 엄청난 시련을 겪었지만 동일한 사회주의 체제를 지녔던 중국은 오히려 더 '성공'했다. 과거의 그 어둡고 암울했던 빈궁으로부터 벗어났을 뿐 아니라 현재는 세계 제2의 경제대국으로까지 발돋움한 것이다. 중국에서 18년을 거주하며 중국을 몸소 체험한 펄벅Pearl S. Buck이 저서 《대지》를 통해 '아무리 노력해도 희망이 보이지 않을 듯한 가난한 농업국가'로 묘사했던 중국, 개혁개방 몇 해 전만 해도 매년 수백만 명의 아사자가 끊이질 않았던 중국이 40년도 채 지나지 않은 상태에서 G2로 부상할 수 있었던 원인은 과연 무엇일까? 중국 굴기의 가파른 배경에는 중국 정부의 역할이 크게 한몫해왔다. 중국의 급성장 이면에는 '중국 개혁개방의 총설계사'라 불린 덩샤오핑이 채택하여 견지해온 중국특색의 사회주의 체제가 토대가 되어 왔음을 부정할 수 없다.

먼저 덩샤오핑이 누구였던가? 빈곤과 부정부패에 찌든 과거의 중국이 오늘의 신중국으로 탈바꿈한 가장 주요한 요인의 하나로 그의 지도력이 꼽힌다. 1976년 마오쩌둥 사망 후, 권력을 장악하게 된 덩샤오핑은 그 유명한 "어떤 정당이나 국가, 혹은 민족도 마음이 교조적 원리나 미신에 묶여 있다면 앞으로 나아갈 수 없다. 그렇게 되면 생명력도 잃게 되며 결국은 죽어 없어지게 된다"는 말과 함께 중국이라는 나라의 노선을 완전히 새롭게 바꾸었다. 중국을 전임자 마오쩌둥의 '이데올로기를 바탕으로 한 정치 노선 위주'로부터 '실사구시를 바탕으로 한 경제 노선 위주'의 국가로 새롭게 좌표 설정한 것이다. 그에게 있어 가장 중요한 것은 정치도 아니고, 계급투쟁도 아니고, 좌우 대립도 아니었다. 오로지 부민강국富民强國, 즉 백성은 부유하고 국가는 강한 나라였다. 이후 중국에는 사회 각지에서 난무했던 각종 정치적 선전구호나 이념적 슬로건이 사라졌다. 실제로 1997년 그가 사망할 때까지 중국에서는 '정통 사회주의 혁명을 완수하자!'거나 '계급투쟁을 지속하라!'는 등의 선전 문구는 일체 등장하지 않았다. 그 대신 사실상 굳게 닫혀 있던 중국의 문호가 개혁·개방이라는 이름으로 활짝 열리게 되었다. 이후 덩샤오핑의 중국은 개혁·개방 1호 정책으로써 농업 분야에서 개인의 토지 사용을 허가했고 2호 정책으로써 광동성의 선전 지역을 비롯한 네 개 지역에 경제특구를 설치하여 외국의 자본과 기술을 도입하는 등 기존과는 완전히 다른 경제 위주의 정책들을 속속 선보였다. 그리고 이러한 정책들이 결실을 보고 또 서로 상호작용을 하는 가운데 중국은 수십 년간 연평균 10퍼센트대의 고도성장을 지속할 수 있게 되었다. 덩샤오핑에게 있어서 기존의 계급정치 및 이데올로기 위주의 사회주의 체제는 거추장스러운 과거의 유물이었다. 자신들의 발전을 옭아매는 족쇄에 다름 아니었던 것이다. 이후 중국 정부는 경제성장을 정당화하고 또 편리하게 추진해나가기 위해 공산당의 당헌과 당령 등도 그에 맞도록 계속 수정해왔다. 그럼에도 불구하고 중국은, 아직까지도 사회주의 체제를 견지한다고 하고 있다. 도대체 어이 된 일인가?

중국특색의 사회주의경제와 자본주의 시장경제의 차이

오늘날 중국이 견지하고 있는 사회주의는, 사회주의이기는 하지만 마오쩌뚱의 사회주의 혹은 그 전의 사회주의, 다시 말해 정통 사회주의는 아니다. 이는 중국 당국 스스로 '중국특색의 사회주의'라고 말하고 있는 것으로도 잘 알 수 있다. 그럼 정통 사회주의와 중국특색의 사회주의에는 어떤 차이가 있을까? 이에 대해 현학적sophisticated인 이론 고찰은 학자들에게 맡기고 여기서는 극히 간단하게 알아보도록 하자. 무엇보다도 먼저 명칭에서 그 차이를 유추할 수 있다. 중국이 현재 채택하고 있는 것은 그냥 사회주의가 아닌, 중국특색의 사회주의이다. 정통 사회주의에는 없지만 '중국특색'이 가미된 사회주의 다시 말해, '중국특색'만큼의 차이가 있는 사회주의이다. 어찌 보면 황당한 말장난 같겠지만 유감스럽게도 이 표현이 가장 정확하다.

그렇다면 '중국특색의 사회주의경제'는 '자본주의 시장경제'와 어떻게 다를까? 이 둘 사이에도 '사실상' 큰 차이는 없다고 할 것이다. 중국과 다른 민주주의 국가들과의 경제체제 사이에서 차이가 난다면, 그것은 자본주의 시장경제와 정통 사회주의 계획경제에서 나타나는 두드러진 차이라기보다는 국가마다의 특징에 기인할 확률이 크다. 동일한 민주주의 시장경제를 채택하고 있는 나라들이지만, 미국의 경제체제와 일본, 한국, 인도, 브라질 등의 경제체제는 각국의 상황에 따라 저마다 다른 특징을 보인다. 마찬가지로 중국도 비록 사회주의 경제체제라고 하지만 실상은 자본주의 경제체제 안에서의 차별점을 지닌다. 이는 1978년 집권한 덩샤오핑이 1974년에 노벨경제학상을 수상한 프리드리히 하이에크로부터 자문받으며 중국의 국가경제를 설계하고 이끌었다는 점만 봐도 알 수 있다. 앞서 본 것처럼, 자유주의 경제학자로 불린 프리드리히 하이에크Friedrich Hayek는 사회주의 체제에 대해 매우 부정적 인식을 갖고 있었다. 실제로 그가 1944년에 출간한 《노예의 길》은 자유주의 철학을 담은 저서로 손꼽히며 '사회주의 계획경제의 진실'이라는 부제를 달고 있다. 하이에크는 이 책을 통해 "사회주의가 감언이설로 사람들을 혹하게 하고 있다. 그러나 사회주의는 결국 전체주의로 이끌며 국민을 노예 신세로 전락하게 만들 것이다"라며 사회주의에 대해 강한 반감을 드러냈다. 이런 그가 강력히 주장한 것은 정부의 간섭 배제와 시장의 자유 존중이라는 자유시장 경제였다. 그의 이런 주장은 그에게 자문을 구한 덩샤오핑에 의해 중국의 개혁개방으로 나타났다. 그 결과 고질적인 오랜 기근과 아사에 허덕이던 중국이 덩샤오핑 집권 3년 만에 식량의 자급자족을 달성하기에 이른다. 참고로 하이에크의 자유시장 경제는 당시 로널드 레이건 미국 대통령과 마거릿 대처 영국 총리 등이 상당 부분 채택해 1980년대 미국과 영국의 신자유주의로 이어졌다.

'지옥에 가는 일도 돈으로 좌우된다(地獄の沙汰も金次第, 지고쿠노 사타모 가네 시다이)'라는 말이 있을 정도로 남다른 물질관을 가진 일본인들도 중국인들의 물욕과 금전 추구에 대해서는 혀를 내두른다. 돈 많이 벌라는 새해인사가 면면하게 통용되어온 중국일 정도로 중국인들의 물질 추구욕은 남다르다. 그러한 중국인들에게 공동노동 · 공동분배라는 사회주의는 도저히 맞을 수가 없는 것이다. 지구상 그 어느 나라보다 자본주의의 최첨단을 달리고 있다고 해도 과언이 아닐 중국에 대해 마르크스 · 레닌의 사회주의라는 철 지난 이론을 들이댄다는 것은 공허하기만 한 일이다. 그럼에도 불구하고 우리는 여전히 중국에 대해 '사회주의 국가'라는 고정관념과 편견을 토대로 바라보고 있다. 사회주의라는 허울을 걸치고는 있지만, 그것은 어디까지나 과거의 허물이라도 완곡하고 우회적으로 부정하는 중국식 표리부동에 근거할 뿐인데 말이다. 중국은 보수 세력이 집권하면 이전 진보 세력의 색깔을 철저하게 부정하는 우리와는 다르다. 부국강병을 위한 정치적 사상이나 경제적 방법이 아무리 달라도 중국은 전임 정권을 송두리째 부정하는 과단한(?) 행위는 하지 않기 때문이다.

사회주의니 자본주의니는 중요하지 않다

오늘날의 중국인들은 '사회주의 국가 중국'에 대해 어떻게 생각할까? 대답 대신 2000년대 초 중국 생활을 막 시작할 무렵의 에피소드 하나를 소개하고자 한다.

어느 날 잘 알고 지내던 중국인 학자들과 저녁을 하다가 문득 '중국특색의 사회주의경제와 자본주의 시장경제와는 어떤 차이가 있는지' 물어봤다. 참고로 지인 중에는 공산당 간부 육성학교의 교수들도 있었다. 나의 돌발 질문에 화기애애했던 저녁 자리에 한순간 서릿발이 내린 듯했다. 이윽고 당 간부 육성학교의 한 학자가 대답하며 나섰다.

"다를 게 뭐가 있어, 공산당이 다르다니까 다른가보다 하는 거지! 왜 아직도 중국이 사회주의 국가냐고? 그것도 공산당이 그렇다니까 그런 거지 뭘…"

뒤이어 다른 사람들도 몇 마디씩 거들고 나섰다.

"사회주의니 자본주의니 뭐가 중요하겠어? 그저 백성들을 잘 살게 해주면 되지!"

이에 모두들 파안대소하며 연신 "간뻬이(干杯, 건배)!!"를 외쳐댔다. 뭔가 찝찝하지만 묵은 체증이 내려간 듯하기도 하여 술이 술술 넘어갔다.

중국이 꿈꾸는 것은
민주화가 아닌 '부자화'

몇 해 전에 중국 내륙의 한 도시를 방문한 적이 있다. 그곳에는 삼국지의 주요 인물들을 추앙하는 한 사당이 있었다. 사당의 여기저기에는 유비, 관우, 장비를 비롯해서 조조, 제갈공명, 조자룡 등과 같은 삼국지의 주요 인물들의 인물상이 만들어져 있었고 사람들은 돌아보며 사진을 찍었다. 그런데 유독 한 사람의 인물상 앞에 많은 사람들이 몰려 있었다. 사람들이 향을 피워서 연신 고개를 숙이며 돈을 바치는 것이었다. 누군가 다가가서 봤더니 바로 관우關羽였다. 유비도 아닌 관우상 앞에 사람들이 몰려 있고 향을 피우며 무언가를 열심히 기원하길래 옆에 있던 중국인에게 넌지시 그 이유를 물었다. 그랬더니 "관우는 중국에서 돈을 많이 벌게 해주는 '재물의 신'이다. 관우에게 정성껏 기도를 드리면 재물운이 좋아진다고 믿는다"고 했다. 그때, 옆에 있던 사람의 재미있는 한마디가 아직도 기억에 생생하다. 그는 내가 한국인이라고 소개하자, 곧 '민주주의' 국가에서 왔음을 의식한 듯, 다음과 같이 덧붙였다. "우리 중국에서는 민주주의고 뭐고 다 필요 없어요. 돈 많이 벌어 부자가 되게 해주면 최고지 뭐. 우린 그래서 관우를 더 좋아한답니다!"

중국인들이 추앙하는 두 사람이 있다. 유교의 공자와 삼국지의 관우이다. 중국에서 두 사람은 성인으로 모셔지고 있고 그래서 두 사람의 무덤 이름도 신이 묻힌 곳이라는 의미에서 각각 공림公林과 관림關林으로 불리고 있다. 그런데 중국인들이 공자를 성인으로 모시는 것은 이해할 수 있지만, 관우를 성인으로 모시며 존중하는 이유는 무엇일까? 더군다나 관우는 '재물의 신'으로까지 추앙받고 있다. '돈을 벌게 하는 신'으로 모셔지고 있는 것이다. 왜 그럴까?

중국에서 관우는 '의리와 신용'의 상징이다. 비즈니스에 있어 가장 중요한 덕목은 바로 의리와 신용이다. 그렇기 때문에 중국에서는 관우를 재물의 신으로 추앙하고 있는 것이다. 위의 사당에서 만난 중국인도, 나는 민주주의건 뭐건 아무 말도 하지 않았는데 스스로 민주주의와 관우를 언급하며 비교했다. 이 작은 에피소드는 '중국인에게 있어 민주주의'란 무엇인지를 돌아보게 했다.

미국을 비롯한 서구사회에서는 여전히 '사회주의 국가' 중국에 대해 거리감과 이질감을 느끼는 것 같다. 이는 우리 사회도 마찬가지이다. 그러면서 1990년대 초에 이미 역사적으로 사라진 사회주의를 떠올리며 '중국의 사회주의도 사라질 것이다, 그 자리를 민주주의가 대체할 것'이라고 생각하곤 한다. 과연 그럴까? 이에 대해 중국 대륙의 주인공인 중국인들은 어떻게 생각할까? 그들은 사회주의와 서구식 민주주의 중 어느 것을 더 원할까?

중국식 사회주의는 다시 말해 중국식 자본주의

역사적으로 그 어느 나라보다도 물질주의와 배금주의를 숭상하는 나라가 바로 중국이다. 동양의 유대인이라 불릴 정도로 돈 버는 데 아무런 거리낄 것이 없는 사람들이 중국인이다. 언제 어디서 무슨 화를 당할지 모르는 예측불가한 역사의 흐름 속에서 그들에게 가장 중요한 것은 생명과 안전을 지켜줄 수 있는 것들이었다. 믿음직스런 금은보화와 같은 '물질'이 바로 그것이었다. 재물만 갖고 있으면 꽌시도 얼마든지 구축할 수 있다. 스스로 관직에 올라가 떵떵거릴 수도 있기 때문이다. 새해 인사로도 '돈 많이 버세요(恭喜发财 . 꽁시 파차이)!'라며 당당하게 덕담을 주고받는 나라가 중국이다.

중국 역대 왕조의 주된 붕괴 요인 중 하나가 무엇인지 아는가? 정치적인 자유의 부족? 아니다. 다름 아닌, 민생고다. '나는 이렇게 열심히 일하는데 생활은 좀처럼 나아지질 않는다. 이에 비해 온갖 불법행위를 일삼는 이들은 나날이 부유해지고 관리들도 그들과 결탁하여 주머니를 불리고 있지 않은가. 잘못되어도 한참 잘못된 세상, 바뀔 리 없다면 뒤집어엎자!'라며 봉기한 것이다. 이처럼, 민초들의 주된 봉기 원인은 경제적인 이유였다. 이는 오늘날도 마찬가지다. 오늘날 중국인들 또한 그들의 조상들과 동일하게 돈벌이에 열심이다. 더 많은 물질, 더 많은 금전을 향한 그들의 욕망과 처절한 노력은 과거보다 더하면 더했지 결코 뒤지지 않는다.

오늘날 중국인들이 간절히 원하는 것은 자유민주주의가 아니다. 그들에게 있어 '자유'라는 것은 돈이 많으면 많을수록 더 많이 누릴 수 있는 가치에 불과하다. 민주적 권리 또한 내가 물질을 얼마나 소유하고 있느냐에 따라 내가 향유할 수 있는 질과 양이 좌우된다는 사고방식이다. 중국인들이 진짜로 바라는 것은 내가 재물을 얻고 내 금전욕을 더 잘 성취시켜주는 제도이다. 그것이 민주주의라면 '오케이, 민주주의를 채택해도 좋다!', 그것이 사회주의라면 '오케이, 사회주의라는 것을 채택해도 좋다!'인 것이다. 현재 중국 정부가 채택하고 있는 '중국특색의 사회주의'도 결국은 이와 같은 맥락에서 탄생했다. 이러한 관점에서 볼 때 중국특색의 사회주의라는 것은, 다른 말로 하면 '중국식 자본주의'와 별반 다를 바 없다. 평등한 노동과 평등한 분배라는 사회주의 시스템에서는 중국인들의 돈벌이 욕구가 제대로 발휘되기 쉽지 않다. 따라서 개개인의 능력에 따라 돈벌이에 제한이 없는 자본주의로 바꾸어야 한다. 하지만 1949년, 오늘날의 신중국을 건국한 마오쩌둥이 사회주의를 지향한다고 했고, 이후 공산당도 줄곧 사회주의 노선을 견지해왔기 때문에 이를 하루아침에 바꿀 수 없을 따름이다. 만약 지금 필요하다고 송두리째 과거의 자취를 부정한다면, 오늘날의 자신들 또한 훗날의 후손들에 의해 송두리째 부정당할 수 있지 않은가. 바꾸긴 바꿔야 하는데 어떻게 하면 좋다는 말인가? 이 부분에서 중국은 우리와 꽤 다르다. 좌파가 집권하면 전임 우파 정권의 자취를 송두리째 바꾸고 우파가 집권해도 마찬가지로 전임 좌파 정권의 모든 것을 지워버리고 마는 우리의 과단함(!)은 중국에선 찾아보기 힘들다.

이렇게 등장한 것이 바로 중국특색의 사회주의이다. 사회주의이기는 사회주의이다. 하지만 특색이 가미된, 즉 정통 사회주의가 아닌 수정된 사회주의이다. 어떻게 수정되었는가? 중국특색, 다시 말해, 중국이 필요로 하는 요소가 가미된 중국만의 사회주의로 수정되었다. 중국특색의 사회주의를 필요로 하던 1970년대의 중국은 그야말로 나라 꼴이 말이 아니었다. 1960년대까지만 해도 경제발전은커녕 아사자가 2000만 명에 육박할 정도로 피폐했던 것이다. 그 상황에서도 정통 사회주의를 따르자면 빈곤의 평준화에서 벗어날 수가 없다. 그래서 고심하고 또 고심했다. 그 결과, '뜻만 있으면 일은 반드시 성취된다(有志者事竟成, 요즈져 쓰찡 청)'라는 중국어 속담처럼 고안되어 나온 걸작품이 바로 중국특색의 사회주의였다.

중국특색의 사회주의라는 개념은 참 애매모호하다. 그야말로 아리까리한 것을 선호하는 '중국적'이지 않을 수 없다. 중국인들은 명백하고 단호한 것을 꺼려한다. 자신의 의사를 그렇게 명백히 했다간 반대파들에 의해 언제 무슨 화를 당할지 모를 일이다. 이는 중국 역사의 생생한 교훈이기도 하다. 이런 식으로 등장한 중국특색의 사회주의는 참 제대로 고안된 녀석이다. '중국특색'이란 말을 붙여 실제로는 자신들이 하고 싶은 대로 하면 된다. 뭐든지 중국이 원하는 것을 중국특색이라는 말에 넣어 합리화할 수 있다. 이렇게 볼 때 중국특색의 사회주의는 중국경제를 진작시키기 위해서는 자본주의적 요소도 한껏 도입시켜

활용한다는, 간단히 말하자면, '중국식 자본주의'의 다른 표현이라고도
할 수 있는 것이다.

'중국특색'을 대하는 우리의 시선

이렇게 나온 중국특색의 사회주의는 그야말로 중국 당국에게는 '전
가의 보도'와도 같다. 사용함에 있어 아무런 제한이나 제약도 없다. 자
본주의의 특징이건 사회주의의 특징이건 아니면 다른 어떤 나라의 고
유한 특징이건, 중국 당국이 필요하다고 여기면 이 용어로 포장하여
사용하면 된다. 자신들이 중국특색의 사회주의라는 미명하에 사용해
왔던 제도를 수정하려 할 때에도, '개선된 중국특색의 사회주의'니, '중
국특색 사회주의의 발전 형태'니 하는 명분을 내세우기만 하면 되기 때
문이다. 중국은 이와 같은 방법으로 중국특색의 사회주의, 즉 중국식
자본주의를 그들이 원하는 대로 업그레이드하고 개선하며 발전시킬
것이다.

다시 말하지만, 대다수의 중국인들은 민주주의건 자본주의건 사회
주의건 그다지 개의치 않는다. 그들은 그저 자신들이 부자가 되는데
더 큰 도움이 된다면, 그것이 사회주의이건 자본주의이건 혹은 민주주
의이건 아무것이라도 상관이 없다. 그저 부자가 되게 해주기만 하면,
그것이 가장 좋은 것이라고 생각하는 것이다. 이것이 바로 중국적 사
고이다. 중국인들의 이와 같은 생각을 잘 이해한다면, 중국에서 민주
주의보다 《삼국지》의 관우가 더 인기가 있는 것도 어렵지 않게 이해할

수 있을 것이다. 그런데도 우리는 이와 같은 중국의 현실을 도외시하고 중국을 아직도 우리가 생각하고 바라는 대로 바라보고 있다. 그러니 중국이 있는 그대로의 모습으로 보일 리 만무하다.

한편 서구사회는 '중국의 민주화는 진보하지 못하고 있다, 오히려 퇴보하고 있다'고 비난한다. 시진핑 주석이 국가주석 연임 제한을 폐지함으로써 중국의 민주화를 마오쩌둥 시절로 되돌려 놓았다고 비난하기도 한다. 또한 중국이 사회주의와의 싸움에서 승리한 자본주의를 거부하며 역사의 시계를 거꾸로 돌리려 한다고 비평한다. 그 한 예로써 중국 정부가 2018년 10월부터 새로이 시행한 상장사 관리 준칙을 들기도 한다.

새 준칙에는 '상장사가 공산당 당장(黨章·당헌)에 따라 회사에 당위원회를 설립해야 하며, 당위원회 활동에 필요한 조건을 반드시 제공해야 한다'는 조항이 있다. 이로 인해 모든 기업에 공산당위원회 설립이 의무화됐다. 당위원회는 기업의 주요 의사결정 때 이사회에 조언하는 역할을 하는 기구다. 이런 식으로 공산당이 기업의 생명줄을 담보로 자유로운 의사결정을 방해한다며 비난하는 것이다. 하지만 이 또한 중국인들의 문화를 깊이 있게 파악하지 못해서 나온 안타까운 비난이 아닐 수 없다. 지금의 중국은 '민주화'보다 '부자화'가 더 중요하다. 중국인들이 민주화보다 부자가 되는 것을 더 원하고 있기 때문이다. 그러기 위해서는 혼란스러워서는 안 된다. 수천 년에 이르는 중국 역사 내내 혼란과 불안 속에서 살아야 했던 중국인들이 아닌가. 이 과정에서 최선책은 아니지만 차선책으로 선호한 것이 바로 전제정치였다. 비록 정치적 자유에 제한은 있지만, 혼란과 불안보다는 어느 정도 예측할 수 있는 안정과 발전을 제공했기에 선택했던 것이다.

모든 기업에 공산당위원회 설립을 의무화한 것은, 중국식 자본주의가 이뤄낸 경제적 성과에 대한 자부심의 발로라 할 수 있다. 민간기업에 대한 통제력을 상실했을 때 초래할 수 있는 중국경제의 혼란을 우려한 선제 조치이기도 하다. 서구적인 관점에서 기업 운영에 무슨 공산당 조직이냐며 비난할 수 있지만, 중국에는 이런 비난을 감내할 여유가 없다. 어떻게 해서든 혼란을 피함과 동시에 지속적으로 성장할 수 있는 중국특색을 찾아야 하기 때문이다. 그렇기 때문에 중국은 오히려 옆에서 훈수 두려는 이들에게 반문한다. '당신들은 역사상 전무한 14억의 단일 국가를 운영해본 경험이 있는가?'라고 말이다. 이런 식으로 중국은 민주화와 민주주의 요구에 대해 또다시 전가의 보도인 중국특색의 자본주의, 중국식 자본주의를 꺼내놓는다. 그러면서 점점 더 목소리 높여 항변한다. '민주주의와 자본주의를 만능이랄 수 있는가? 인류가 경험해본 적 없는 초대형 국가인 우리에게 안전하고 효율적인 해법이 될 것이라고 확신할 수 있는가? 누구도 가보지 못한 길을 새롭게 가고 있는 중국이다. 우리가 잘못 되면 국제사회에도 엄청난 영향을 끼칠 수밖에 없다. 그러므로 무책임하게 훈수 두려 하지 말라. 그보다는 냉철하게 지켜보는 가운데 필요할 때는 건설적인 제안을 하는 것이 우리 모든 인류를 위해서도 필요하다.' 어느 정도 수긍할 수 있으면서도 동시에 무언가 불끈 솟아오르는 이유는 무엇 때문일까?

중국이 원하는 것은 민주화가 아닌 금은보화

중국 민주화와 관련 리콴유(李光耀) 전 싱가포르 총리는 촌철살인의 평가를 했다. "중국인들은 민주주의보다는 중국의 위대한 부활을 원한다. 중국에서 민주화 혁명이 일어나기를 바라는 것은, 그만큼 중국에 대해 잘 모르고 있음을 반증하는 것과 다름 없다." 그의 말에 비춰보더라도 21세기를 살아가는 중국인들이 가장 원하는 것이 민주화는 아님을 알 수 있다. 이에 대해 혹자는 중화사상, 즉 중국의 민족주의라고 표현한다. 시진핑의 중국도 현재 '중화 민족의 위대한 부흥'을 지향하고 있으니 이것이 아니겠느냐는 것이다. 지금의 중국을 고려할 때, 일리 있는 주장이기도 하다.

하지만 내 생각은 조금 다르다. 중화사상은 현재의 시진핑 정권이 자신들의 기득권을 지키기 위한 하나의 방편적 성격도 강하다. 일반 민중에게는 공산당이 집권하든 다른 어떤 당파의 누가 집권하든, 민주주의를 하든 독재를 하든 중요한 일이 아니다. 어차피 그들 또한 장대한 역사의 한 시기, 잠시 권력을 잡았던 사람들에 불과할 것이기 때문이다. 따라서 중화사상도 일반 중국인들이 가장 중시하는 사상과는 다소 거리가 있다. 그들이 바라는 것은 오로지 자신들이 의존하며 살아갈 수 있는 금은보화를 안정적으로 확보할 수 있게 해주는 사상뿐이다. 다름 아닌 부자가 되게 해주는 부강주의, 부자주의이다. 이것이야말로, 5000년 중국의 역사를 면면이 이어온 '중국 대륙의 DNA'를 가장 잘 응축한 것이 아닌가 생각된다.

시진핑의 권력 강화를 이해하는 '70년'이라는 키워드

중국의 신장 위구르 지역은 중국 대륙 전체 면적의 6분의 1을 차지하는 곳으로서 중앙아시아와 중동 등 8개국과 국경을 맞대고 있는 곳이다. 그런데 중국 정부가 2017년부터 이 지역 이슬람계 소수민족의 약 10퍼센트(대략 100만 명) 정도를 재판 절차 없이 집단수용소에 구금하고 있는 것으로 알려졌다. 이에 대해 미국을 위시한 서방 국가들은 '소수민족에 대한 인권탄압을 즉각 중단하라'며 비난하고 있다. 하지만 중국 정부는 요지부동이다. 그렇지 않아도 늘 소수민족의 분리독립운동과 이로 인해 발생할지 모르는 중국 붕괴 사태에 노심초사하고 있는 터다. 더군다나 이 지역의 소수민족은 주류인 한족과 인종적으로도 다른 중동 아랍권의 이슬람계로서 IS_{Islamic State} 등 이슬람 테러그룹과의 연계 가능성이 적지 않아 더 불안한 것이다. 이로 인해 이슬람 테러그룹들의 활동이 잦아질수록 중국 정부는 더더욱 긴장하며 이 지역에 대한 경계를 강화하게 된다. 불안감의 증대는 "국가 안보를 위해 더 강한 권력이 필요하다"고 주장하는 시진핑習近平 주석의 집권기반 강화의 명분이 되기도 한다.

유대인인 미국의 심리학자 에리히 프롬Erich Fromm은 나치의 박해를 피해 미국으로 갔다. 그곳에서 자유를 희구하면서도 자유로부터 도피하려는 인간들의 모순적 심리를 분석한《자유로부터의 도피》를 저술했다. 그에 따르면, 인간은 억압적 권위와 압제로부터 벗어나 개인의 자유와 권리를 향유할 환경이 조성되더라도 자유를 포기하고 도망치려 한다고 한다. 불안과 우려 역시 더 늘어났기 때문이라는 것이다. 그러면서 프롬은 자유로부터 도피하기 위한 메커니즘의 하나로 권위주의에 대한 순응을 꼽았다. 자유를 포기하는 대신에 절대적 권력에 자신에 대한 보호를 의지하면서 안정을 구하려 한다는 것이다. 그러다 보면, 비판적 사고가 여의치 않게 되며 자칫 더 큰 불안과 불행으로 빠져들 수 있다. 이렇게 볼 때 권위주의에 대한 순응은, 최선의 삶의 방식이 아닌 차선의 방식이라 할 수 있다.

중국은 이러한 차선의 삶에 익숙했다. 중국 역사는 극도의 혼돈기와 천하 통일기로 양분할 수 있다. 춘추전국시대와 삼국시대, 오호십국五胡十國시대와 같은 극도의 혼란기 속에서는 한 치의 앞을 내다보기 쉽지 않은 불안한 삶을 살아야 했다. '큰 어려움 속에서도 살아남으면 나중에는 복을 받는다(大难不死, 必有后福, 따난 부쓰, 삐요 호우푸)'라는 중국 속담처럼, 그야말로 나의 생존만이 절체절명의 과제였던 것이다. 혼돈의 역사가 반복되며 이어져오는 가운데 중국인들은 강력한 권력에 의한 천하통일기를 선호하게 되었다. 절대 권력을 쥔 황제에 의한 전제정치 속에서는 각종 의무를 짊어지는 대신 어느 정도의 안정된 삶이 가능했기 때문이다. 강력한 권력기반을 구축한 시진핑 주석을 바라보는 중국 내부의 관점은 서구의 관점과는 다른 복합적인 측면이 있다.

시진핑 천하의 배경

시진핑 주석은 2013년 집권 이래 지속적으로 권력기반을 강화해왔다. 그러다가 집권 2기가 시작되는 2018년 3월에는, 개혁개방 40년 동안 지속되어온 중국의 정치시스템의 토대를 아예 바꿔버렸다. 덩샤오핑이 1인 지배체제의 문제점을 방지하기 위해 1978년부터 채택했던 공산당 최고지도부의 집단지도체제와 국가주석의 임기 제한, 그리고 공산당이 정부의 일상업무 등에 관여할 수 없도록 규정했던 당정의 분리원칙 등을 전격 폐지했다. 집단지도체제는 의사결정을 지연시키는 만큼 비효율적이며, 당정의 분리원칙 또한 정부 관료들의 무사안일과 부정부패 등을 초래하여 철두철미한 개혁을 지연시킨다는 이유에서다. 그러면서 시진핑 주석의 단독지배 강화와 당정일체를 도입했다. 시 주석을 중심으로 공산당이 모든 것을 총괄하겠다는 것이다.

그 일환으로, 중국 당국은 2018년 3월의 전인대에서 99.8퍼센트의 찬성으로 '시진핑 신시대 중국특색 사회주의 사상'을 헌법 서문에 포함시켰다. 참고로 중국 공산당은 이념의 중요도에 따라 가장 중요한 것부터 '~주의', '~사상', '~이론', '~관' 그리고 '~론'의 순서로 분류한다. 예를 들면, 가장 중요한 '~주의'는 오로지 하나, '마르크스 레닌주의'에 사용하고 있다. 뒤를 이어 중요 순서대로 '마오쩌둥 사상', '덩샤오핑 이론', '후진타오 과학적발전관' 등으로 부른다. 그런데 이번에 시진핑 주석의 통치이념에 '~사상'을 붙여 '시진핑 사상'이라 명명했다. 이는 그의 위상을 중국 국부國富의 아버지인 덩샤오핑보다 높은, 중국 건국建國의 아버지인 마오쩌둥과 동등한 반열로 끌어올렸음을 뜻한다.

중국을 '시진핑 천하'로 만들려는 중국 당국의 행보를 바라보는 중국 안팎의 시선은 따갑기 그지없다. 이 속에서 중국 민심도 꿈틀거리게 되었다. 예를 들면 중국 최고의 명문대학인 베이징 대학에는 1989년 민주화를 요구하던 민중을 군대로 진압한 '천안문사태' 이후 29년 만에 대자보가 나붙었다. '당장(黨章, 공산당 당헌)을 지켜라', '중국은 개인 숭배를 반대한다', '헌법도 지켜라', '국가지도자는 반드시 임기제한 규정을 지켜야 한다'는 제목의 대자보는, 덩샤오핑의 '국운을 한두 사람에게 맡기는 것은 매우 위험하다'는 말을 인용하면서 '시진핑은 마오쩌둥 이래 처음으로 종신집권을 도모하고 있다'며 공산당의 서슬이 시퍼런 중국에서 국가주석인 시진핑을 직접 겨냥했다. 중국 정치의 핵심지역인 베이징에서의 대자보 사건 후, 이번에는 중국 경제의 핵심지역인 상하이에서도 시진핑을 겨냥한 사건이 발생했다. 한 중국인이 공산당 선전 포스터에 인쇄된 시진핑 주석의 사진에다가 먹물을 뿌린 뒤 '시진핑의 독재 및 폭정에 반대한다'고 성토하는 장면을 유튜브에 올린 것이다. 이 두 사건을 계기로 중국 전역에서는 공산당의 '최고 존엄'인 시진핑 주석의 사진이 인쇄된 포스터나 선전판이 훼손되는 등, 시 주석에 대한 불경행위가 들불처럼 퍼져나갔다. 이에 처음에는 단호하게 처벌하려던 공산당 당국도 사태의 심각성을 깨달은 듯, 중국 각지에 내걸었던 시 주석의 사진 등을 부랴부랴 철거하고 다른 내용의 선전물로 대체하는 소동을 빚기도 했다.

그럼에도 불구하고 중국 당국의 '시진핑 천하' 만들기 작업은 끊이질 않고 있다. 국내외의 곱지 못한 눈초리와, 자칫 잘못하면 민심의 호된 역풍으로 공산당 정권이 위기를 맞을 수 있는데도 차마 포기하지 못하는 이유는 과연 무엇일까?

70년이라는 역사의 모래시계 앞에 선 중국

시진핑 주석이 2013년 집권 이후 지속적으로 강조하고 있는 최대 현안 중의 하나는 개혁에 관한 것이다. 중국 공산당에서는 이를 '개혁심화(深化改革, 선화 까이꺼)'라고 명명하고 있다. 실제로 이 개혁심화 정책은 시진핑 정권이 사활을 걸다시피 하고 가장 역점적으로 전개하는 정책이다. 개혁심화란 무엇인가? '개혁'은 무언가 바꿀 것이 있다는 것을 암시한다. '심화'라는 것은 무언가를 좀 더 강력하게 지속한다는 의미를 내포한다. 결국 '개혁심화'를 우선적으로 들고 있다는 것은 '중국에는 변화가 필요한데 이제까지는 제대로 구현되지 못했지만 나 시진핑이 이 문제를 반드시 해결해 내겠다'는 강한 의지를 내비친 것이라 할수 있다. 그렇다면 무엇을, 왜 개혁심화 하겠다는 것인가?

오늘, 대륙과 열도는 무엇을 꿈꾸는가

1978년 개혁개방 후, 중국은 두 자릿수 성장을 지속하는 등 눈부시게 발전해왔다. 하지만 얻는 것이 있으면 잃는 것도 있는 법. 가파른 경제성장의 이면에는 나날이 심각해지는 빈부격차를 비롯하여 지역격차, 부정부패, 환경문제, 노사문제, 교육문제, 주거문제 등 해결해야 할 문제도 늘어나게 되었다. 예를 들면 '한 사람이 조정에 있으면 백 사람이 허리띠를 푼다(一人在朝, 百人緩帶, 이런 짜이차오, 빠이런 환따이)'라는 중국 속담이 있다. 출세한 사람에게 일가친척을 비롯한 수많은 사람이 들러붙어 산다는 의미다. 중국 사회의 뿌리 깊은 부정부패를 비아냥거리는 뜻이 내포되어 있다. 참고로 역대 중국 왕조의 주된 멸망 원인 중 하나는 부정부패였다. 현재 중국의 부정부패 문제는, 중국 역사상 최악의 상태에 이르렀다고 할 정도로 심각하다. 설상가상으로 중국이 직면한 제반 문제를 고려할 때, 부정부패는 빙산의 일각에 불과하다. 그럼에도 불구하고 전임 장쩌민江澤民 정권이나 후진타오胡錦濤 정권은 그저 쉬쉬하며 뒤로 미루는 데 급급했다. 그들은 오로지 고도의 경제성장이라는 것으로 인민들을 현혹하며 이 문제들을 훗날의 시한폭탄으로 돌려왔던 것이다. 그 속에서 이 문제들은 더 이상 좌시해선 안 될 수준까지 비등하고 말았다.

나는 중국의 이와 같은 문제를 '두더지 게임'에 비유하곤 한다. 한 쪽에서 두더지 머리가 튀어 오르면 망치로 때려 제압하고 또 다른 쪽에서 튀어나온 두더지 머리를 때려 제압하는 그런 게임 말이다. 하지만 오락실의 게임과 중국의 문제들은 한 가지 측면에서 근본적으로 다르다. 그것은 중국의 문제들은 복합적으로 계속, 혹은 새로이 불거져 나오고 있다는 것이다. 다시 말해 오락실의 두더지 머리는 처음에 그 게임을 만들 때 정해진 숫자에서 더는 늘어나지 않는다. 하지만 중국의 문제들은 계속해서 늘어나고 있다. 기존에는 없었던 IT문제나 4차산업 등 새로운 유형의 문제들이 쉼없이 불거져 나오고 있는 것이다. 그러다 보니 왼쪽 저 끝에 있는 머리를 제압한 다음 오른쪽 맨 끝의 머리를 제압하려 할 때 왼쪽 저 끝에서 다시 두더지 머리가 튀어 오르게 되면 제압하기 어렵게 된다. 한순간 어물거리면 다른 쪽에서 또 다른 머리들이 인정사정없이 불거져 나오는 것이다.

중국 역사가들에 의하면, 중국 역대 왕조들의 평균 존속 기간은 약 70여 년 전후에 불과하다. 건국한 지 70여 년이 지나면 그동안 축적되어온 부정부패, 빈부격차 등과 같은 다양한 문제로 인해 민초들이 봉기했다. 그것이 계기가 되어 왕조들이 멸망했던 것이 곧 중국의 역사라는 것이다. 실제로 중국의 진 나라는 진승오광의 난에 의해 붕괴되기 시작했고, 한나라는 황건적의 난, 당나라는 황소의 난, 원나라는 홍건족의 난에 의해 붕괴되는 등 중국의 역사는 민생 봉기의 역사라고 해도 과언이 아니다. 여기에서 주목할 것이 마오쩌둥이 중국을 건국했던 해인 1949년이다. 중국 왕조가 멸망하기를 반복하던 70년 전후에 가까워진 것이다. 시진핑 주석을 비롯한 중국의 최고 지도자들이 역사를 돌아보며 식은땀을 흘리는 데도 그럴 만한 이유가 있는 것이다. 2013년 집권 이후 줄곧 개혁심화를 최우선 순위에 내걸고 있는 것도 공산당의 기득권을 지키기 위한 절대절명의 고육지책에서 비롯된 것이기도 하다.

시진핑 천하에 담긴 근심

전례 없을 정도로 권력기반을 강화하고 있는 시진핑 주석은 어쩌면 오늘 밤도 잠을 설칠지 모른다. 민생 봉기의 역사가 인정사정없이 중국의 역대 왕조를 붕괴시켜왔듯이, 현재 중국에도 그 도화선이 될 문제들이 잉태되고 있을지 모른다. 그로 인해 민심이 크게 술렁거릴 수도 있다. 중국 당국이 단 서너 명이라도 사람들이 응집하는 것을 극도로 민감하게 생각하는 것도 이 때문이다.

일본에는 '달에는 먹구름이, 꽃에는 바람이[月にむら雲 , 花に風, 츠끼니 무라쿠모, 하나니 가제]'라는 속담이 있다. 좋은 일에는 장애가 많다는 뜻이다. 현재 중국은 지속적으로 국력을 신장시키고 있다. 한마디로 잘 나가고 있다. 하지만 중국이 잘 나갈수록, 그 이면에서는 더 많은 '장애' 요소들도 생겨나고 있다. 두더지 머리 또한 그만큼 늘어나는 것이다. 이 속에서 중국 최고 지도부의 고민도 그만큼 더 깊어진다. 개인숭배, 독재 기반 강화, 역사의 퇴행이라는 비난을 감수하면서 시진핑 천하 만들기를 강화하는 이유가 그것이다. 중국에도 머리 좋은 사람들이 적지 않다. 이들 중에는 '와, 어떻게 사람의 머리가 이렇게 좋을 수 있을까?'라는 생각이 들 정도인 슈퍼 엘리트들도 적지 않다. 그런데도 시계를 과거로 돌리려는 이유는 그들도 역사를 알고 있기 때문이다. 역사의 교훈을 알고 있기 때문에 70년이라는 징후 앞에서 권력을 강화하고 있는 것이기도 하다.

'와(和)'의 미덕과
'좀비 정치'의 기로에 선 일본 정치

2018년 6월 중국 상하이의 중심지에 위치한 한 호텔. 그곳에서는 한중일 3국을 비롯하여 미국과 영국 등지에서 참가한 전문가들의 국제 세미나가 개최되었다. 나도 '동북아 역내 협력의 전망과 한계' 등과 관련된 발표 차 참가했다. 나는 준비한 주제를 발표하면서 "하지만 이런 장밋빛 전망에도 불구하고 동북아 협력에는 안타까운 장애물이 하나 있다. 그것은 다름 아닌 일본의 '좀비zombie 정치인들'이다"라고 덧붙였다. 이에 일본인 전문가들은 놀라서 쳐다보았고 타국 학자들은 자못 궁금하다는 눈으로 나를 바라보았다. 일본인들의 반응이야 어느 정도 예상한 것이었으므로 꿈쩍도 않고 발표를 이어갔다. "좀비란 어떤 존재인가? 뇌는 과거의 사망 당시에 이미 멎었다. 하지만 몸은 여전히 움직이며 민폐를 끼치는 기형적 존재가 아닌가. 일본의 정치인들 중에는 여전히 이런 좀비와 같은 상태에 머물러 있는 분들이 적지 않은 것 같다. 몸은 21세기인 현재에 움직이고 있지만, 뇌는 과거 냉전 시기에 사망했는지, 오로지 냉전적 사고에만 사로잡혀 있는 정치인들이 그들이다. 동북아 국제관계에 관한 아베 일본 총리의 태도가 대표적인 예가 아닐까 싶다." 나의 이러한 논리(?)는, 당시 세미나 현장에서 꽤 히트친 것 같았다. 박장대소하는 중국인 학자들부터 껄껄껄 미소 짓는 서방의 학자들, 그들 사이에서 움찔하며 안경 너머로 슬그머니 노려보는 일본인 학자들까지 엄숙했던 세미나장은 한 순간에 웃음바다로 변했다. 일본인 학자들이 당황하는 모습을 보고 측은한 마음도 없지는 않았다. 하지만 어떻게 하겠는가. 아무리 생각해도 아베 총리가 좀비 정치인 행태를 고집하는 한 동북아의 진정한 협력은 쉽지 않은 게 사실이니 말이다. 중국 당국자들 중에는 아베 총리에 대해 중국 속담 '말의 무리를 해치는 열등한 말(害群之馬, 하이 췬 즈 마)'을 인용하며 비난하는 사람도 있다. '사회에 해를 끼치는 사람'으로 해석할 수 있는 이 비유는, 그가 동북아의 안녕과 공동번영을 해치는 사람임을 뜻한다. 아베 총리 역시 중국의 이러한 인식에 대해서 잘 알고 있으리라. 하지만 그는 자신을 '조국 일본을 위해서' 거룩하게 희생하고 있는 인물이라 여길 것이다. 아베 마리아여, 아베 총리를 좀 '정상적인' 일본인, '일본인다운' 일본인으로 돌아오게 해주시면 안 되겠나이까!

일본인답지 않은 일본인, 아베

    일본에서 '와和'라는 한자는 매우 각별한 의미를 지닌다. 먼저, 와和는 일본을 나타내는 한자로 사용되고 있다. 우리가 한민족을 나타낼 때 '한韓'이란 한자를 쓰듯이 일본에서는 '일日'이 아닌 '와和'를 사용한다. 실제로 일본 요리는 '일식日食'이 아닌 '화식和食', 일본 전통의상인 '기모노着物'는 '화복和服', 일본문화는 '화문화和文化', 그리고 일본 민족도 '야마토 민족大和民族'이라 명칭하고 있다. 가장 소중히 여기는 전통과 미덕의 하나로도 역시 '와和'를 꼽는다. 이때는 한자 그대로 '조화, 화합, 평화, 균형' 등의 의미로 사용한다. 일본은 예로부터 개인보다는 집단의 화합과 조화, 질서를 중시했다. 와和야말로 일본 정신문화를 대변하는 단어라고 할 수 있을 정도로 일본 사회는 와和를 강조하며 와和 속에서 살아온 와和의 민족이다.

    와和를 유지하기 위해서 무엇보다 중요한 것은 남에게 민폐를 끼쳐서는 안 된다는 것이다. 아울러, 남을 배려하고 관계를 중시해야 한다. 그러다 보니 일본에서는 전통적으로 사회적 행동규범으로서 '메이와꾸(迷惑, 폐, 성가심, 귀찮음)'를 강조했다. 가정에서도 교육기관에서도 '메이와꾸오 가께루나!(迷惑をかけるな, 폐를 끼치지 마라!)'를 대인관계와 사회생활의 근본으로 가르쳐온 것이다. 그러나 아베 총리는 일본의 유구한 전통과 미덕을 고려할 때, '일반적이지 않은' 일본인, '보통이 아닌' 일본인즉, '정상적이지 않은' 일본인이라 할 만하다. 왜 일반적이지 않고 정상적이지 않다는 것인가? 일본을 일본답게 하는 전통과 미덕을 계승하기는커녕 이웃 나라들과 불화를 만드는 데 집중하고 있으니, 어찌 보통의

오늘, 대륙과 열도는 무엇을 꿈꾸는가

일본인이라 할 수 있겠는가?

2018년 9월, 3연임에 성공한 아베 총리의 집안은 더할 나위 없이 화려하다.[4] 그의 부친은 외상(외교부 장관), 친조부는 중의원, 외조부는 전후 A급 전범 출신으로 총리를 역임한 기시 노부스케이며, 외종조부는 61~63대 총리였던 사토 에이사쿠佐藤栄作다. 아베 총리가 극우 성향을 지니고 있는 것은 이런 집안 내력과 관련이 있을 수 있다. 이와 더불어 그 집안의 정치적 고향인 야마구치현, 즉 막부 시절에 조슈번으로 불렸던 곳과도 관련이 있는 것 같다. 메이지 유신을 설계하고 '정한론'과 '대동아공영론'을 주창한 요시다 쇼인吉田松陰이 바로 이곳 출신인데, 그는 조선 침략의 원흉인 이토 히로부미伊藤博文 초대 총리의 스승이었다. 그런데 아베 총리는 가장 존경하는 인물로 바로 이 요시다 쇼인을 들고 있다. 그러면서 그의 묘소를 참배할 때마다 '쇼인 선생님의 뜻을 충실히 계승하여 그 뜻을 이뤄내겠습니다'라는 다짐을 했다. 그가 집권한 뒤, 일본 사회의 우경화가 가파르게 진행되면서 이웃 나라들과의 사이 또한 급격하게 악화된 것은 우연만은 아닌 게다. 실제로, 극우 성향이 강한 그가 집권한 이래 한일 관계는 최악의 국면으로 치달았다. 그의 노골적인 '반한 정책'으로 인해 재일 한국인에 대해 차별을 부추기는 낙서 등이 급증했다.

어쩌면 아베 총리는 마키아벨리Niccolò Machiavelli가 말하는 군주를 지향하고 있는지도 모른다. 마키아벨리는《군주론》에서 "군주는 자국을 위해서라면 그 어떤 오명이나 불명예 따위는 아랑곳해서는 안 된다. 조국을 위해서라면 신의나 자비 등에 어긋나는 행동도 과감히 취해야 한다. 필요할 경우에는 어떻게 악해져야 하는지도 알아야 한다"고 했다.

이 대목에서 '조국 일본을 위해서라면' 온갖 행위를 서슴지 않고 있는 아베 총리가 떠오른다. 하지만 아베 총리는 '자국이 위태로워질 수 있다면 그 어떤 오명도 감수해야 한다'는 것이나 '필요할 때는 악해질 필요가 있다'는 마키아벨리의 말을 오역하여 어설프게 따르고 있는 것 같다. 현재의 아베 총리는 과거를 부정하는 식으로 스스로 오명을 만들어 국제사회에서 일본이라는 국가의 명예를 실추시키고 있다. 일본은 주변국에 대해 악해질 필요가 있는 게 아니라 더더욱 선해질 필요가 있다. 이 오판으로 스스로 악해짐으로써 일본의 앞날을 더 어둡고 위태롭게 하고 있는 것이다.

또한 아베 총리는 마키아벨리즘을 잘 이해하고 실천한 미국의 링컨 Abraham Lincoln 대통령을 어설프게 모방하고 있다는 생각도 든다. 링컨은 '노예 해방'이라는 인류 보편의 목적 달성을 위해 다양한 수단과 방법을 총동원했다. 하지만 아베 총리는 과거에 행한 침략 사실을 인정하기는커녕 '전쟁 가능한 국가'라는 목표를 달성하고자 수단과 방법을 가리지 않고 있지 않은가. 그야말로 '논어를 읽는다는 사람이 정작 논어를 모른다(論語よみの論語知らず, 론고 요미노 론고 시라즈)'는 일본 속담과도 같은 격이다.

두 개의 일본

일본에는 '두 개의 일본'이 있다. 하나는 아베 총리와 같이 그들의 조상이 저지른 추악한 과거를 부정하는 '불량한 사람들'이다. 나머지 하나는 과거의 침략을 사죄하는 '선량한 사람들'이다. 우리가 긍정하건 부정하건 이 상반된 둘 모두가 오늘날의 일본이다. 그러니 우리가 너무 한쪽으로 치우쳐서 부정적인 측면만을 과도하게 부각하고 있지는 않은지 자성해볼 필요도 있다. 일본에는 후자와 같이 잘못된 과거사를 사죄하는 선량한 일본인들도 적지 않다. 우리가 그들을 간과하고 불량한 쪽에만 치우쳐 전체 일본과 일본인을 싸잡아 폄하한다면, 이 또한 얼마나 안타까운 모습이겠는가.

실제로 나는 침략의 역사를 알게 되자 바로 피해국에 사과하는 일본인의 모습을 본 적이 있다. 태국 방콕으로 배낭여행을 떠났을 때 외국 여행자들끼리 모여 여행 정보를 주고받는 한 카페에서였다. 동남아 출신의 한 친구가 갑자기 역사 이야기를 꺼내기 시작했는데, 함께 있던 일본인 청년에게 '일본은 왜 역사를 왜곡하는가?' 하고 물었다. 설상가상으로 그 자리에 있던 중국인 여행객도 비난하고 나섰다. 얼굴이 빨개지며 주눅 든 기색이 역력한 일본인 여행자의 모습이 너무 측은해 보여 "이 사람은 아마 자신의 조상이 저지른 역사를 잘 모르는 것 같다. 일본 정부는 과거사를 가르치지 않거나 왜곡해서 가르치기 때문이다"라고 방어(!)해줬다. 이후 그는 내게 "일본이 과거에 그렇게 나쁜 일을 했는지 몰랐습니다. 사실이라면, 대단히 잘못한 일이라고 생각합니다. 일본인의 한 사람으로서 사죄하고 싶습니다"라며 사과해왔다. 일본에는 아베 총리와 달리 '와'를 소중히 지키며 '메이와꾸(민폐)'를 끼치지 않으려는 사람들이 훨씬 많다. 비록 두드러지게 표면에 나서지는 않지만 그들이 있기에 일본이 오늘날과 같이 성숙하고 건전한 모습을 지속할 수 있는 것이다. 나는 일본 사회에는 좀비 정치인 아베 총리와 같은 사람들보다는 '와'를 존중하는 일본인들이 훨씬 더 많음을 굳게 믿는다. 따라서 한일 관계 및 동북아의 밝은 앞날을 위하여 비난보다는 긴밀한 협력에 더더욱 힘써야 한다고 생각한다.

만족스럽지는 않지만 유일한 선택지인 아베 정권

일본에서 아베 총리의 지지도는 나쁘지 않다. 일본의 역대 총리 가운데 최장수 총리로 지내고 있는 것이 그 증거다. 일본 사회를 우경화하며 과거사도 부정함으로써 이웃 나라들과의 관계를 훼손하는 그의 지지도가 이토록 높은 이유는 무엇인가? 일본 사회 또한 어느덧 좀비에 물려 우익에 열광적이고 과거사를 부정하게 된 것인가?

그렇지는 않다. 내가 아는 일본 사회는 그 정도로 미숙하지 않다. 그럼에도 아베 총리가 3연임까지 지속하는 것은 그가 국내 사안, 특히 '민생 분야'에서 비교적 선방하고 있기 때문이다. 이는 역지사지해보면 잘 알 수 있다. 경제, 일자리, 사회, 복지 등과 같은 민생문제와 외교문제 가운데 더 중요한 부문을 꼽으라면 어떤 것을 뽑겠는가? 대부분이 전자를 뽑지 않을까 생각된다. 일본인 또한 마찬가지이다. 아베 총리의 우경화 행보나 이웃 나라와의 불화 등에 대해서는 지지하지 않는 사람들이 더 많다. 그렇지만 민생문제만큼은 다른 정치인들보다 잘 해결해나가고 있으므로 '만족스럽지는 않지만 선택지가 없는' 마음으로 아베 총리를 바라보고 있는 것이다.

아베 총리는 이 점을 잘 알고 있다. 그렇기 때문에 이를 교묘히 이용하며 일본인들이 원하지 않는 우경화를 민생문제와 동시에 추진하고 있는 것이다. 이를 고려할 때, 아베 정권이 마음에 들지 않더라도 일본을 뭉뚱그려 비난하거나 증오하는 것은 지양해야 한다. '아베류'의 비정상적인 일본인들로 인해, '가깝기에 더 가까워야 할' 한일 관계를 안타깝게 여기는 일본인이 적지 않은 현실도 냉철하게 인식해야 한다. 아베류에 맞서는 일본 사회의 양심과 함께 한일 관계와 동북아 평화를 위해서 우리가 더 성숙해질 필요가 있다.

일본이야말로 가장 성공한
사회주의 국가?

2002년, 일본 유학 생활을 마치고 미국 유학길에 나섰다. 7년이 조금 못 되는 세월은 짧다고만은 할 수 없는 세월일 터였다. 일본을 떠나는 비행기에서 '일본이 선진국이라 불리는 데는 그만한 이유가 있다'는 생각이 떠나질 않았다. 한편으로는 일본 생활에 지친 감도 없지 않았다. 선진국에서의 안정된 삶이 주는 단조로운 매너리즘에 빠진 것이었다. 그리하여 새로운 활력과 쇄신을 위해 미국 미네소타 대학교 로스쿨로 향했다.

미국 로스쿨 석사과정LL.M. 동안 직접 겪은 미국은 미국 밖에서 보고 들었던 것과는 매우 달랐다. 한국이나 일본에서 들어온 '세계 최대의 경제대국', '세계 최고의 민주주의 국가' 등 이른바 '세계 최고'와 '세계 최대'의 나라라는 수식만으로는 납득하기 어려운 나라였다. 엉성하고 불결하고 뭐든 대강인 데다가 불친절하고 위험하기까지, 실제로 접한 모습은 뇌리 속의 미국과는 딴판이었던 것이다. 이런 생활을 거치며 미국의 현실에 대해 새롭게 깨닫게 되었다. 동시에 '일본은 대단한 나라였구나. 미국보다 더 안정되고 질서정연하며 친절하니 말이야…' 하며 일본을 새삼 평가하게 되었다. 미국 유학 뒤에 이어진 중국 유학 생활을 시작하면서는 다시 새로운 점을 느끼게 되었다. 우리가 미국이나 중국처럼 무지막지하게 영토가 넓고 인구가 많지 않아 다행이라는 안도감이었다. 너무 크고 너무 많다 보니, 빈틈도 많고 엉성한 부분도 적지 않은 것이었다. 미국과 중국에 대한 왠지 모를 연민과 더불어 뇌리를 스치는 것이 일본처럼 안정적인 국가를 만들기란 정말 쉽지 않다는 사실이었다.

무사도 정신의 기업 경영

일본은 2차 세계 대전 말기 역사상 최초로 원자폭탄을 투하당한 국가이다. 그러나 패전 후 불과 20년도 지나지 않아 OECD(경제협력개발기구)에 가입할 정도로 경이로운 성장을 이룩하여 전 세계를 놀라게 했다. 이것이 가능했던 이면에는 일본 특유의 자본주의가 있었다. 그리고 이를 상징적으로 보여주는 사람이 일본의 전통적 무사도 정신을 기업 경영에 접목한 마쓰시타 고노스케松下幸之助이다. "…사업은 목숨을 걸고 해야 하는 중요한 일이다. 사업은 세상 사람들을 위해 그리고 자신을 위해 진지하게 해야 하고 전장에 선 무장의 자세로 임하여 늘 승리해야 한다. 사업을 한다 함은 결국 전장에 나서는 것과 같으니 반드시 어느 한쪽은 상처를 입을 수밖에 없다. 그러니 이익을 볼 수도 있고 손해를 볼 수도 있다는 생각은 용납되지 않는다. 전투에서 진다는 것은 결국 목숨을 잃는다는 것을 의미하기 때문이다."[5] '경영의 신'이라 불리는 그는 일본식 자본주의의 대표적 인물로 평가받는다. 기업과 사회 그리고 국가에 대한 그의 사고와 삶 속에는 일본식 자본주의가 오롯이 녹아 있기 때문이다.

자본주의라고 해서 그 양태가 어느 나라에서나 다 동일하지는 않다. 흔히들 미국식 자본주의는 자유주의의 성격이 상대적으로 강해 분배보다 효율을 강조한다고 한다. 유럽식 자본주의는 사회주의 성격이 상대적으로 강해 사회보장제도가 잘 되어 있지만 효율성이 떨어져 '복지병'에 노출되어 있다고 한다. 이에 비해 일본식 자본주의는 개인보다는 단체나 사회를 더 우선시한다는 측면, 달리 말해 전체주의적 성격이 여타의 자본주의보다 강하다는 특징을 지닌다. 그러다 보니 경제학적으로 G2인 중국과 G3인 일본은 미스터리한 국가라는 평가도 받는다. 중국은 '개인'을 위주로 한 '자유'를 강조한다. 이에 비해 일본은 '집단'을 위주로 한 '평등'을 강조한다. 다시 말해 중국이 더 자본주의적이고 일본이 더 사회주의적인 것이다. 그런데 실제로는 중국이 사회주의이고 일본이 자본주의가 아닌가. 이렇게 볼 때, 중일 양국은 서로 자신에게 어울리지 않는 옷을 입고 있는 상황이라 할 수도 있다.

또한 일본인들의 근면성실과 정직함은 전 세계적으로도 정평이 나 있다. 영국의 시사주간지 〈이코노미스트〉가 1979년 유럽 EC위원회의 비밀 리포트를 인용 보도한 것처럼, '토끼우리 속에 살고 있는 일벌레들'로 불릴 만큼 성실하다. 전 세계에서 최고의 노동생산성을 자랑하고 있는 것은 바로 이 때문이다. 일본인들의 이런 모습은 '최선주의'가 아닌 '완벽주의'로 나타나고 있다. 이와 같은 이른바 일본식 자본주의 덕에 오늘날의 일본 경제가 있을 수 있었다. 그렇다면 일본식 자본주의는 어떻게 배태되어 오늘날에 이르게 되었으며, 다른 자본주의와는 어떤 두드러진 차이점을 지니고 있는가?

일본식 자본주의의 두드러진 특징

일본을 세계적 경제대국으로 이끈 일본식 자본주의의 '정신精神'적 특징으로 대략 첫째, 농경민족 특유의 공동체주의 둘째, 일본식 유교 및 불교와의 결합 셋째, 완벽주의 넷째, 청부淸富 추구 사상 다섯째, 상층부의 투철한 인仁의 실천 등을 꼽을 수 있다.[6]

첫째, 일본식 자본주의의 두드러진 특징 중 하나는 공동체주의이다. 미국과 유럽의 많은 나라들이 '개인주의적 자본주의' 국가라면 일본이나 독일은 '공동체적 자본주의' 국가다. 하지만, 독일과 일본은 동일한 공동체 지향의 나라들이면서도 그 구체적 모습은 또 사뭇 다르다. 일본에는 문화전통 풍토 속에 흐르는 농경민족성과 유교가 강조하는 '가족家' 및 '화합和' 등의 융합이라는 일본 특유의 자본주의 정신이 있다. 그 덕에 오늘날 일본 기업 특유의 연공서열과 종신고용 그리고 평등주의 등의 특징을 지니게 되었다. 이를 통해 일본은 세계 최고의 '집단 파워'도 지닐 수 있었다. 구소련이 해체되기 몇 해 전, 소련 학자들이 일본을 둘러보고 했다는 "일본은 지구상에서 가장 완벽한 사회주의 국가이다!"라는 말은 이런 특징을 잘 나타낸다. 그들 눈에 비친 일본은, "비슷한 경영 이념을 지닌 수많은 기업의 연합체와 같았다. 각각의 기업에는, 그 기업을 마치 집과 같이 여기고 함께 일하는 사람들을 가족처럼 여기는 가운데 평생 한 직장에서 일해야 한다는 생각을 가진 사람들이 있는 곳"이었기 때문이다.

이러한 일본식 자본주의의 영향을 받은 일본 기업들은, 평등개념이 타국 기업들에 비해 현저히 강하다. 한 기업에서 함께 일하며 살아가는데 소득 측면에서 격차가 많으면 위화감이 생기기 쉽다. 그로 인해 '화합(일본 사회가 매우 중시하는)'하며 살아가는 것이 힘들어지기 때문이다. 일본 기업이 경영진들과 평사원 간의 수입 격차가 다른 자본주의 국가 기업들에 비해 현저히 낮은 것은 바로 이런 특징에서 기인한다. 이 덕에 '가장 성공한 사회주의 국가'라는 평가도 받았던 것이다.

둘째, 일본식 자본주의의 또 다른 특징은 유교 및 불교가 일본식으로 결합되어 영향을 끼쳤다는 점이다. 도쿠가와 막부德川幕府 시대는 유교 및 불교를 결합하여 널리 활용한 시기로도 평가받는다. 도쿠가와 막부가 성립되던 무렵의 약 140년간은 편할 날이 없었던 전국시대였다. 도쿠가와 막부는 이 혼란기를 종식시킨다는 뜻에서 '항구적인 평화'를 통치이념으로 삼았다. 그리고 이를 실현하기 위해 질서와 평화를 강조하는 유교와 불교를 적극 활용했다. 조선의 영향이 컸던 유교와 불교는 이때 각각 '국교'와 '체제불교'로서 변신하게 되었다. 유불교가 일본식 자본주의의 정신을 잉태하게 된 것은 이런 식으로 교리를 바꿈으로써 비롯되었다. 즉 일본식의 유교와 불교로 '종교개혁'함으로써 비로소 일본식 자본주의의 정신으로 승화된 것이다.

유교와 불교의 만남 덕에, 이후 일본에서는 '노동은 곧 불행佛行'으로 인식되기 시작했다. 사농공상士農工商 각 계층이 각기 맡고 있는 직분을 성심껏 수행하면, 자연히 부처가 되고 구원도 받는다는 것이다. 당시 도쿠가와 막부가 들어서며, 사농공상을 주축으로 한 새로운 사회질서가 자리 잡고 있었다. 하지만 다른 한편에선 변혁기를 어떻게 살아가야 좋을지, 새 시대에 맞는 가치관이 아직 확고히 뿌리내리지 못한 상태였다. 이때 생업에 종교성을 부여하는 방법이 착안되었고 일본인들은 자기 일을 성실히 수행하면, 그것이 최선이고 최고이며 자신이 성불이 되는 길이기도 하다는 믿음을 지니게 되었다. 노동을 신성시하고 근면성실을 직업윤리로 소중히 여기는 일본식 자본주의의 전통은 이렇게 잉태되었던 것이다.

셋째, 일본식 자본주의의 또 하나의 특징은 바로 '완벽주의'이다. 일본인들의 근면성실함은 단지 부지런한 차원이 아닌, 어떤 일이든 완벽을 기하다시피 하는 것으로도 잘 알려져 있다. 이 완벽주의도 그 원천은 종교에서 찾을 수 있다. 노동은 신성한 것이기 때문에 모든 정성을 다해야 구제받는다. 즉 세속의 업무는 단순한 생계수단이 아니라 종교수행의 연장과도 같은 것이다. 그런데 최선을 다하는 '최선주의'라면, 경우에 따라서는 100점을 못 받아도 어쩔 수 없다. 최선을 다했기에 정상이 참작되는 것이다. 그러나 완벽주의에서는 반드시 100점을 받아야 한다. 일본 기업의 뛰어난 기술력 등은 바로 이런 전통에서 비롯된 것이다.

넷째, 청부清富 추구, 즉 '청부清富가 정도正道' 사상이다. 일본은 1964년 4월, OECD(경제협력개발기구)에 가입함으로써 아시아에선 처음으로 선진국 반열에 올랐다. 패전 후 불과 19년 만의 일이다. 일본경제를 이처럼 단기간에 폐허에서 경제대국으로 끌어올린 원동력은 '부富'와 '이윤利潤'을 긍정적으로 평가하는 국민정신이 일찍부터 싹터 있었기 때문이다.

사실, 유교와 불교에선 부를 천시한다. 유교에서 '덕德은 근본根本, 재財는 말末, 德者本也 財者末也'이다. 불교에서 이윤 추구는 곧 금기인 탐욕에 빠지는 것이라고도 한다. 일본에서도 단순한 이윤 추구는 분명히 탐욕이다. 그러나 모든 사람들이 각자의 맡은 바를 성실히 수행한 결과 이윤이 창출되었다면 그것은 어쩔 도리가 없다는 식으로 바뀌었다. 즉 정직하게 일해서 이윤이 생기고 그것이 쌓여 자본이 되었다면, 그리고 그것을 사용하여 더 많은 이윤을 창출해내 이웃과 더불어 나누며 봉사도 하는 '청부清富'를 추구하는 것이라면 정당하다는 것이다. 이는 '청빈清貧'을 강조하는 우리와 매우 다른 면이 아닐 수 없다. 이런 사상의 영향으로 일본에서는, '생산은 이웃과 세상을 위해 하는 것이다. 그렇기 때문에 이익이 많이 생겼다는 것은 이웃과 세상을 위해 유익한 일을 그만큼 많이 했다는 증거'가 된다. 이런 과정 속에서 일본에서는 탐욕에 빠지지 않고 세상을 위해 더 많이 생산하여 더 많은 이익을 내는 것이 오히려 바른 길正道이 되었다. 다시 말해, '청부清富가 곧 정도正道'이며 이 속에서 자제와 검약 정신이 탐욕을 멀리하게 하는 최선의 수단으로 강조되게 된 것이다. 일본 기업이 사회봉사 활동 등을 활발히 하는 것과 일본인들이 남달리 검소하고 자제심이 강한 것 또한 바로 이러한 연원에서 다져져온 전통이 아닐 수 없다.

다섯 째, 상층부의 투철한 인仁의 실천이다. 일본 사회의 남다른 경영자의 윤리관 또한 이러한 사고의 흐름 속에서 기인했다. 사실 윤리라는 것이 보편적으로 되기 위해서는 그것이 백성에게만 적용되어선 안 된다. 여기에도 일본식 유교가 작용한다. 일본에서는 '君不君 臣可臣(임금이 임금노릇 제대로 못해도 신하는 신하의 의무를 다해야 한다)'이 아니다. 아랫사람들의 충忠은 윗사람들의 '인仁'을 조건으로 하는 것이었기 때문이다. 그리하여 윗사람들이 제대로 '인仁'하지 못하면, 그 곁을 떠나거나 심지어는 주군을 바꾸기도 했다. 예를 들면 일본사 3대 위인의 한 명으로 추앙받는 인물로 일본 근대화의 토대를 마련하여 일본이 선진국으로 거듭나게 한 메이지 유신의 풍운아 사카모토 료마坂本龍馬 또한 마찬가지다. 에도 시대의 무사였던 그는, 왕권 복구와 서양 척결을 주장하는 존왕양이尊王攘夷파에 가까웠다. 그러던 어느 날, 친親서양파인 가쓰 가이슈勝海舟를 죽이기 위해 길을 나섰다. 하지만 인자仁者인 가이슈의 설득에 감명받으며 오히려 가이슈의 제자로 급변했다. 기존의 입장에서 볼 때는 '배신'으로 비춰지기도 하는 이런 모습은 일본 역사에서는 흔했다. 심지어는 토요토미 히데요시豊臣秀吉 시대까지만 해도 인仁하지 못한 윗사람을 바꾼 사례 또한 실로 적지 않았다.

그런데, 유교의 최대 덕목인 인仁의 참뜻은 '다른 사람 및 사회질서에 대한 책임감'이다. 그렇기 때문에 에도시대의 영주 등 윗사람들은 사회와 아랫사람들에 대한 배려를 최고의 도덕률로 삼았다. 이런 도덕률은 중앙정부의 철권정치와 맞물려 명군名君을 많이 배출했다. 명군은 자본의 논리와 자본의 윤리에 투철해야 했고 그것을 몸소 실천해야 했다. 위에 서는 자는 '무사無私', '무욕無慾'해야 한다는 윤리이다. 이런 사상이 일본 역사에서 면면히 이어지며 실천되어 왔기에 일본인들은 자신의 일에 더욱 충실할 수 있었다. 이와 같은 위와 아래의 화합 전통이 현재 일본 사회 및 일본 기업의 남다른 노사화합으로 지속되고 있는 것이다.

오늘, 대륙과 열도는 무엇을 꿈꾸는가

일본식 자본주의를 통해 배울 수 있는 것

한동안 일본은 '잃어버린 20년'을 겪고 또 급격한 '글로벌 경영' 시대를 맞으며 일본식 자본주의의 고유한 특징을 미국식 자본주의로 대체하려는 움직임도 보여왔다. 종신고용이나 연공서열, 상하간의 격차가 크지 않은 대우 등과 같은 일본 사회와 일본 경제를 뒷받침해왔던 일본식 자본주의의 장점마저 대대적으로 재검토했던 것이다. 하지만 그러한 움직임에 다시 복고의 물결이 잦아들게 되었다. 오랫동안 독특한 모습으로 면면히 이어져온 전통을 바꾸기란 쉽지 않다. 게다가 일본 사회는 변화보다는 전통을 고수하려는 성향이 강하다. 이에 더해 일본 경제가 다시 활력을 되찾으며 결국 일본식 자본주의 고유의 전통을 재음미하는 식으로 선회하게 된 것이다. 새로운 시대를 맞아 새롭게 다양한 제도나 기법 등을 벤치마킹하고 도입하는 것도 필요하지만, 자신의 문화와 토양 등에 맞지 않으면 오히려 더 큰 패착을 불러올 수 있음을 깨닫게 된 것이다. 이로 인해 일본식 자본주의를 토대로 수정 보완하는 식으로 현재에 맞는 새로운 일본식 자본주의를 만들어가고 있는 중이기도 하다. 이러한 일본식 자본주의에서 특히 눈에 띄는 부분이 있다. 일본 정부가 무언가 외부로부터 새로이 도입할 때 고도로 중시하는 두 개의 잣대가 그것이다. 다름 아닌 '안정성'과 '안전성'이라는 잣대이다.

먼저 일본 정부는 무언가를 도입할 때, 일본 사회의 안정 추구를 무엇보다도 중시한다. 예를 들면, 새로운 직업이 일본에 유입될 때는 그것을 신중하게 받아들여 그로 인한 부정적 영향의 최소화에 주력한다. 그 구체적인 일례가 바로 우버 택시 도입 건이다. 일본 정부는 우버 택시를 도입하기 위해 한 달 정도 시범운영을 했다. 그러나 문제가 생각보다 많아 결국 전면 도입은 하지 않기로 했다. 이런 식으로 아무리 전 세계적으로 널리 활용 중인 것이라도 사회의 안정성을 더 우선시하고 중시하는 것이다. 참고로, 지방자치 제도의 역사가 오래되어 지자체의 권한이 비교적 강한 일본이니 만큼, 몇몇 지방자치단체는 이후에 우버 택시 제도를 일부 수정하여 도입하기도 했다.

다음으로 안전성의 중시이다. 예를 들면, 새로운 기술이나 제품 등을 일본 사회에 도입하려 할 때 무엇보다도 '안전성'을 중심으로 둔다. 그러다 보니 안전성의 기준이 매우 높다. 이로 인해 많은 외국 기업들의 원성을 사기도 한다. 그럼에도 일본 정부는 요지부동이다. 이러한 모습은 중국과 매우 다르다. 중국은 상대적으로 낮은 잣대로 좀 더 유연하게 받아들이기 때문이다. 이처럼, 모든 면에서 안정성과 안전성을 고도로 중시하는 일본 정부의 자세는 안전 문제가 끊이질 않는 우리에게 시사하는 바가 작지 않다.

그 외에도, 일본식 자본주의에는 우리가 정면이건 반면이건 벤치마킹할 부분이 적지 않다. 동일한 자본주의라고는 하지만 아무래도 서구식 자본주의보다는 이웃한 일본식 자본주의가 우리 풍토에 더 적합한 것도 꽤 되기 때문이다. 한 예로 소득격차가 가장 작은 일본 기업의 사례는 역사상 유례없이 심해지고 있는 우리 사회의 소득격차 문제해결에도 뜻하지 않은 실마리를 제공할 수도 있다. 뿐만 아니라, 일본식 자본주의의 한 특징인 일본 정부의 조정 능력 또한 우리가 눈여겨볼 부분이 아닐 수 없다. 예를 들면 전술한 바와 같이, 여러 문제로 인해 일본은 결국 우버 택시를 도입하지 않았다. 하지만 일본 정부는 우버 택시 도입은 일본 국민들이 먼저 요청했다는 점도 고려해야 했다. 그리하여 일본의 비싸기로 악명 높은 택시의 기본요금을 조정하기로 했다. 도쿄의 경우, 2킬로미터에 770엔에서 1킬로미터에 410엔으로 낮춘 것이다. 이렇게 함으로써, 택시 요금이 비싸서 차마 택시 이용을 꺼려했던 단거리 사용자들이 택시를 더 쉽게 이용할 수 있도록 했을 뿐만 아니라 택시 업계의 불황도 해결하는 수완을 발휘한 것이다. 이처럼 우리와 유사한 면도 많지만 다른 점도 적지 않은 일본식 자본주의는, 보다 나은 한국식 자본주의를 위해서라도 깊이 있게 연구해볼 가치가 충분하다.

일본의 우경화를
대하는 자세

우리나라의 대일 무역적자는 매년 200억 달러를 넘어서는 심각한 수준이다.[7] 2017년 우리나라는 중국으로부터 443억 달러, 미국으로부터는 179억 달러의 무역흑자를 냈다. 하지만 일본으로부터는 283억 달러의 적자를 냈다. 우리의 대일 무역적자는, 사실상 매년 부동의 1위를 지키고 있다. 원유 수입선인 중동을 빼면 말이다. 정부 통계에 따르면 1965년 일본과의 국교 정상화 이후 대일 무역수지는 단 한 번도 흑자를 내지 못했다. 적자 폭은 2010년에 약 361억 달러까지 치솟았다가 점차 개선돼 2015년에는 202억 달러로 낮아졌다. 그러나 2016년 231억 달러, 지난해 283억 달러 등으로 다시 증가하고 있다.

그런데 이 같은 적자 확대는 아이러니하게도, 우리의 수출을 책임지다시피 하는 반도체 호황 때문이다. 2017년 수출 증가율이 전년 동기 대비 57.4퍼센트에 이를 정도로 반도체 수출이 늘면서 일본으로부터의 제조용 장비 수입도 57억 달러에 이르며 127퍼센트 증가했기 때문이다. 이것이 2018년 1~7월의 기간 동안에는 25퍼센트 더 증가하며 43억 달러에 달했다. 반도체 제조 장비 외에도 소재와 부품의 상당 부분을 일본에 의존해야 하는 무역구조가 만성적 역조 현상을 낳고 있는 것이다. 수출을 하면 할수록 일본으로부터 중간재 수입이 늘어나는 안타까운 모습은, 어부 좋은 일만 시키는 낚시용 물새의 신세에 빗대 '가마우지 경제'라는 자조 섞인 비판의 근거가 된다.

1905년 5월 27일 일본해군의 소위 가와다 이사오川田功는 쓰시마 바다에서 러시아 발트함대와의 격전을 앞두고 이순신 장군을 떠올렸다.[8] 훗날 가와다 소위는 이때의 경험을 토대로 쓴 소설에 "세계 제1의 해장海將인 이순신을 연상하지 않을 수 없었다. 그의 인격, 전술, 발명, 통제술, 지모, 용기…. 어느 한 가지 극찬하지 않을 것이 없다. 마음속에 '순신, 순신'이라고 부르며 통증을 견뎌내는 용기를 자아냈다"고 썼다. 일본군 장교가 300년 전 적군인 조선의 장수를 떠올리며 힘을 얻었다는 아이러니는 어떻게 벌어진 일일까. 일제강점기, 진해 주둔 일본 해군은 매년 통영에 있는 이순신 사당 충렬사를 찾아 제사를 지냈다고 한다. 정작 당시의 조선에서는 이순신에 대한 관심이 사라진 때였다. 독립운동가 박은식은 일제강점기인 1915년 "우리가 어찌하여 여기에 이르렀나? 우리가 이순신을 잊어버렸기 때문이다"《이순신전》라고 한탄했다.

한편, 패전 이후 일본의 유명한 작가 시바 료타로司馬遼太郎는 다시 이순신에 주목했다. 그는 소설《언덕 위의 구름》에서 "통솔력과 전술 능력, 충성심과 용기 등을 볼 때 실존 자체가 기적이라 여겨지는 군인"이라 평했다. 지금도 일본 교과서는 임진왜란 서술에서 이순신 장군을 언급한다. 일본인도 존경하는 장군이니 더 자랑스럽다는 게 아니다. 일본은, 적군인 이순신에 대해 분석하고 칭송할 정도로 치밀하고 철저하다. 두려울 정도로 이성적이다. 우리는 어떠한가?

아무리 화를 낸다 한들 일본은 눈 하나 깜짝하지 않는다

중국에는 '옛것을 버리지 못하면 새 것은 오지 않는다(旧的不去, 新的不来, 찌요우더 부취, 신더 뿌라이)'라는 속담이 있다. 하지만 일본의 자민당 정권은 그 뜻을 잘 모르는 것 같다. 그러니까 그들은 계속 과거에 천착한다. 우리가 반대하건 찬성하건 관계없이 우경화의 길로 갈 것이며 역사도 계속해서 부정할 것이다. 일본 매스컴도 이에 대해 계속 보도할 것이고 이를 접하는 일본인들도, 싫건 좋건 부지불식간에 우경화라는 큰 흐름에 서서히 잦아들게 될 것이다. 일본인들도 마냥 우경화를 맹종하는 것은 아니다. 아베 총리만큼 꼬인 민생을 풀어낼 대체인물이 없기 때문이다. 일본은 우리가 우려하는 방향으로 점점 더 빠져들어 가고 있다. 싫건 좋건 이것이 현재의 일본이다. 이와 같은 상황에서 우리는 어떻게 해야 할까? 한일 간의 풀기 어려운 과거사 문제와 독도 문제에 대해 잠시 졸견을 피력하고자 한다.

먼저, 과거사 문제와 관련하여 우리는 보다 더 냉철하고 현명해질 필요가 있다. 일본 정부가 과거사를 왜곡하거나 아예 부정하고 있다는 점은 국제사회도 잘 알고 있는 사실이다. 위안부 문제와 같은, 만인이 공분할 일에 대해서도 스스로 얼굴에 먹칠을 하고 있다는 점도 모두가 알고 있다. 그럼에도 불구하고 일본 정부는 어리석은 행태를 멈추지 않는다. 앞으로도 지속해나갈 태세이다. 이러한 일본 정부를 대하는 우리의 대처법은 어떤가? 비난하고 일갈하는 것은 마땅하다. 하지만, 울분과 분노 외에 정말로 문제를 해결할 수 있는 대처는 해나가고 있는가? 그러다 보니 오히려 '감정에 너무 잘 휘둘리는 나라' 혹은 '포퓰리즘에 가장 취약한 나라'라는 안타까운 소리도 듣게 되는 것이 아닐까?

일본인 가운데에 과거사를 인지하고 있는 국민 대부분은, 마땅히 사죄해야 할 일이라고 여기고 있다. 이들은 과거사 문제 등으로 인해 한일 및 한중 관계를 악화하고 있는 아베 총리를 지지하지 않는다. 아울러 일본에는 과거사에 대해 잘 모르거나 관심조차 없는 사람들도 적지 않다. 여기서 냉정하게 생각해보자. 이들에게 줄기차게 '너희가 나쁘다!', '사과하라!'라고 한다면 그들은 어떠한 반응을 보일까? 그렇지 않아도 골치 아픈 사안에는 관심을 두지 않으려는 일본인들이다. 또한 목소리 크게 나오는 사람들은 일단 천시하고 피하는 게 일반적인 일본인의 성향이다. 싫건 좋건 이것이 일본 사회와 일본인의 특징이다. 이런 상황에서 그들을 향해 소리 높이고 눈흘겨대며 다가가면, 과연 우리가 원하는 결과를 도출해낼 수 있을까?

독도 문제 또한 마찬가지이다. 한국인들에게 '독도는 누구 땅?' 하고 물으면 초등학생들도 '독도는 우리 땅'이라고 바로 대답할 것이다. 우리나라 사람들 가운데 독도가 우리 땅이라는 사실에 대해 모르는 사람은 아마 거의 없을 것이다. 하지만 일본의 경우는 다르다. 그것도 퍽 다르다. 먼저 일본인 중에는 독도(일본 명 다케시마竹島)가 한일 양국사이에서 영토 문제화 되고 있다는 것을 모르는 사람이 적지 않다. 독도가 땅 이름인지, 사람 이름인지 모르는 사람도 적지 않다. 일본인들에게 "다케시마는 누구 땅?" 하고 물으면, "엣, 다케시마? 다케시마가 뭐지?"라고 되묻거나 "다케시마? 내가 아는 사람인가?"라는 황당한 반응을 보이는 사람도 있다. 나도 실제로 이런 어이없는 경험을 몇 번인가 당해봤다. 일본 사람들의 성姓은 지명을 따서 만든 것도 많다. 그중에는 다케시마라는 지명을 따서 만들어진 다케시마라는 성도 있다. 이러한 일본인들과 접하다 보면, 하도 기가 막혀서 헛웃음이 날 때도 많다. 싫건 좋건 이것이 일본 사회와 일본인의 현주소이다. 사정이 이럼에도 불구하고 '독도를 강탈하려는 야욕을 규탄한다!'며 무턱대고 성토만 한다면, 그렇지 않아도 '한국인들은 거칠다. 툭하면 화를 낸다, 걸핏하면 우리를 비난한다'고 생각하는 일본인들이 과연 어떻게 나올까? 독도나 과거사에 대해 잘 몰랐거나 관심이 없던 그들이 우리의 반응을 보며 '한국에는 왠지 정이 가질 않는다'거나 '저런 한국이 너무 싫다'며 점점 반한反韓 혹은 혐한嫌韓 감정만 커져가고 있는 현실이다. 이로 인해 어부지리를 얻는 것은 일본의 우경화 추진 세력일 뿐이다.

민간에서 지펴 올리는 미래의 횃불

우리는 더욱 냉철해져야 한다. 손가락질하고 비난하며 울분을 토해 낸다고 해도 일본은 바뀌지 않는다. 그럴수록 일본의 집권당 세력은 우리의 울분을 돋우며 한일 양국 민간인들의 감정을 이간시키고 이를 우경화와 군사대국화의 추진력으로 삼을 것이다.

우리 지혜를 모아 좀 더 새롭고 다양한 대처방법을 모색해보자. 일본에는 '세 명이 모이면 좋은 생각이 날 수도 있다(三人寄れば文殊の知惠, 산닌 요레바 몬주노 치에)'라는 속담이 있다. 특별하게 머리가 좋은 사람들이 아니더라도 세 명이 모여 생각하면 좋은 생각이 날 수 있다는 뜻이다. 그런데 우리가 누구인가? 일본인들도 머리가 좋다고 인정하는 한민족이 아닌가? 과거사 문제의 경우, 무엇을 잘못했는지, 따라서 무엇을 사과하라는지 모르는 일본인들에게 무조건적인 반성을 요구한다고 해서 달라질 것은 없다. 오히려 한일 간의 민심만 악화될 뿐이다. 그러므로 남에 대한 배려에 뛰어난 일본인의 특징 등을 잘 활용하며 새롭게 다가가야 한다. 2000년 일본 동경에서 당시 30대 초반의 유학생이었던 내가 설립한 '한일아시아기금(www.iloveasiafund.com)이라는 비영리단체NPO도 이런 마음에서 비롯된 것이다.

한일아시아기금의 취지는 '한일 양국이 역사의 장벽을 뛰어 넘자'는 것이다. 한일 양국은 전 세계 어느 나라 사람들보다도 이심전심이 잘 통하는, 가깝게 여겨지는 사람들이다. 그런데 양국의 정치가 개입되면 정치의 영향을 받아 왠지 서먹해지고 어색해진다. 이런 점을 많이 느낀 나는 양국 민초들이 정치적 영향을 받지 않으면서 우호관계를 보다 더 깊게 할 수 있는 방법을 고민했다. 그러다가 '그러면 한일 양국을 떠난 곳에서 서로 협력하는 가운데 우호를 다지는 건 어떨까?' 하는 생각에 이르렀다. 그리하여 착안하게 된 것이 한일아시아기금이다. 그 실천 프로젝트로서 캄보디아에 '아시아 미래학교'라는 빈민구제학교를 설립하고, 운영했다. 아시아 국가 중에는 빈한하여 아직도 교육을 제대로 시키지 못하는 곳이 적지 않다. 따라서 한일 양국 국민들이 한 푼두 푼 마음을 모아 기금을 조성하고 어려운 나라에 교육의 기회를 제공함으로써 아시아의 보다 밝은 미래를 위해 긴밀히 협력하고 역사적 장벽도 자연스럽게 뛰어 넘자는 취지이다.

이에 대한 호응은 실로 대단했다. '한 명의 한국인 유학생의 발상이 산뜻하고 훌륭하다', '역사의 가해자인 우리 일본으로서는 할 수 없는 일을 제시했다!'는 내용의 기사가 일본 주류 매스컴에 거의 모두 소개되었다. 일본 공영 NHK TV는 특집 프로그램을 통해 보도하기도 했다. 당시는 2002년 한일 공동 월드컵을 앞두고 있는 시점이었다. 이에 〈NHK 스페셜〉이라는 프로그램을 통해 '한일 양국의 어제와 오늘 그리고 내일' 3부 특집이 제작되었는데, '1부 한국과 일본의 과거', '2부 한국과 일본의 현재', '3부 한국과 일본의 미래' 중 3부가 우리 한일아시아기금과 관련된 내용이었다. 한일아시아기금은 비록 우여곡절을 겪기는 했지만, 일본 정부로부터 정식 NPO 법인 승인을 받으며 지금까지도 꾸준히 지속되고 있다.

독도 문제에 대해서도 보다 다각적으로 접근할 필요가 있다. 일본의 우경화 추진 세력은 독도에 대한 야욕을 포기하지 않을 것이다. 그런 그들에 대해 '독도는 우리땅'이라고 성토만 할 것이 아니라 보다 다양한 방법으로도 대처해나가는 것이다. 앞서 언급한 바와 같이, 아직도 많은 일본인들이 독도에 대해 제대로 알지 못한다. 반면에 일본의 양식 있는 개인과 단체 중에는 독도가 한국 땅이라는 것을 지지한다는 점에 착안해 이들과 긴밀히 협력하는 가운데 더 많은 일본인들이 우리 주장의 타당성을 알 수 있도록 계몽해나가야 한다. 다른 한편으로는 일본인 스스로 앞장서서 자국 정부의 수치스런 행태를 시정하도록 유도하는 것이다. 그렇게 되면, 일본인들의 반발과 반감도 줄어들 것이고 한일 양국 정부의 소모적 대립도 줄어들 것이다.

이를 위해서는, 독도가 한국 땅이라는 근거자료를 일본 사회에 적극적으로 알릴 필요가 있다. 사실 이러한 자료들을 필요로 하는 것은 우리보다는 일본인들이다. 그들은 알고 싶어도 알 길이 없기 때문이다. 그럼에도 우리는, 새로운 근거가 나타나면 우리끼리 대대적으로 보도하는 데 그친다. 이를 통해 우리는 더 울분을 토하고 일본인들은 그런 우리의 모습에 더욱 거리를 두며 멀어져 가는 악순환의 고리를 차단하는 것이다. 이는 정부보다는 민간이 나서는 것이 중요하다. 우리 정부가 나서면 일본 정부는 어떠한 방식으로든 이를 악용하려 할 것이다. 나는 독도 문제에 대한 대안으로서 '독도 성금'을 제안하고 싶다. 우리 국민이 자발적으로 한 푼 두 푼 마음을 모아 일본 사회를 위해 독도를 알리는 일본어 자료 등을 제작하고 또 일본의 양식 있는 단체와의 협력을 위한 토대로 삼자는 것이다.[9]

한국은 감정외교 일본은 이성외교

중국 국민당의 쑨원(孫文) 정부 시절, 일본통으로 유명했던 다이찌타오(戴季陶)는 《일본론》이란 저서를 통해 "일본인은 중국을 수술대에 올려놓고 수천 번 해부하고 또 시험관에 넣고서도 수천 번 실험한다. 하지만 우리 중국인은 일본을 그냥 무시하기만 한다"고 통탄했다. '중국대륙을 침략한 철천지원수!'라며 오로지 울분만을 토해내는 중국 사회에 자성을 촉구한 것이다.

우리 사회 일각에서는 여전히 일본을 '쪽바리'라고 비난한다. 일본은 우리가 긍정하건 부정하건 명실상부한 G3 경제 강국이다. 이런 일본을 마냥 혐오하는 태도를 국제사회에서는 어떻게 바라볼까?

일본에서는 한국의 외교를 '감정 외교'라고 말한다. 우연인지 모르지만, 중국 또한 한일의 외교에 대해 '한국은 감정외교, 일본은 이성외교'라고 평가하고 있다. 이는 매우 무서운 평가다. 외교가 국민감정에 휘말려서 좋을 것은 별로 없다. 어느 한쪽은 지극히 냉정하게 이성과 지략으로 주도면밀하게 전략을 짜는 데 비해, 다른 한쪽은 국민의 울분과 분노를 토대로 이렇다 할 전략 없이 우왕좌왕한다면 그 결과는 불 보듯 뻔하지 않은가?

바뀔 마음이 손톱만큼도 없는 이들에게 바뀌라고 강요한들 바뀔 리 만무하다. 바뀌기는커녕, 오히려 우리를 계속 자극하며 저들의 뜻하는 바를 이뤄갈 것이다.

중국에서는 '은혜를 원수로 갚는(好意没好报, 하오이 메이하오빠오)' 사람들에게는 오히려 더 웃어주라고도 말한다. 그리고 충분하게 힘을 키울 때까지 더 잘 대해주라고 한다. 속상하지만, 저들이 우리에게 이렇게 함부로 하는 것은 우리의 국력이 자기들보다 못하다고 여기기 때문이다. 그렇다고 참기만 하며 부들부들 거리자는 것은 아니다. 방법을 달리 하자는 것이다. 이제껏 시도해보지 않았지만, 현재의 우리가 최대한의 긍정적 효과를 나타낼 수 있는 방법을 더 다양하게 찾아보자는 것이다. 그러면서 힘을 키우자. 보복을 위한 힘이 아니라, 우리를 차마 함부로 할 수 없도록, 자존심만큼은 지켜낼 수 있는 힘을 키우도록 하자.

기회를 위기로 만들고 있는
자발적 약소국 대한민국

1. 중국의 〈남방도시보南方都市報〉에 의하면, 중국 광둥성 선전시의 한 유치원 입학식에서 민망한 상황이 연출됐다.[10] 할리우드 영화에서나 나올 법한 핫팬츠 차림의 여성댄서가 봉을 잡고 춤을 추는 이른바 '봉춤'을 선보인 것이다. 유치원에서의 봉춤이라니, 중국은 참으로 무지막지하게 자유로운 나라가 아닐 수 없다.

2. 중국의 한 동물원에서는 관람객들이 던진 돌에 맞아 캥거루가 죽기도 했다. 푸젠福建 성 푸저우福州 시의 한 동물원에서 암컷 캥거루 한 마리가 죽었는데 부검 결과, 관람객들이 던진 돌 때문인 것으로 드러났다. 바닥에 누운 캥거루를 펄쩍 뛰게 하려 돌

을 던진 것이다.

3. 보행자의 무단횡단 사고가 끊이지 않는 중국에서 이를 막기 위한 기막힌 방법이 나왔다. 무단횡단을 하면 물벼락을 뿌리는 것이 그것이다. 허벅지 높이의 철제 말뚝에는 사람의 움직임을 감지하는 센서와 물을 뿌리는 스프레이가 내장되어 있다. 보행자가 빨간불일 때 접근하면 센서가 이를 감지해 물을 뿌린다. 이를 두고 중국 네티즌 사이에서는 전형적인 전시 행정이라는 비판도 나왔지만, 다른 한편에선 오죽하면 이렇게까지 하겠느냐는 자조섞인 반성의 목소리도 나왔다.

4. 중국인들의 중국 탈출이 점점 심각해지고 있다. 중국 부자를 연구하는 후룬胡潤연구소와 비자컨설팅그룹이 공동 발표한 '2017 중국 투자이민 백서'에 따르면 1000만~2억 위안(약 17억~340억원)의 자산을 보유한 중국의 부자 가운데 46.5퍼센트가 '현재 이민을 고려하고 있다'고 답했다. 응답자 가운데 9퍼센트는 이미 이민 수속을 밟고 있는 중이었다. 중국인의 엑소더스 현상은 중국 내 삶의 질에 대한 불만 때문이라고 〈AP통신〉은 지적했다.

미국의 자유주의 철학자인 로버트 노직Robert Nozick은 저서《아나키에서 유토피아로》를 통해 "국가의 위협에 따른 공포는 '만인의 만인에 대한 투쟁'인 무정부 상태의 공포보다는 작다. 무정부 상태보다는 국가가 좀 더 나은 대안이다"라고 주장했다. 그러면서 "소유권과 개인의 독립성을 철저히 보장하는 '최소국가'는 국가의 위협을 최소화할 수 있는 최적화된 시스템이다"라고 덧붙였다. 한편 중국 속담에 '큰 물고기는 작은 물고기를 잡아먹는다(大魚吃小魚, 따위 츠 샤오 위)'라는 것이 있다. 평범하게 보이는 이 한마디는, 5,000년 중국의 역사 속에서 면면히 이어져 온 중국의 두드러진 특징을 잘 나타낸다. 다름 아닌 약육강식이다. 중국은 세계 그 어느 나라에도 뒤지지 않을 약육강식의 나라이다. 중국의 또 다른 속담인 '사람은 출세할 때 겁내고 돼지는 살찔 때 겁낸다(人怕出名, 猪怕壯, 런파츄밍 쭈파쫭)' 또한 이러한 점을 잘 나타낸다. 출세하게 되면 사방팔방으로부터 온갖 견제와 음모 등을 받다가 숙청당했던 것이 비일비재했기 때문이다. 그리하여 출세한 사람들은 온갖 방법을 동원해 권력과 안위 등을 지키려 하고 이에 맞선 편에서도 온갖 방법으로 이를 쟁취했다. 이러한 역사의 끊임없는 반복으로 인해, 중국인들은 정글과도 같은 예측 불가한 사회보다는 강력한 절대권력 하에 어느 정도 예측이 가능한 전제정치가 그나마 낫다고 생각하기에 이르렀다.

"아이고, 중국이 뭐가 아쉬워서 우리 눈치를 살피겠어요"

앞서 언급한 3국 문제 등으로 인해 중국의 상황은 실로 녹록지 않다. 이를 잘 알고 있는 미국을 비롯한 중국의 라이벌들은 대중 공격의 고삐를 더욱 조이고 있다. 중국 당국자가 현 상황에 대해 사면초가四面楚歌라는 고사성어를 인용하며 한탄하는 것도 엄살만은 아닌 것이다. 이러한 상황에서 중국은 조그만 나라라도 자기편에 가까이 둘 필요가 있다. 하물며 이웃 나라임과 동시에 중견강국으로 부상한 우리에 대해서는 어떠하겠는가. 실제로 동북아에서 중요한 이슈가 발생하거나 혹은 미중 간의 대립이 격화되면, 중국 당국은 우리에 대한 접근을 강화한다. 심지어는 아무 것도 아닌 나에게도 찾아와 우리가 자기들 곁에 더 가까이 있을 수 있는 혹은 최소한 자기들 곁에서 멀어지지 않을 방안을 묻는 등 노심초사하곤 한다. 이것이 오늘날 중견강국으로 부상한 우리를 바라보는 중국의 시각이다. 우리가 알든 모르든, 긍정하든 부정하든, 이것이 '팩트'인 것이다.

우리는 이러한 중국을 너무나도 모른다. 설상가상으로 팩트를 알려주려 해도 도무지 믿으려 하질 않는다. 믿으려 하기는커녕 '친중파'라는 붉은 딱지를 붙이고 경원시한다. 실제로 중국의 이와 같은 모습에 대해 우리 정치권이나 외교 당국자 등에게 들려주면, 반응은 거의 한결같다. "아이고, 교수님, 중국 같은 나라가 뭐가 아쉬워서 우리 눈치를 살피겠어요", "에이, 중국 같은 대국이 설마…" 이런 반응 때문에 내 속은 이미 까맣게 타버렸다. 중국에 대한 자기 비하가 너무 심한 것이다. 자신감은 고사하고 약소국 마인드에 푸욱 절여져 있는 사람들이 아직도 중견국 대한민국의 정치외교를 담당하고 있다니 얼마나 기가 막히는 일인가. 경차만 운전하던 사람에게, 갑자기 고급 중형버스를 운전하라고 맡긴 격이다. 우리의 정치외교를 담당하고 있는 이들의 비굴한 자세에 대해 알게 된다면 속이 타들어갈 수밖에 없을 것이다.

큰 덩치로는 할 수 없지만 작은 덩치이기 때문에 가능한 일도 많다. 힘이 센 사람도 힘이 약한 사람이 필요할 때가 있다. 마찬가지다. 중국이 직면한 3국 문제가 심각해질수록 중국은 우리를 그만큼 필요로 할 수밖에 없다. 우리가 중국으로부터 멀리 떨어진 나라이거나 혹은 20세기 6 · 25 직후의 약소국가 그대로였다면 상황은 다를 것이다. 그러나 우리는 중국에 바로 붙어 있는 중견국가이다. 우리의 제반 상황이 중국에도 직접적으로 영향을 끼치는, 사안에 따라서는 중국의 국가안보에 지대한 영향을 끼칠 수 있는 나라라는 것이다. 그렇기 때문에 중국은 동북아의 국제관계에 사건이 발생하면 우리의 눈치도 살핀다. 그러면서 우리가 원하는 것을 제공할 수도 있으니 자신과의 관계를 지켜주길 바라곤 한다. 실제로 나는 중국 공산당 당국과 이와 관련한 '경험'을 몇 번이고 해봤고 현재도 그렇다. 그 가운데 안타까웠던 몇 가지를 간단히 돌아본다.

남의 샅바로도 이길 수 있는 씨름판에서

먼저 중국 지도나 교과서에 '일본해'로 표기되어 있는 것을 '동해/일본해'와 같이 병기하는 사안이다. 2012년 일본의 아베 정권이 중일 양국 간의 영토 분쟁 중인 센카쿠 쇼도(중국명 댜오위 다오)를 전격 국유화한 뒤 중일 양국관계는 극도로 악화되었다. 중국 전역에서 연일 반일 데모가 전개되며 중국 내 일본상점이나 일본기업이 수난을 당할 정도였다. 때마침, 당시는 미국 버지니아 주에서 '동해 병기 법'이 발효되는 등, 일본해 단독표기를 최소한 동해로 병기하고자 하는 기류가 일던 터였다. 이에 나는 일본에 대해 씩씩거리는 중국을 활용할 기회로 생각했다. '남의 샅바로 씨름을 하다(人のふんとしで相撲を取る, 히또노 훈토시데 스모오 토루)'라는 일본어 속담처럼, 나는 중일 양국의 악화국면을 활용하

여 중국 지도나 중국 교과서의 일본해 표기를 '동해/일본해'와 같이 병기하고자 했다.

이를 우리 외교 당국자에게 들려주었다면 또 '에이, 교수님' 하며 코웃음쳤으리라. 그래서 독자적으로 '작업'을 걸었다. 몇 번에 걸쳐 중국 당국자들을 만나 일본에 대한 분노를 살살 긁으면서 내가 일본 유학 시에 개인적으로 연구한 결과 알게 된 '디아위 다오는 중국 영토'라는 점과 일본의 영토 야욕에 대해 우리 한국 국민들도 중국의 심정을 이해한다며 다독거렸다. 그러던 어느 날, 이들로부터 재밌는 소식이 들려왔다. '당신의 말이 사실이라면 한 사람의 한국인 전문가의 차원을 넘어서 한국 정부가 중국 정부에 정식으로 요청해주면 좋겠다'는 것이었다. 중국어는 곡선적이다. 그 이면의 함의를 잘 읽어내야 한다. 당국자들의 말인즉슨, '한국 정부가 나서서 정식으로 병기 문제를 요청하면, 중국 정부로서도 응할 용의가 있다'는 뜻이다. 이러한 본심은 나와의 논의가 있은 지 얼마 후, '한중 의원 간담회'에서도 확인되었다. 당시 간담회에 참석한 우리 측 국회의원이 중국 측에 대해 '동해/일본해' 병기 여부를 묻자 긍정적인 반응이 나왔던 것이다.

중국 측의 이런 반응을 들은 나는 바로 한국의 한 언론사에 전달했다. 그리고 이 내용은 언론사를 통해 "中당국자 '韓요청하면 中도 동해 병기 검토 기류'"라는 뉴스 보도로 우리 사회에 알려지게 되었다.[11] 그리고 보도가 있은 그 다음 날, 우리 외교부의 정례 브리핑 시간에 한 기자가 외교부 대변인에게 이에 대해 질문했다. 그랬더니 대변인 왈, "그 문제에 대해서는 중국 정부가 정식으로 우리 정부에 요청해오면 생각해볼 사안이라고 생각합니다"라는 것이었다. 귀가 의심스러웠다.

아니 누구에게 필요한 일인가! 누가 누구에게 요청해야 들어준다는 말인가! 나는 아직도 차라리 그 대변인이 뭔가 잘못 파악하고 대답한 것이었기를 믿고 싶다. 그나저나 이런 상황을 중국 측에는 어떻게 전달해야 할지 난감했다. '또' 말이다.

우리 사회를 아직까지도 짓누르고 있는 사드THAAD 또한 마찬가지다. 우리가 '중국의 시그널'을 제대로 읽고 그와 관련하여 '스마트'하게 대처해왔다면 이렇게까지 되지는 않았을 것이기 때문이다. 사드 배치와 이후의 제재조치를 둘러싼 중국 현지의 상황, 다시 말해 중국 당국자들과 나와의 지속적인 소통 속에서 직접 파악한 상황을 정리하자면 대략 아래와 같다.

당시 청와대의 외교안보실장이 '한국은 사드를 배치할 생각이 없다'며 방중을 마치고 귀국한 지 불과 며칠 후에 덜컥 터져 나온 사드 배치 소식으로 인해 시진핑 주석은 배신감에 크게 분노했다고 한다. 이후 중국은 한국에는 아직도 공개되지 않았지만, 무려 4단계에 걸친 보복 조치를 계획했다. 그러고는 '사드 철수'를 요구하며 1단계인 한국 문화와 K-POP 등에 대한 제재 조치를 취했다. 그래도 우리가 변하는 모습을 보이지 않자 2단계인 경제 제재 조치로 돌입했다. 그러다가 제재 조치를 취한 지 2개월이 채 안 될 무렵, 배신감을 느낀다며 씩씩거리던 중국 당국자들이 차분해진 모습으로 뜻밖의 이야기를 꺼냈다. "사드는 사실 한국 정부가 배치하고 싶어서 배치한 것도 아니고, 또 이미 결정 난 것을 한국 정부가 맘대로 철수하기도 쉽지 않을 것이다. 이로 인해 우리도 한중 관계를 계속 나쁘게만 가져갈 수도 없고… 그러니 절충방안을 찾을 수도 있지 않을까? 이를테면, 사드를 철수하지는 않지만, 우리(중국)의 우려도 좀 더 불식시킬 수 있는 그런 방향으로…."

　이 무렵부터 중국 당국의, 우리 땅에 배치된 사드에 대한 생각이 달라진 것 같았다. 이후 나를 만나서는 '한미동맹을 의식해야 하는 한국과 사드 배치 및 그 추가적 조치 등을 우려하는 중국의 입장을 고려한 절충안 찾기'에 주력하는 모습이었다. 물론 그 기간에도 중국 정부는, '표리부동'을 취하고 있었다. 표면적으로는 외교부 대변인 등을 통해 "중국 정부는 사드 배치에 결연히 반대한다!"는 강경 입장을 고수했던 것이다. 하지만 시간이 지날수록 중국 측은 '절충안을 찾거나 혹은 어떤 식으로든지 사드 국면에서 빨리 벗어나자!'라는 식으로 나왔다. 사드로 인해 한중관계가 더 악화되면 결국 미국만 그만큼 더 미소 짓게 될 것임을 잘 알고 있었기 때문이었다. 그러다가 2016년 연말이 다가오면서부터는 '2017년은 한중 수교 25주년이니 한중 양국에서 성대하게 다양한 기념행사를 벌이는 건 어떨까? 이를 통해 한중 양국은 사드 국면에서 벗어났음을 대내외적으로 알리는 것이다'라고 제안하기도 했다. 이후로도 중국 당국은, 이 자리에서 일일이 열거하기 쉽지 않지만, 사드 정국 탈피를 위한 이런저런 제안을 했다. 그리고 나는 중요한 혹은 의미 있게 여겨지는 제안에 대해서는 우리 당국과 정치권에 공유했다. 하지만 이들로부터 돌아오는 반응은 "아이고, 교수님" 하는 귀에 박힌 말 아니면 무응답뿐이었다.

　중국이 2013년 11월 선언한 '중국방공식별구역CADIZ'을 둘러싼 우리 국익 증진 방안도 마찬가지다. 당시 중국은 미국과 일본을 겨냥, 식별구역의 선을 일본 부근까지 긋는 과정에서 불가피하게 우리 구역까지가 포함되었다. 이에 중국 당국은 나를 찾아와 이런 사정을 설명하고 당시 상당히 좋았던 한중 관계가 조금이라도 훼손이 되지 않기 위해 어떻게 하면 좋을지 자문을 구하기도 했다. 이에 나는 일본을 겨냥할 경우, 중간에 있는 우리까지도 지나치게 되는 부분이 있어 우리 국민들의 감정이 안 좋아질 수 있으니, 우리 정부에도 미리 양해를 구하고 또 우리 국민들에게도 우리를 겨냥한 것이 아니라는 점을 알 수 있도록 어떤 식으로라도 알려주는 게 좋을 것 같다고 했다. 아울러, 우리도 우리 민심을 고려하여 한국방공식별구역KADIZ을 선언할 수 있으니 그때는 아무런 반발을 하지 말아야 하며 오히려 중국 측이 유발한 문제이니 어떠한 방식으로든 경제적 선물 등을 준다면 우리 국민들이 중국의 마음을 더 잘 이해할 수 있을 것 같다고 이야기했다. 이때도 역시 우리 측에 중국의 이런 상황을 전하고, 우리도 한국방공식별구역KADIZ을 취할 뿐만 아니라 중국으로부터 뭔가 다른 '플러스 알파'를 취할 수 있도록 고려해보는 건 어떨지 제안했다. 며칠이 지난 뒤 중국 당국자로부터 얼마 후 발간될 시사 주간지 〈vista看天下(vista칸텐샤)〉를 보라는 연락을 받았다. 구입해보았더니, 표지에 한복을 입은 여성의 뒷모습이 크게 실린 채 '선의의 피해를 입은 제3자에 대한 안타까움'이라는 식의 기사가 실려 있었다. 중국은 우리를 이 정도로 의식했던 것이다! 이에 비해 우리 측으로부터의 반응은? 없었다. 역시나 또 전혀 없었다…. 그리고는 중국의 눈치만 보다가 며칠 후 슬그머니 한국방공식별구역을 선포했다. 그러면서 '우리 정부는 정당하게 우리의 방공식별구역을 선언한다'며 중국의 눈치를 봤다. 이에 중국 당국은 우리에게 제공해야 할 '플러스 알파' 등에 대한 고민은 할 필요도 없이 쉽게 이 위기를 넘기게 되었다. 그 당시 중국 당국은 우리 정부를 어떻게 생각했을까?

이 외에도 중국 어선의 우리 해역에서의 불법 어업에 대한 대처 방안 등, 비록 개인의 위치에 있을 뿐인 나에게도 한중 사이를 제대로만 알고 대처하면 우리 국익을 증진시킬 수 있는 여러 기회가 다가왔다. 하지만 번번이 쓸쓸함만 느끼게 되는 과정에서 최소한 다음의 두 가지를 깨닫게 되었다.

먼저, 속상하지만, 정말 안타깝지만, '아무리 해도 혼자서는 안 된다'는 생각이었다. 아무리 나 혼자 고민하고 애쓴다 해도 계란으로 바위 치기요, 언 땅에 오줌 누는 격일 뿐이었다. 바뀌는 것이라고는 내 건강만 상하는 일이었다. 중국 측보다는 우리 측이 더 문제였다. 시도조차 해보지 않고 그저 '안 된다', '중국 같은 큰 나라가 왜 우리 따위를' 타령만 하고 있으니 뭐가 되겠는가? 우리 측은 아예 현장에서의 소리를 들으려고 하지도 않았다.

두 번째로는 '아무리 해도 저 안일한 관료조직으로는 안 된다'는 생각이었다. 우리 측의 무사안일과 탁상공론에 얼마나 속상했는지. '강적은 외부가 아닌 내부에 있다'는 생각을 얼마나 했는지 모른다. 그렇게 견고한 철옹성을 쌓고 있는 관료 조직을 상대로 열심히 움직이며 분투했던 내가 얼마나 바보 같았는지도 모른다. 20여 년을 외국에서 지내면서 점점 더 강하게 가슴속으로 스며든 '대한민국, 한민족의 생존과 번영'이라는 꿈을 위해, 이제껏 제대로 알지 못했던 양국의 입장을 제대로 전달하고 활용하여 국익에 보탬이 되고자 했던 것이, 너무 순진했던 것 같았다. 이후 나는 국가의 외교안보 사안에 대해서는 가급적 무감각해지려 노력했다. 마음은 정말 편치 않다. 하지만 아무리 노력해도 느는 것은 약 봉지뿐이다. 이 노릇을 어쩌면 좋을까.

전화위복을 전복위화로 만드는 중국에 대한 고정관념

우리의 뇌리에 중국은 여전히 한반도를 빈번히 침략한 '때놈'이며 6·25 당시 우리의 통일을 막아선, 지금도 북한과의 혈맹으로 우리를 사사건건 괴롭히는 나라라는 인식이 뿌리 깊다. 시간이 흘러 국제 상황도 엄청나게 바뀌었고 그 속에서 중국도 '상전벽해(桑田碧海)'하듯 바뀌었다. 그러나 우리의 고정관념과 선입견은 마냥 바뀔 줄을 모른다. 아아, 국제사회의 '무한한 변화'와 우리의 '유한한 인식'이여!

미중 간의 대립 국면은, 단기간에 끝날 수 없다. 패권을 둘러싼 시대의 쟁탈전이기 때문이다. 이 속에서 방어하며 돌파해야 할 중국으로서는 한 나라라도 '아군'이 아쉽다. 저 멀리 아프리카나 남태평양의 작은 섬나라들에게까지 정성을 들이는 이유다. 하물며 바로 이웃한 중견강국인 우리 대한민국에 대한 중국의 자세는 더 말할 필요가 없다. 우리는 우리의 가치를 너무 모른다. 중국에 대한 활용법도 너무 모른다. 이로 인해 '전화위복(轉禍爲福)'의 기회를 '전복위화(轉福爲禍)'의 위기로 만들곤 하는 것이다. 이런 사정을 들려주며 중국을 다각적으로 활용하자고 아무리 호소한들 우리 사회의 꽉 막힌 선입견과 고정관념 등은 그야말로 요지부동이다.

더 화가 나는 것은 정치권이나 공무원들이 중국과의 관계를 제대로 맺지 못한다 한들, 그들은 먹고사는 데 아무런 지장이 없다는 것이다. 힘들어지는 건 일반 국민과 기업, 그리고 내 조국 대한민국일 뿐이다. 나는 그렇게 복지부동하고 무능한 이들에 대한 반감을 지울 수 없다. 이 글을 쓰는 이 순간에도 유난히 다크서클이 확장되고 있다. 어떻게 하면 될까? 어떻게 하면 우리가 중국의 '허와 실'을 더 잘 깨닫고 비로소 활용해낼 수 있게 될까?

PART 2

동북아 힘의 지형을
이해하는 10가지 키워드

I

한중일 3국이 지닌 문화적 동질성은 우리 한국인들이 가장 많이 지니고 있다.
대륙과 열도의 '중간'인 반도에 위치해 있기 때문이다.
그러다 보니, 해외에서 만나는 외국인들 혹은 외국 기업들은 우리를 부러워한다.
G2 중국과 G3 일본을 바로 옆에 끼고 이들을 활용하기에 가장 좋은 여건 속에 있으니
한국인과 한국기업의 앞날이 얼마나 밝겠는가 하는 것이다.
우리 사회 일각에는 이웃 나라인 중일 양국을 비난하고 폄하하는 데 여념이 없는 사람도 있다.
중일 양국에 대해서라면 부정적인 보도가 더 자주 다뤄지는 언론 분위기 속에서,
정작 외국에서는 이렇듯 한국의 입지를 부러워하고 있다는 사실을 아는 사람은 많지 않아 보인다.

공산당과
권력의 구조

세계에서 소속 회원이 가장 많은 단일 조직이 어딘지 아는가? 2016년 말 현재 8944만 7,000여 명의 당원을 지닌 중국 공산당이다. 중국에는 '민주당파'라 불리는 정당들도 있는데 이는 그야말로 형식적 존재에 불과하다. 중국도 다당제 국가임을 보이기 위한 의도에서 기인된 당일 뿐이다.

이러한 중국 공산당은 상층부로 가면 갈수록, 또한 도시지역으로 가면 갈수록 엘리트 정당의 면모가 강해진다. 가입을 권하거나 가입해달라고 애걸복걸하기도 하는 우리네 정당과는 달리 중국 공산당은 당원이 되는 것이 쉽지 않다. 예를 들면, 대학에서 공산당원이 되려면 우선

성적이 뛰어나야 하고 또 해당 대학에서 책임 있는 지도자급의 추천서와 기존 공산당원의 추천서도 필요하며 면접이라는 관문 등을 거쳐야 비로소 공산당원이 될 수 있기 때문이다. 중국 공산당 정권은, 이런 식으로 공산당을 최정예 엘리트 조직화하여 공산당에 의한 중국 통치를 지속해가고자 한다. 이에 대해 중국 공산당 당 간부 육성 학교에 재직 중인 한 중국인 교수는 "이 많은 인구를 지닌 중국의 발전은 하루아침에 이뤄진 것이 아니다. 앞으로도 번영을 지속해나가기 위해선 무엇보다도 먼저 공산당이 더 능력 있고 더 모범적이어야 된다"고 말했다.

공산당이 통치하는 중국에서는 무엇보다도 공산당의 피라미드식 권력구조를 잘 알 필요가 있다. 우리가 가끔 매스컴을 통해서 접하게 되는 '공산당 당대회'나 '1중 전회', '3중 전회' 혹은 '중앙위원회'나 '중앙정치국 상무위원' 등의 용어도 이와 관련되어 있다. 이들 용어는 약간 복잡하게 느껴지지만, 최대한 쉽게 알아보도록 하자.

중국에도 다음과 같은 입법부, 행정부, 사법부와 같은 3권權 기구가 있다.[1] 하지만 중국의 그것을 3권 분립이라 부르진 않는다. 공산당이 이들의 상위에 존재하는 '공산당 1원체제'이기 때문이다.

·입법부:
  전국인민대표대회(약칭 전인대, 우리의 국회 격)와 그 상무위원회. 각 지방의 각급 지방인민대표대회(지방 의회 격)와 그 상무위원회
·행정부:
  국무원(우리의 중앙정부 격)과 각 지방의 각급 인민정부(각급 지방자치단체)
·사법부:
  최고인민법원(우리의 대법원 격)과 지방의 각급 인민법원(각급 지방법원), 최고인민검찰원(대검찰청)과 각 지방의 각급 인민검찰청(각급 지방검찰청)

중국의 입법부: 최고권력 기구는 '전국인민대표대회'

전국인민대표대회(이하, 전인대)는 중국의 최고권력 기구이다. 우리의 국회 격이다. 전인대는 각성, 자치구, 직할시에서 자치적으로 선출된 인민대표(우리의 국회의원)와 소수민족, 해외 화교, 인민해방군(우리의 국군 격) 등으로부터 선출된 인민대표 등으로 구성된다. 전인대의 고유권한으로는 헌법수정, 법률제정, 제정된 헌법과 법률의 실시감독권 등을 비롯하여 국가주석 선출권, 국무원 총리(우리의 국무총리)나 각부 장관의 결정, 최고인민법원장과 최고검찰원 검찰장의 선거, 국민경제 및 사회발전계획, 국가예산 및 결산의 심사승인 등이 있다. 전인대는 일반적으로 매년 한 차례씩 해당연도 3월경에 개최된다. 폐회기간 중에는 전인대 상무위원회가 직권을 행사한다. 각급 지방정부(각급 지방자치단체)에도 이와 같은 형태의 전인대가 있다. 임기 5년의 인민대표는 각 선거구에서의 선거로 선출된다. 공산당이 여덟 개의 다른 당파로 구성된 '민주당파'와 협의하여 후보자를 결정한다. 하지만 사실상 각급 공산당이 최종결정권을 지니고 있다. 이로 인해 선거 역시 형식에 불과한 측면이 강하며 전인대 또한 명목상의 최고 권력기구에 불과하다.

중국의 행정부, 국무원

국무원은 국가권력의 최고의 행정기관이며 최고의 집행기관이다. 국무원 산하에는 우리나라의 외교부, 국방부, 통일부 등과 같은 각 부처와 위원회 등의 중앙 행정기관이 설치되어 있다. 엄청난 중국 대륙과 14억의 인구를 통치해야 하는 만큼 그 숫자는 실로 적지 않다. 실제로 1980년대는 우리의 각 부처에 해당하는 중앙 관청의 수가 무려 100여 개도 넘었다. 그러다가 그 폐해의 심각성 등으로 인해 중앙 관청 수를 줄이기 위한 '기구개혁' 등을 단행, 2013년부터 집권한 시진핑 정권 들어서는 25개 전후에서 탄력적으로 운영되고 있다.

중국에서도 공무원은, 우리와 마찬가지로 '철밥통(铁饭碗, 티에판완)'이라 불린다. 나름 사회적 지위도 있고 복지혜택 등도 잘 되어 있어 가장 선호받는 직업 중의 하나이다. 그러다 보니 공무원이 되려면 공무원 등용시험인 '꾸워카오國考'에 합격해야 된다. 공무원 시험은 각 부처의 모집직위별로 모집하기 때문에 자신이 원하는 시험에 응시해야 한다. 아울러 중국은 공산당이 통치하는 국가이니 만큼, 공산당원이면 우대를 받는 지역이나 부처, 직종 등도 더러 있다.

현재 중국 공무원들의 대민 업무 능력이나 자세는 빠르게 향상되고 있다. 100개도 넘던 행정기구를 25개 전후로 축소하여 운영하는 개혁 과정에서 살아남기 위해 공무원들 스스로 환골탈태하고 있는 것이다. 이와 관련, 한중 양국 사회에 대해 어느 정도 알고 있는 전직 중국 공무원 출신 한 조선족 인사는 말한다. "한국은 국민이 주인인 '민주民主 공화국'이 아니라 공무원이 주인인 '공주公主공화국'이라 할 것이다… 몇 년 전만 해도 중국 공무원이 한국 공무원을 배우려고 했다. 하지만 이제는 오히려 정반대다. 한국 공무원도 중국 공무원처럼 바뀌지 않으면 한국의 미래는 암울할 수밖에 없다. 한국 정부는, 공무원이 스스로 바뀔 것을 믿지 말고 바뀌지 않으면 안 되게끔 국가가 나서야 한다."

중국의 실권을 지닌 기구, 중국 공산당

중국 공산당의 맨 하층에서 상층으로 올라가는 피라미드식 권력구조는 다음과 같다.

중국 공산당 전국대표대회(3,000명 미만의 당대표)→중앙위원회(370명 안팎의 중앙위원)→중앙정치국(25명의 정치국위원)→중앙정치국상무위원회(일곱 명의 상무위원)

먼저 중국 공산당의 최고의사결정기관은 중국공산당 '전국대표대회(약칭, '전대(全代)' 혹은 '당대회')'이다. 중국 공산당은 전체 당원 중 3,000명이 약간 안 되는 당대표(우리네 정당의 대의원 격)를 선출, 이들이 5년에 한 번씩 당대회를 개최한다. 이 전대는 향후 5년간 중국의 최고지도자가 될 중앙위원회 위원의 선출 및 5년간 전개될 제반 국정에 대한 논의와 로드맵 작성 등 향후 중국의 5년을 가늠할 수 있는 중요한 회의이다. 가장 최근에는 2017년 10월 18일~24일까지 베이징 인민대회당(국회)에서 2,287명의 당대표들이 모여 중국 공산당 창당 후 19번째인 '제19차 전대(또는 '19차 당대회')'를 개최했다. 그런데 전대는 요식행위에 불과하다는 비판을 받고 있기도 하다. 3,000명 정도가 모여 불과 며칠 동안 향후 5년간의 중국의 주요 국사와 인선을 논한다는 것이 사실상 쉽지 않기 때문이다. 이렇게 볼 때, 전대는 그 상급기관에서 논의하고 결정한 사항들을 추인하는 기구라는 비평을 받는 것도 이상하지만은 않다.

두 번째로, 전대의 바로 위 권력기구로는 '중앙위원회'가 있다. 중앙위원회는 국무원의 각 부처, 지방과 군의 각 부서 대표들로 이뤄지는

370명 안팎의 임기 5년의 중앙위원과 후보위원으로 구성된다. 19차 전대에서는 중앙위원 204명과 후보위원 172명이 선출되었다. 이들은, 일반적으로 전대 종료 다음날, 그들만의 리그인 중국공산당 중앙위원회 전체회의를 개최한다. 보통 1년에 한 번씩 열리는 이 중앙위원회 전체회의(약칭 '중전회中全會')는, 5년간 일반적으로 6회 혹은 7회 정도 개최된다. 언론에서 가끔 들려오는 '1중전회', '2중전회' 하는 것이 바로 그것이다. 여기에서는 어느 정도 실질적인 논의와 결정 등이 이뤄진다. 1중전회는 자신들의 바로 위 상급기관인 '중앙정치국 위원'을 포함한 당의 주요 간부들에 대한 인선안을, 2중전회는 국가주석과 총리를 포함한 국가의 최고지도자 및 주요 간부들에 대한 인선안을 의결한다. 이후에는 매년 1회 정도 개최되는데 통상적으로 3중전회에서는 5년간 시행할 국가의 주요정책들을 결정하고, 4중전회에서는 공산당의 발전 방향 및 인사 등에 관해 결정한다. 2017년 10월의 제19차 당대회 폐막 다음 날인 10월 25일 개최된 1중전회에서는 '중앙정치국 위원'을 선발했다.

세 번째로, 중앙정치국. 25명으로 이뤄지는 이 중앙정치국 위원('정치국원'으로 줄여 부르기도 함)은 중앙위원 중에서 선출된다. 이 25명 가운데 또 다시 몇 명이 선발되어 명실상부 중국의 최고지도자인 중앙정치국 상무위원이 된다.

마지막으로 중앙정치국 상무위원회. 현재 7인으로 구성된 이들이야말로 중국 권부의 최상층부로서, 향후 5년간 중국을 이끌어나갈 명실상부한 최고권력들이 아닐 수 없다. 중국의 정치체제를 집단지도체제라고 하는 이유는, 이들 정치국 상무위원들이 권력을 분점함으로써 상호 견제하는 가운데 과도한 권력집중 및 독재화를 방지하도록 하고 있기 때문이다. 과거 후진타오 주석 시절, 〈인민일보〉에 '공산당의 총서기도 중앙정치국상무위원 중 한 명일 뿐'이라는 도발적인 사설이 실린 일은 매우 유명하다. 그런데 시진핑 주석이 집권한 뒤 이 상무위원회의 권력분점이 유명무실해졌다는 소리를 듣게 되었다.

'인민해방군'은 국군이 아닌 당군(黨軍)

몇 해 전, 중국의 거리에서 우연히 시위를 경험하게 되었다. 당시 중일 관계가 매우 악화된 상태에서 발생한 반일 시위였다. 수백 명이 일본을 성토하는 다양한 피켓 등을 들고 구호를 외쳐대며 시내를 헤집고 다녔다. 사회주의 국가 중국에서 데모는 거의 발생하지 않거나 하더라도 관제 데모의 성격이 강하다. 그런데 그 시위에 대해 일본 정치권이 비아냥거리자 시위대는 일본인 식당이나 상점 등을 부수는 등 거친 양상도 띠게 되었다. 급기야는 이들을 통제하기 위한 무장경찰이 출동하게 되었다. 중국에서 이러한 시위를 목격하기는 쉽지 않아 한동안 시위대를 따라다녀보았다. 그러던 어느 순간, 몇 대의 무장경찰 트럭이 오더니 시위진압용 방석모와 방패를 든 무장경찰들이 우르르 뛰어내리는 것이었다. 지휘관은 메가폰을 통해 "빨리 빨리 움직여! 무서워하지 말고!"라며 명령을 내렸다. 이에 무장경찰 병력이 일사천리로 움직여보지만 이리저리 우왕좌왕하는 것이 영 폼이 나지 않았다. 시위 자체가 드문 사회주의 국가에서 이를 막아본 경험도 적을 터였다.

이후 중국의 한 지역에서 이름만 들어도 무시무시한 인민해방군의 내무반을 접해볼 기회가 있었다. 일과를 끝낸 병사 10여 명이 군에서 지급받은 듯한 동일한 복장으로 한 방에 모여 휴식을 취하고 있었다. 몇 명이 모여 키득키득 담소를 나누는가 하면, 기타를 치며 노래를 부르는 모습이 낯설지가 않았다. 우리네 20대 초반의 푸릇푸릇한 청년들과 다를 바 없었던 것이다. 마침 저녁 식사 시간이 되었는지 밥 먹으러 간다는 손짓을 해보이며 우르르 뛰어나가는 모습을 보며 먹어도 먹어도 배고팠던 나의 군 시절이 떠오르기도 했다.

실제로 만난 중국의 무장경찰과 인민해방군은 언론매체를 통해서만 접하던 '14억 중국을 지키는 사회주의 국가의 무시무시한 무력조직'이 아니었다. 한 자녀밖에 가질 수 없었던 중국의 사정을 고려하면 그들은 그야말로 금이야 옥이야 키운 소중한 외동아들들일 것인다. 그제서야 무서워하지 말라던 지휘관의 명령 아닌 명령이 이해가 되었다.

인민해방군은 일본 제국주의로부터 인민을 해방시키는 군대라고 해서 붙여진 이름이다. 그러나 인민해방군은 중국이라는 '국가'의 군대가 아닌 공산당의 '당군黨軍'이다. 중국은 공산당에 의해 통치되는 국가이므로 공산당의 군대가 곧 국가의 군대처럼 인식되고 있는 것이다. 인민해방군의 전력은 육군기동 작전부대가 85만 명, 해군이 23만 5,000명, 공군이 39만 8,000명 선이다. 2015년 중국의 군사비는 2150억 달러로 미국에 이어 제2위를 기록했다. 하지만 이 숫자는 미국 군사비의 36퍼센트에 불과하며 중국의 GDP에서 차지하는 비율은 1.92퍼센트로 러시아나 미국 그리고 인도 등보다도 낮다. 뿐만 아니라 러시아가 보유한 핵탄두는 약 7,000여 개, 미국은 6,800여 개에 비해 중국이 보유한 핵탄두는 프랑스의 300여 개보다도 적은 270여 개에 불과하다. 게다가 전체적인 해군력도 미군의 약 3분의 1, 러시아의 절반 정도에 불과한 수준이다. 설상가상으로 14개국과 국경을 맞대고 있는 거대한 영토의 중국이니 만큼, 이들 나라와의 국경 지역 방위를 위한 군사력도 절대 소홀히 할 수 없다. 하지만 유감스럽게도 중국과의 국력차가 현저히 낮은 나라와의 국경에서는 아직도 2차 대전 때 사용하던, 혹은 1970년대 베트남과의 국경 분쟁에서 사용한 '골동품'과도 같게 된 재래식 무기를 적잖이 보유하고 있다고 한다. 중국 입장에서 보면 시진핑 주석이 '강한 국가에는 강한 군대가 필요하다'고 강조하는 것도 일리가 없는 것만은 아니다. 그럼에도 불구하고 서구의 매스컴에서는, 매년 두 자릿수 이상으로 군비를 증강하고 있는 중국이 우려된다고 보도하고 있다. 정작 중국은 그 넓은 국토를 지키는 데 필요한 어마어마한 국방비를 충당하기 어려워, 여전히 구닥다리 무기를 사용하고 있는 것이다.

'21세기 중국'을 대하는 '21세기 대한민국'의 관점이 필요하다

국제사회는 중국을 '암호랑이[母老虎, 무 라오 후]' 즉, 심술궂고 성질 사나운 존재쯤으로 여긴다. 그러면서 우려하고 두려워한다. 하지만 중국에서 15년을 생활하며 중국 전역의 각계각층을 만난 내가 느낀 바에 의하면, 중국은 '종이호랑이[纸老虎, 쯔 라오 후]'로 보이기도 한다. 겉모습은 강하고 거칠어 보이지만, 실제로는 아직 호랑이의 위세를 누릴 만한 겨를이 없고 안팎으로 너무 시달려 버거워하는 상태이다.

실제로 승리의 여신이 파랑새와 함께 노니는 그곳까지 가기에 중국이 헤쳐 나가야 할 과정이 너무나도 멀고 험하다. 지피지기면 백전백승이라 했다. 우리는 '21세기 중국'에 대해 중견강국으로 부상한 '21세기 대한민국'의 관점에서 보다 적확하게 접근할 필요가 있다. 그렇게 되면 오늘날의 중국에 대한 우리의 관점에 적잖은 오류가 있음을 알게 될 것이다. 중국과의 보다 원만한 교류와 비즈니스를 위해서는 과거에 기인한 편견과 선입견에서 벗어나야만 한다는 것을 명심할 필요가 있다.

자위대의 확장과
평화헌법의 위기

"어허, 내 말을 들으라니까. 일본 정치가 더 한심하다니까!"

"무슨 말이야, 지금? 한국 정치만큼 문제 많은 곳도 드물다니까!'

나는 종종 한일 양국 정치를 두고 어느 쪽이 더 한심한지를 겨루는(?) 대화를 경험하곤 한다. 아이러니한 점은 상대 정치를 헐뜯기보다는 자국 정치를 비난하는 경우가 많다는 것이다. 일본 정치를 비난하는 쪽에서는 지금이 어느 시대인데 여전히 세습 정치를 하느냐며, 그런 주제에 북한을 비난할 수는 없다고 핏대를 세운다. 반면 한국의 정치를 자조하는 쪽에서는 정당 이름이 2년 이상 지속되는 경우가 드문 정치 풍토를 힐난하며 조금만 이름이 알려져도 새로운 정당을 만드는 오만함을 한탄한다.

"국민도 마찬가지야. 정치가 문제라면서도 정작 정치개혁에는 나서지 않으니까 정치인들이 계속 눈 가리고 아웅하는 거 아냐. 이 얼마나 한심한가 말이야!"

"우리는 어떻고? 아직도 좌 아니면 우로 쫙 나뉘어 정당이고 국민이고 서로 질타하기에 바쁘니 우리가 더 한심하지!"

세습의원과 간접선거 [2]

일본은 의회 민주주의와 삼권분립을 근간으로 하는 서방식 민주주의를 채택하고 있다. 이는 우리와 같다. 그러나 일본은 대통령제를 채택하고 있는 우리와는 달리 의원내각제 국가다. 의원내각제란, 행정수반인 내각총리대신(수상)이 국회에서 선출되며 총리가 사실상 최고의 권력을 지닌 구조를 말한다. 일본에서 국왕(일본에서는 '천황'이라 호칭)은 명목상의 국가원수일 뿐이다.

일본의 국회는 중의원 및 참의원으로 구성된 양원제이다. 총 717명 전후로 구성된다. 중의원의 임기는 4년이다. 하지만 임기 전에 국회가 해산되면 그에 따라 해당 임기도 단축된다. 현재까지의 평균을 보면 약 2년 반 만에 해산되어 다시 중의원 선거가 치러져왔다. 참의원은 6년마다 치르는데, 3년마다 절반을 다시 뽑는다. 임기 내 해산은 없으며 다른 직업의 겸직도 금지된다. 중의원은 내각이 작성하여 국회에 제출한 예산안을 참의원보다 먼저 심의할 권리를 갖는다. 또한, 신임수상의 지명과 조약체결에 관한 심의에 있어서도 참의원보다 우선권을 가진다. 이에 더해, 중의원과 참의원에서 상반된 결과가 통과되었을 때는 중의원에서 다시 심의하여 그 결과를 최종의결로 인정한다. 내각의 총리는 중의원에서만 선출되며 참의원 의원은 총리가 될 수 없다. 게다가, 중의원에만 내각 불신임안 또는 신임 동의안의 제출 권한이 있다. 이러한 중의원만 가지는 여러 권한 덕에, 일본 정부의 공식 서열상으로는 참의원이 중의원에 앞서게 되어 있지만, 사실상 중의원이 일본의 정치 구도를 결정한다 할 수 있다. 그런데 이는 일반적인 양원제 국가에서 상원이 귀족들의, 하원이 평민들의 모임이었던 것에 기원한다. 그러다가 민주화 등으로 귀족들의 권력이 축소되는 가운데 상원의 힘 또한 더 약화되었고, 반대로 하원의 힘은 점점 더 강화되며 오늘날 대부분의 유럽 국가들과 마찬가지로 하원의 권한이 상원보다 더 강하게 된 것이다. 참고로, 미국에는 처음부터 귀족계급이 없었기 때문에 예외적으로 상원의 권한이 더 강하다.

이상과 같은 특징을 지닌 일본 정치는, 우리 정치와 적잖은 차이를 보인다. 그 가운데 두드러진 몇 가지를 꼽으면 다음과 같다.[3] 먼저, 일본 국민들의 심각한 '정치 무관심'이다. 일본인들의 정치에 대한 무관심은 상당히 심각하다. 기명투표라는 선거방식으로 인해 투표율 또한 매우 저조하다. 그뿐만 아니라 시민들의 정치참여에 대한 의욕도 타국에 비해 현저히 낮다. 이로 인해, 일본에서는 풀뿌리 민주주의 등이 자생하기 쉽지 않다. 웬만한 중요 사안이면 광화문 광장에 수많은 인파가 모이는 우리와는 달리, 인구가 1억 3000만 명에 육박하는 일본에서는 1만 명 정도가 모이는 경우도 드물다. 스스로도 3류 정치에 시달리고 있다고 토로하는 일본인들에게 플라톤Platon의 저서《국가》에 나오는 소크라테스Socrates의 "이보게, 정치적 무관심의 대가는 당신보다 못한 사람의 지배를 받는 것이라네"라는 명구를 떠올려보라고 권하고 싶다.

다음으로 우리와 큰 차이는, 일본 정치권 특유의 광범위한 '세습의원제'이다. 일본 정치권에는 세습의원들이 우리와 비교할 수 없을 정도로 많다. 부모나 조부모 또는 친척이 국회의원이고 그들에게 같은 지역구를 물려받아 당선된 국회의원을 세습의원이라고 한다. 특히 세습의원이 많은 자민당 정부에서는 내각의 반 정도가 세습의원인 경우도 있었다. 우리 같으면 '금수저'라고 불리며 부정적인 이미지가 강하겠지만, 일본에서는 '전통'이라는 긍정적 이미지도 강하다. 이는 어느 쪽이 더 좋고 나쁘다의 문제라기보다는 단지 우리와 그만큼 다르다는 것으로 알아둘 문제이다. 아베 총리도 마찬가지다. 그의 외조부는 평화헌법을 개정하려 한 기시 노부스케岸信介 전 총리다. 기시 전 총리는 태평양 전쟁 후 A급 전범으로 구속되었다가 불기소로 풀려난 뒤 다시 정치가로 복귀하여 나중에는 총리까지 된 사람이다. 일본이라는 '독특한' 정치 환경을 지닌 나라에서나 있을 법한 '재미난' 현상이 아닐 수 없다.

세 번째로, 간접선거에 의한 총리 선출제이다. 한국에서는 대통령을 국민이 직접 뽑지만 일본은 총리를 국민이 직접 뽑지 못한다. 일본의 총리는 집권당의 총재가 겸하는 자리이다. 따라서 집권당의 총재로 선발되면 자동으로 총리가 된다. 현재 일본의 집권당은 자유민주당(이하, 자민당)이다. 자민당 총재선거는 국민이 투표하는 것이 아니라 자민당 당원 등이 투표한다. 이처럼 일본의 총리는 일반 국민에 의한 직접선거가 아닌, 특정 정당의 당원에 의한 간접선거로 선발되는 것이다.

평화헌법에 손을 대려는 아베[4]

일본의 '평화헌법'은 세계에서 가장 평화로운 헌법이라 일컬어진다. 정식 명칭은 일본국 헌법日本國憲法이며, 별칭으로는 평화헌법平和憲法, 또는 신헌법新憲法이 있다. 이 헌법은 제2차 세계대전 후 미국의 점령하인 1946년 11월 3일 공포되었다. 전문前文을 비롯하여, 천황, 전쟁포기, 국민의 권리와 의무, 국회, 내각, 사법 등에 관한 103개조로 구성되어 있다. 그 명칭부터 '대일본제국 헌법'에서 '일본국 헌법'으로 변경된 이 새 헌법의 가장 중요한 변화로는, 제1장에 '상징 천황제'의 개념이 도입된 점, 제2장에 '전쟁의 포기'가 명시된 점, 아울러 제3장에는 '신민의 권리와 의무'가 '국민의 권리와 의무'로 변경된 점 등이다. 즉, 기존의 헌법과 달리 주권을 천황이 아닌 국민에게 귀속시켰고, 국민의 기본적 인권을 보장하게 되었을 뿐 아니라 평화주의를 강조하고 있는 점 등이 새 헌법의 특징이라 할 수 있다.

또한, 일본의 평화헌법은 타국의 헌법에 비해 영구적 평화주의라는 이상이 담긴 선언이라는 두드러진 특징도 지니고 있다. 일본국 헌법 전문에는 '…일본 국민은 정부의 행위에 의해 또 다시 전쟁의 참화가 일어나지 않도록 할 것을 결의함과 더불어 항구적 평화의 이상을 위해…'라고 규정하고 있다. 그리고 이러한 이상을 실현하고자 제9조에 ① 일본국민은 정의와 질서를 기조로 한 국제평화를 성실히 희구하고, 국권의 발동인 전쟁과 무력에 의한 위협 또는 무력의 행사는, 국제분쟁을 해결하는 수단으로서는 영구히 이를 포기한다. ② 전항의 목적을 달성하기 위하여, '육해공군 외 다른 전력을 보유하지 않는다. 국가의 교전권은 인정하지 않는다'고 규정했다. 이로 인해 일본은 전쟁의 포기, 전력의 비보유, 교전권을 부인함으로써 철저한 비무장, 국제협조주의에 의한 영구평화주의의 이상을 표명한 첫 나라가 되었다.

한편, 평화헌법 공포 당시의 총리였던 요시다 시게루吉田茂 전 총리는 '안보는 미국에 맡기고, 일본은 경제부흥에 집중한다'는 '요시다 독트린'을 내놓았다. 그러면서 "새 헌법은 일본이 세계에 자랑스러워 할 만한 훌륭한 헌법"이라고 평가했다. 하지만 기시 노부스케岸信介 전 총리는 이 헌법을 "점령국이 강요한 헌법"이라 비하했다. 그러면서 "이 헌법은 미국이 점령정책을 실시하기 위해 마련한 것"이라며 개정하고자 했다. 이를 그의 외손자인 아베 신조安倍晉三 총리가 이어받아 헌법 개정에 박차를 가하고 있는 것이다. 실제로 2013년 아베 총리는 공영 〈NHK〉 방송 인터뷰에서도 "헌법 개정은 내 평생의 과제이다. 무슨 일이 있어도 개정하고 싶다"며 개헌의 의지를 재차 밝히는 등 세계에서 가장 평화로운 헌법이라 불리는 평화헌법의 개정을 위해 박차를 가하고 있다.

평화헌법과 대치하는 자위대의 정규군화[5]

자위대(지에이타이, 自衛隊)는 매우 어정쩡하다. 국가 방위를 위한 국군도 아니고, 그렇다고 정식군대도 아닌 준군사조직이다. 일본 방위의 주도적 역할은 주일미군이 하도록 되어 있기 때문이다. 일본은 제2차 세계대전 패전 당시, 항복의 조건으로 군사력을 해체시켰다. 그러나

아시아에서 공산권 세력이 강해져 1950년에 한국전쟁이 시작되자, 미 점령군의 명령으로 일본의 치안을 유지하기 위하여 경찰예비대警察予備隊를 설치했다. 이것이 1952년 보안대로 재편되었다가 1954년 현재의 자위대로 바뀌었다. 자체적인 국방능력은 있어야 하므로 사실상 군대와 다름없는 조직으로 재편된 것이다. 자위대란 명칭도, 국토 방어는 하지만, 평화헌법 등으로 인해 먼저 전쟁 선포를 하거나 공격 등을 할 수는 없기 때문에 '스스로'를 '방어함'을 강조하기 위해 붙여진 이름이다. 이 때문에, 현재 일본에서는 평화헌법을 수정하여 자위대를 방위군이나 국방군 등 일본의 정규군으로 전환시키려는 움직임이 활발하다. 하지만 이런 움직임은, 엄밀히 말해 일본헌법을 위반하고 있다 할 것이다. 1947년 시행된 현행 헌법에는 '국가 간의 교전권 포기, 어떠한 전력도 갖지 않을 것'을 선언하고 있기 때문이다. 그럼에도 불구하고 일본 정부는 헌법 해석을 교묘하게 바꾸는 등의 꼼수를 쓰며 자위대의 무력을 강화하고 있다.

자위대는 이상과 같은 발족 배경과 구축 전력, 미일 관계 등을 고려할 때 일본 정부에서 작전통제권을 보유하고 있다고는 하지만 사실상 미군에게 귀속되어 있다고 할 수 있다. 유사시 자위대의 작전권은 미군의 일부로서 연합사령부에 귀속되고 그 속에서 자위대의 실질적 역할은 '미군에 대한 보조'로 한정되기 때문이다. 일본 정부는 이를 일본이 총괄 통제할 수 있도록 변경함으로써 자력으로도 전쟁이 가능한 국군 형식으로 바꿔나가고자 하는 것이다. 하지만 그 전에 일본 정부는, 일본이 왜 '평화헌법'을 지니게 되었고 자위대가 왜 이렇게 만들어지게 되었는지에 대해 더 곰곰이 되새겨볼 필요가 있을 것이다.

윈스턴 처칠Winston Churchill은 그에게 노벨문학상을 안긴 회고록이자 역사서 《제2차 세계대전》의 집필 목적에 대해 "우리 모두의 실수와 오류를 자성하게 할 뿐 아니라 미래의 올바른 방향을 제시하고자 했다"고 밝혔다. "제2차 세계대전을 어떻게 명명하겠는가?"라는 루스벨트Franklin Roosevelt의 질문에 대해서는 단호한 어조로 "불필요했던 전쟁Unnecessary War"이라고 규정지었다. 그러면서 "선량한 사람들의 유약함이 사악한 사람들의 적대감을 어떻게 강화시켰는지를 보여주고 싶었다"고 덧붙이기도 했다. 아베安倍晋三 총리는 평화헌법을 개정하여 전쟁이 가능한 보통 국가를 지향하고 있다. 이러한 노력은 외부로부터의 공격이나 침략이 있을 때 자력 방어하는 것이 정상적인 국가의 의무임을 고려할 때 이해가 된다. 하지만 문제는 그가 '한 손으로 하늘을 가리려 한다(一手遮不了天, 이쇼 저 뿌랴오 티엔)'는 중국의 속담처럼, 과거의 죄는 부정하는 가운데 정상적이지 못한 꼼수로 군사력 강화를 추진하고 있다는 것이다. 그에게 처칠의 《제2차 세계대전》을 강력히 권하고 싶다.

일본에 드리는 간절한 제언

일본은 '정치인들이 정치하기에 가장 편한 나라'라는 평가 아닌 평가를 받기도 한다. 정치인들이 아무리 꼼수를 피워도 대부분의 일본인들은 '정치권엔 문제가 많다', '일본 경제가 일류라면 일본 정치는 3류'라고 쓴웃음을 짓는 수준에서 그냥 넘어간다. 이렇게 정치적 사안에 그다지 적극적이지 않고 또 무기력해진 일본 사회를 간파하고 있는 일본 정치인들은, 무슨 일이 생기면 고개 숙이는 척하면서 잠시 조용히 지내다가 활동을 재개한다. 그때도 일본인들은 '정치권은 원래 그러니까'라며 고개만 절레절레 흔든다. 그러니 정치인들에게 이 얼마나 정치하기에 좋은 나라인가.

일본의 이런 정치문화를 보고 있자면 "정치적 야심가가 대중 속으로 스며들게 되면 민주주의는 위기 속으로 스며들게 될 것"이라는 알렉시 드 토크빌Alexis de Tocqueville의 경고가 떠오른다. 그는 저서 《미국의 민주주의》를 통해 "합리적이며 유능한 사람보다는 감성적이며 카리스마를 겸비한 사람이 대중의 마음에 더 가까이 갈 수 있다. 또한 민주주의를 주창하는 그들의 선동으로 말미암아 민주주의는 훼손되게 된다"고 했다. 그러면서 정치적 무관심에 빠져들던 미국 사회에 대해 "민주주의가 다수를 등에 업은 독재자를 초래할 수 있다"고 일갈하기도 했다.

이러한 그의 경고는, 안타깝게도 일본과 지금의 자민당 정권을 떠올리게 한다. 일본의 정치가 제대로 이뤄지지 않아 역사문제를 비롯한 한일관계도 개선되지 못하고 있기 때문이다. 이러한 일본 정치권은 다음과 같은 선조들의 가르침을 기억해야 할 것이다. '자기 자신을 비난하라(己をせめろ, 오노레오 세메로)'는 것으로, 일본 사회에서 상당히 많이 회자되는 격언이다. 아무쪼록 세계 최고의 선진국이자 성숙한 시민의식을 지닌 이웃 나라 일본을 아끼고 사랑하는 한 사람으로서 일본 사회가 이와 같은 쓴 소리에 한 번쯤은 진지하게 귀 기울여주었으면 하는 마음 간절하다.

중국의 '방어 외교'와
일본의 '추종 외교'

2018년 3월 22일, 일본 열도는 미국 트럼프 대통령의 한마디에 엄청난 충격에 빠졌다.[6] 일본산 철강과 알루미늄 수입 제한 조치에 서명하는 자리에서 일부러 아베 신조라는 이름을 거명하며 "일본의 아베 총리, 나의 아주 훌륭한 친구지. 하지만 이젠 웃지 못 할 걸"이라고 말한 것이다. 그때까지 미국의 맹방을 자처해온 일본은, 한국이나 유럽연합(EU) 등과 달리 미국의 철강 관세 유예 대상국에서 제외되어버렸다. 높은 관세의 문턱에 걸려버린 것이다. 이로 인해, 아베 내각은 초상집 분위기가 되었다. 경제산업상이나 관방장관의 입에선 '극히 유감'이란 말뿐이었다. 일본 정부는 향후 '제품별 관세 유예'를 기대하고 있지만, 언론들은 '일본은 원치 않지만 미국이 원하는 양국간 자유무역협정(FTA) 교섭에 대한 요구가 시작될 것'이란 전망을 내놓았다. 조금이라도 예외를 인정받으려면 미국으로부터 간단치 않은 새 청구서를 받게 될 거란 얘기다. 트럼프는 철강 수입제한과 관련해 '철강 등의 대량수입은 안전보장상의 위협'이라는 이유를 내세웠다. 미국의 동맹국인 일본의 철강이 졸지에 '안보상의 위협(!)'이 되어버린 것이다. 그동안 '미국과 일본은 100퍼센트 함께한다', '역사상 전례가 없는 긴밀한 미일 동맹'이라고 큰소리 쳐온 아베 총리와 일본 정부로선 할 말이 없게 됐다. 트럼프 정권을 마치 끔찍이 아끼는 형 대하듯 했던 아베 정권에 펀치도 날리고 하이킥으로 걷어차는, 말하자면 난폭한 형으로 돌변해버린 것이다. 이로 인해 아베 총리는 일본 외교의 전통 아닌 전통 '고무신 거꾸로 신는 외교'를 고려하지 않을 수 없었다.

같은 해 9월 24일 홍콩의 〈사우스차이나모닝포스트SCMP〉는 미국이 중국산 수입품에 2000억 달러 상당의 관세를 부과하기 시작했다고 보도했다. 이에 더해 트럼프 대통령은 26일 유엔총회가 개최된 뉴욕의 기자회견에서 "중국이 미국의 관세 부과에 대한 보복으로 11월로 다가온 미국의 중간선거에 개입하고 있다"며 중국을 강하게 비판했다. 통상전쟁에서 비롯된 미중 양국의 대립이 정치와 외교 및 군사 등의 제반 분야로 확대되고 있는 것이다. 이에 대해 중국 정부도 나섰다. 중국 상무부 대변인은 다음 날인 27일 즉각 "중국은 미국과의 무역 마찰이 해결되기를 바란다. 하지만 만일의 사태에 대한 대비도 착실히 하고 있다"면서 "미국은 중국의 능력을 결코 과소평가해서는 안 된다"고 중국 역시 순순히 굴복하지 않겠다는 결의를 밝히고 나섰다. 같은 날, 시진핑 주석 또한 중국 지방의 한 국영기업 시찰 자리에서 "미중 간의 무역분쟁이 결코 나쁘다고만은 할 수 없다. 오히려 이런 기회에 중국의 대외 기술의존도는 점점 더 낮아지게 될 것"이라고 강조했다. 오늘날 중국의 대미외교의 방어적 양상이 잘 나타난 한 단면이 아닐 수 없다.

일본의 승자 추종 외교

일본에는 10세기에서 19세기에 걸쳐 일본 각 지방의 영토를 다스리며 권력을 누린 다이묘大名라는 영주 계층이 있다. 이들은 대체적으로 1인자인 쇼군將軍 바로 아래의 '1인지하 만인지상'과도 같은 높은 지위에 있었다. 하지만 이들 가운데 상당수는 1인자의 지위에 이상이 감지되면 거리를 두며 강력한 차기 쇼군 후보에게 다가가는 '처세의 달인'과도 같은 모습을 보였다. 일본에서 다이묘들에 의한 통치는 1871년 메이지 유신을 기점으로 현재와 같은 중앙집권 제도가 갖춰지며 소멸되었다. 하지만 아직도 그 처세의 전통, 승자 편승의 전통은 일본 사회에 그대로 남아 있다.

이러한 일본의 모습은 외교에도 그대로 투영되어왔다. 그리하여 일본 외교는 다음과 같은 두 가지의 특징을 지닌다. 먼저 승자, 즉 1인자 추종 외교의 전통이다. 경쟁하는 세력들 사이에서 어느 특정 세력의 승리가 점쳐지면, 그동안 어떠한 자세를 취했든 관계없이 바로 승자에 편승한다. 자신이 직접 싸우다가도, 승산이 없다고 판단되면 재빠르게 꼬리를 내리며 2인자의 자리라도 차지하려 한다. 이는 2차 대전 당시 적국이었으나 이후 유일한 패권대국으로 등장한 미국에 대한 자세에서도 어렵지 않게 찾을 수 있다. '미국의 2중대', '미국의 푸들'이라는 비아냥과 설욕 등은 아랑곳하지 않고 자신을 패전시킨 미국 곁을 굳건히 지켜온 것은 바로 승자 추종 외교의 전통을 잘 보여주는 사례가 아닐 수 없다.

다음으로는 고무신 거꾸로 신는, 즉 현실(주의) 외교의 전통이다. 1인자의 권력이 의심의 여지가 없을 때는 어떠한 수모에도 미소를 잃지 않는다. 왼뺨을 때리면 오른뺨도 내주며 2인자의 과실을 챙긴다. 하지만 1인자의 자리에 쇠퇴의 조짐이 찾아들면, 언제 그랬냐는 듯 변모한다. 그러다가 새로운 세력이 패권을 거머쥐면 약삭빠르게 그 곁으로 다가가는 것이다. 이러한 조짐은 트럼프의 미국에 대해서도 나타나고 있다. 그런데 그 모습이 과거와는 약간 다르다. 아직 미국을 '확실하게' 대체할 만한 패권이 등장하지 않은 탓인지, 미국에 대한 확실한 거리두기보다는 자신들의 불편한 심기를 노출하고 있는 것이다. 그동안 소원했던 중일 관계나 중러 관계라는 카드를 만지작거리는 것이 그 일환이다. 실제로 일본은 2018년 8월, 중국에 대해 중일 평화조약 40주년을 앞세우며 중국의 국보격인 자이언트 판다를 대여하고자 요청했다. 10월에는 임기 중 처음으로 제대로 된 중일 양자 회담을 위해 아베 총리가 베이징을 공식 방문했는데 이 또한 중국 카드를 사용해서 미국에 대한 불편한 심기를 드러내고자 했던 것이다.

중국의 방어 외교

"조국의 통일은 중화 아들딸의 공통된 염원이다.[7] 한 치—寸의 영토도 중국에서 분리될 수 없다." 2018년 3월 시신핑 주석의 전국인민대표대회 폐막 연설의 일부이다. 도널드 트럼프 미국 대통령이 16일 대만 공무원의 미국 방문을 자유화하는 대만여행법에 서명하면서 다시 한 번 '하나의 중국' 원칙을 뒤흔들자, '한 치의 영토'라는 강한 표현까지 사용하며 반격한 것이다. 하루 뒤인 21일에는 트럼프 대통령이 중국산 수입 제품에 연 500억 달러의 관세를 부과하는 행정명령에 서명하면서 무역 전쟁도 불붙었다. 추이톈카이崔天凱 주미 중국대사는 "중국은 무역 전쟁을 두려워하지 않는다. 누가 오래 견디는지 끝까지 가보자"고도 했다.

시 주석은 2017년 10월 19차 당대회에서 2050년까지 미국을 뛰어넘는 현대화 강국을 건설하겠다는 청사진을 제시했다. 중국 내 싱크탱크들은 2020년 중국의 1인당 국내총생산GDP이 1만 달러를 돌파하고, 2028년까지는 경제 총량에서도 미국을 추월해 세계 1위가 될 것으로 보고 있다. 2035년까지는 1인당 GDP 2만 달러를 넘어 선진국 대열에 합류한다는 그림을 그리고 있다. 미국은 이런 중국에 경계심을 숨기지 않고 있다. 시 주석이 막강한 경제력을 바탕으로 중국식 발전 모델을 전 세계로 확산시키면서 미국의 지위에 도전할 것으로 보는 것이다. 미 국방부는 2018년 1월 발표한 '2018년 국방 전략'에서 중국과 러시아를 미국의 안보와 번영에 도전하는 전략적 경쟁자로 꼽기도 했다.

이러한 미국에 대해 중국은 방어 외교적, 저항 외교적 자세로 임하고 있다. G2라는 영예 속에 몇 년 후면 세계 최대의 경제대국이 될 것이라는 전망도 받고 있는 중국이다. 그러다 보니 한편에서는 전 세계로부터의 견제와 파상공격이 나날이 거세진다. 특히 미국은 중국을 지구촌 구석구석까지 쫓아다니며 사사건건 괴롭히고 있다. 이와 같은 합종연횡의 견제와 공격을 받는 가운데 생존과 번영을 추구해야 하는 녹록지 못한 상황에 처해 있는 게 오늘의 중국인 것이다.

중국에게는 이런 방어 외교가 익숙하지 않다. 중국中國 스스로를 중원, 곧 세계의 중심이라 여기며 살아온 나라가 아닌가. 자기를 천하의 중심으로, 주변국을 야만국으로 비하하며 조공 요구에 응하지 않으면 정벌하는 식의 '패권 외교'가 중국 외교의 전통적 모습이었다. 하지만 그와 같은 완력 외교도 충분한 국력이 뒷받침되어야 가능한 법. 1800년대 말 청 왕조가 쇠퇴하며 이어지는 아편전쟁과 굴욕적인 개방, 1949년 신중국의 건국과 1960년대의 문화대혁명 등 암울하기만 했던 근현대기를 거치며 병들어 드러눕게 된 용은 과거 천하를 주름잡던 그 용과는 판이하게 다르다. 이 속에서 지난 100여 년 동안 중국은 패권 외교는 고사하고 생존을 위한 '생존외교'에서 벗어날 수가 없었다. 그러다가 1980년대 개혁개방과 더불어 급성장하는 가운데 단기간에 G2로까지 불리게 되었다. 하지만 여전히 중국의 국력은 패권 외교를 전개할 만큼 충분하지 않다. 그래서 전통적인 자기중심적 외교가 아닌, 패권 국가 미국에 대한 '방어 외교'의 양상을 띠고 있는 것이다.

그러면서도 미국 외의 국가들에는 이른바 '선심 외교'를 펼치고 있다. 중국은 자신의 국익을 달성하기 위한 최우선 수단으로 경제력을 앞세운다. 상대방에 대한 경제적 배려를 무기로 자신의 의도대로 이끌어가는 것이다. 중국의 선심 외교적 모습은 특히 미중 갈등의 중간 위치에 놓인 국가들에게 더욱 강하게 나타난다. 해당 국가가 미중 양국의 선택 상황에서 미국으로 쏠리는 것을 막기 위하여, 혹은 아군의 진영으로 더 가까이 끌어들이기 위하여 물적 정성을 들이는 것이다. 그러다가 뜻대로 되지 않게 되면 경제적 제재 조치를 취한다. 그들은 '미국의 최대 국력은 군사력이고 우리의 최대 국력은 경제력이다. 필요시에, 미국이 군사적 수단을 휘두르는 것처럼, 우리도 경제적 수단을 쓸 수 있는 것이 아닌가!'라고 항변한다. 경제적 제재를 사용할 때도 미국과는 다르다. 단호하게 폭우 내리듯 한꺼번에 강력한 형태를 취하는 것이 아니라, 가랑비에 옷 젖듯이 야금야금 단계적으로 제재 조치를 취한다. 상대방의 반응을 예의주시하는 가운데 제재의 강도를 조절해 나가는 것이 중국식인 것이다. 여전히 군사적 수단에 대해서는 조심스러울 수밖에 없다. 아무리 약한 상대라 하더라도, 군사적 수단을 동원함으로써 발생할 수 있는 국제사회의 역풍을 감당할 만큼 국력이 충분하지 않다고 여기고 있기 때문이다. 이로 인해 중국의 국가안보 등에 치명적이지 않는 한, 그들이 내놓는 온갖 으름장이 군사력으로 연계되기란 쉽지 않다.

그럼에도 불구하고 중국의 주변국들은 중국의 영토와 인구에 압도당하지 않을 수 없고, 이 때문에 중국이 과거 패권국의 모습을 다시 보이지는 않을까 경계하고 우려한다. 이에 더해 중국 자신도 의도했건 의도하지 않았건 감춰두었던 손발톱을 드러내며 주변국을 긴장시킬 때가 있다. 이로 인해 미국으로부터 시달리고 있는 중국을 동정하거나 우호적인 자세로 그 곁을 지켜주는 주변국은 별로 없다. 중국은 주변국에 대해 싫건 좋건 선심 외교에 더 공을 들일 수밖에 없게 되었다. 그러면서 뜻대로 되지 않으면 또 다시 감춰두었던 발톱을 드러낸다. 이러한 중국은 선조인 맹자孟子의 가르침을 되새길 필요가 있다.

맹자 왈, '이대사소자 낙천자야 낙천자 보천하以大事小者 樂天者也 樂天者 保天下'라고 했다. 큰 나라이면서도 작은 나라를 존중하는 것은 하늘의 이치를 즐기는 것이며 그렇게 할 때 큰 나라는 천하를 보존할 수 있다는 것이다. 다시 말해 큰 나라가 작은 나라를 존중할 때 비로소 큰 나라를 중심으로 안정과 번영이 이뤄질 수 있다는 말이다.

'아니 되옵니다' 외교를 반복하지 않기 위해서

과거 국가적으로 중요한 사안이 생기면 우리 조상들은 "어험, 양반 체면에 어떻게…" 하며 머뭇거리거나 "전하, 대국을 저버리고 오랑캐를 대하려 하는 것은 신하된 국가의 도리가 아니옵니다" 하며 격렬한 찬반 논쟁에도 돌입했다. 하지만 중국과 일본은 퍽 달랐다. 국왕도 고관대작도 고귀한 체면을 생각하며 아무리 급해도 뛰어선 안 되었던 우리에 반해 절대 권력을 쥐었던 중국의 황제는 잘도 뛰어다녔다. 일본의 다이묘나 무사들은 어떠했나? 뱀처럼 빠르게 움직였다. 중일 양국은 누가 뭐래도 철저히 실리를 쫓는다. 힘이 부족하다 싶으면 일단 먼저 고개를 숙이며 훗날을 도모하는 데 익숙하다.

국제사회에서 위용 당당한 G2 중국의 '비굴한' 방어 외교와 G3 일본의 '약삭빠른' 현실(주의) 외교는 실리외교에 다름 아니다. 국익 최적화를 위해 국제사회의 변화무쌍함에도 변화무쌍하게 대처하고 있는 것이다. 이에 비해 우리는 아직도 '대의명분 외교', '감정 외교', '아니 되옵니다 외교'에서 벗어나지 못하고 있는 것 같다. 그로 인해 초래된 결과가 어떠했는지, 모를 리가 없을 텐데도 말이다.

역사는 반복된다. 역사를 반복되게 하기 때문에 반복된다. 반복되지 않아야 하는 역사에 대해서는 더욱 단호한 마음으로 변화를 추구해야 하는 것 아닐까?

한중일 기업의 동력은 리스크를 바라보는 관점에서 판가름 난다

한중일 3국 기업들은, 뒤에서 설명하겠지만, 한중일 3국의 서로 다른 기질적 특징과 국민성에 영향을 받는다. 글로벌 시장 진출에 있어서도 저마다의 독특한 특징을 보인다. 가령, 개천 건너 맞은편에 탐스런 물건이 놓여 있다고 치자. 주인 없는 물건을 차지하려면 앞에 놓인 엉성한 돌다리를 건너야 한다. 이때 한중일 3국 기업은 각기 어떤 모습을 보일까?

먼저 한국 기업. 이들은 앞에 있는 돌다리는 안중에도 없다. 중요한 것은 건너편에 있는 탐나는 물건! 돌다리가 튼튼한지, 넘어가기에 위험하지 않은지, 너무 미끄러워서 다치지는 않을지는 크게 신경 쓰지 않는다. 우리가 먼저 건너가서 취하지 않으면 다른 기업에 뺏길 수 있다는 생각에 일단 뛴다. 그러다가 운 좋게 건너편 물건을 차지하는 기업들도 나온다. 하지만 중간에 미끄러져서 넘어지는 기업도 있고 부상을 다하거나 물에 빠지는 기업도 부지기수다. 그래도 뒤를 따르는 기업들은 계속해서 달려간다. 이처럼 한국의 기업들은 한편으로는 진취적이며 적극적이라 할 수 있다. 하지만 다른 한편으로는 무모하고 위험천만하다. '하이 리스크 하이 리턴High Risk High Return'이라지만 '하이 리스크High Risk'가 두드러진다. 풍차를 향해 무모하게 돌진하는 돈키호테를 연상시키곤 하는 것이다.

반면 일본 기업은 너무나도 신중하다. 건너편에 아무리 탐나는 물건이 있다 하더라도 앞에 놓인 돌다리를 간과하지 않는다. 무엇보다도 먼저 돌다리에 대한 검진에 돌입한다. 이리 두드리고 저리 두드려보고 한 발 한 발 몇 개를 넘어갔다가 다시 돌아오고 난 뒤에 아예 전문가를 불러 신중한 정밀검진에 돌입한다. 그 결과 안전 진단을 받았더라도 경계심을 늦추지 않는다. 누군가가 먼저 건너가면 그제서야 한 명씩 한 명씩 신중하게 건너간다. 그러다 보니 진취적인 타국 기업들에 비해 물건을 취하는 횟수가 적다. 돌다리를 건너는 과정에서의 입을 수 있는 피해 또한 가장 적다. 그야말로 '로우 리스크 로우 리턴Low Risk, Low Return'이다. 적게 취해도 안전 우선이다. 깃발을 앞세운 가이드를 따라 쪼르륵 안전하게 이동하는 일본인 단체 여행객을 연상시키는 것이다.

마지막으로 중국 기업. 중국 기업은 건너편의 물건도 탐나고 앞에 놓인 돌다리에도 마음이 간다. 고민한 결과, 일단 함께 행동할 기업을 모으기로 한다. 다 함께 가면 그만큼 더 안전할 거라는 전형적인 '뭉치면 살고 흩어지면 죽는다'는 식이다. 건너가서 취한 물건의 분배를 놓고서는 여러 불상사가 발생할 수도 있다. 하지만 일단 그것은 지금 걱정할 일이 아닌 게다. 이런 식으로 중국은 당장 해결이 쉽지 않은 난제는 뒤로 미루며 훗날을 도모하는 경우가 적지 않다. 그리하여 모인 기업들이 각자의 역할을 하며 서로 돕는다. 하지만 개중에는 어설프게, 대강대강, 설렁설렁 하는 곳도 있어 다 함께 큰 피해를 보기도 한다. 천만다행으로 강을 잘 건너면 이젠 분배 문제에 직면한다. 이때 모두가 수긍하는 방식을 찾게 되면 '미들 리스크, 미들 리턴Middle Risk, Middle Return'이 된다. 마치 《삼국지》의 도원결의를 연상시킨다. 하지만 분배 문제가 여의치 않게 되면 이때는 '하이 리스크, 미들 리턴High Risk, Middle Return'이 된다. 분배를 둘러싼 갈등 때문에 안전하게 건너온 것 이상의 피해를 입는 경우도 적지 않기 때문이다. 이런 식으로 한중일 3국 기업들은 저마다의 독특한 특징을 띠며 글로벌 시장 선점을 위해 경쟁하고 있다.

중국 기업에 더 이상 '만만디'는 없다

중국의 저명한 경제전문가인 쿵단孔丹 중신中信 연구재단 이사장은 "중국 경제는 규모는 크지만, 내실로 보면 여전히 강하지 못하고 기술적인 측면에서도 3류 수준에 불과하다"는 지적을 한 바 있다. 이를 통해서도 볼 수 있듯이 중국 경제는 여전히, 꽃길을 걷는 것이 아니다. 하지만 다방면에서 쑥쑥 성장하는 속도는 세계적으로도 두드러진다.

그렇다면 이들의 급부상 이면에는 과연 어떠한 비결들이 숨어 있을까? 중국 기업들이 잘 나가는 주된 요인 몇 가지에 대해 중국 기업들과 직접 접해온 바를 중심으로 살펴보도록 한다.

먼저 치대 요인 중 하나로 단연 중국 정부의 지원을 꼽을 수 있다. 우리는 중국특색 사회주의 경제 체제를 경원시하거나 자본주의 시장 경제 체제보다 떨어지는 것으로 인식하고 있다. 하지만 내 경험상, 중국의 사회주의 경제 체제가 시장경제 체제와 비교할 때 항상 열등하고 반드시 낙후된 것만은 아니라는 생각도 든다. 중국식 사회주의 경제 체제에는 더 효율적인 부분 또한 적지 않기 때문이다.[8]

예를 들어 2016년 현재, 2170만 명 정도가 상주하고 있는 중국 베이징에 보급된 택시는 6만 7,000대다. 1만 명당 31대 정도로 서울의 절반 수준에 불과하다. 출퇴근 때면 택시 잡기가 전쟁 같지만, 서울과 달리 공유차량 앱으로 예약해 느긋하게 기다리는 시민도 적지 않다. 휴대폰 보급과 4G 이동통신기술 서비스 도입은 분명 우리가 빨랐지만 공유차량은 중국에서 더 빨리 활성화되었기 때문이다. 이렇게 될 수 있었던 가장 큰 요인은 '택시업계의 반발'이라는 변수를 중국 정부가 원만하게 해결했기 때문이다. 그도 그럴 것이 베이징 최대 택시회사인 인젠銀建 그룹은 베이징 공안 교통관리 부문의 직속 통제를 받는 국유 기업이다. 그렇다 보니 시민의 안전과 편의성, 기사들의 생존권을 택시업계의 기득권보다 우선 생각하는 것이다.

현재 글로벌 시장에서 잘나가고 있는 중국의 IT 및 정보기술 업계 또한 마찬가지다. 이들은 먼저 중국 정부의 전폭적인 지원 아래 각종 규제로부터 자유로운 내수 시장에서 경쟁력을 쌓는다. 이후 역시 정부의 지원 아래 글로벌 시장으로 나아가 공격적인 R&D 투자 등을 전개하는 가운데 강력한 시너지 효과를 내고 있다. 중국에는 BAT로 일컬어지는 바이두·알리바바·텐센트와 같이 실리콘밸리 못지않은 IT 대기업들이 있다. 뿐만 아니라 '차기 BAT'가 될 만한 유니콘 스타트업도 넘쳐난다. 이들 또한 중국 정부가 물심양면으로 지원한 덕에 단기간에 발전하게 된 것이다.

두 번째 요인은 중국 민간기업의 과감한 혁신이다. 오늘날 세계최대의 백색 가전업체로 성장한 중국의 하이얼海尔 그룹은 1984년 도산 직전의 칭다오 냉장고 공장을 인수해 중국 최대 백색 가전업체로 새롭게 거듭난 기업이다. 하이얼 그룹 경영진은 인수 직후부터 대담하고 과감한 시도에 나섰다. 다름 아닌 중국 사회의 낡은 의식과 관행을 대대적으로 개조하고자 한 것이다. 그 일환으로써 '쓰레기 언어 사용금지' 캠페인을 전개했다. 중국 대륙의 역사와 함께 중국인들의 입에서 떠나질 않았던 '이 정도면 되겠지', '큰 차이 없으니까', '예전에도 그랬는데, 뭘' 등과 '불가능해', '아무래도 안 될 것 같다'는 등의 표현을 사용하지 못하도록 한 것이다. 2000대 초, 칭다오에 있는 하이얼 그룹 본사에 가서 이들 문구를 처음 보았을 때 정말이지 깜짝 놀랐다. '중국의 5천년 역사와 더불어 맥을 함께 해온 중국인들의 뿌리 깊은 악폐를 과연 걷어낼 수 있을까' 자못 앞날이 궁금해지기도 했다. 결과는? 하이얼은 벤치마킹을 위해 몰려드는 기업들로 문전성시를 이루고 있다.

세 번째로 잘 나가는 비결은 '누구에게라도 배울 수 있다'는 자세와 기업-정부 간 긴밀한 협력이다. 중국 기업들은 필요하다면, 대상이나 상대의 규모 등은 전혀 따지지 않고 먼저 찾아가 벤치마킹하며 제휴한다. 실용적이며 진취적 자세를 지닌 것이다. 우리는 주로 미국이나 일본, 독일 등과 같은 서구 선진국을 벤치마킹의 대상으로 하며 그쪽에서 아이디어나 기술을 얻고자 한다. 하지만 중국은 다르다. 그들은 조금이라도 도움이 된다면, 자본주의건 사회주의건, 개발도상국 기업이건 후진국 기업이건 상관하지 않는다. 적극적으로 달려가서 벤치마킹하고 활용한다.

실제로 중국 기업들의 학습욕은 대단하다. 중국 기업들은 자신들로서는 한계가 있다고 느껴질 때는 중국 정부를 활용한다. 예를 들면 중국 경제를 책임지고 있는 리커창 총리를 통해 노벨상 수상자인 컬럼비아 대학의 에드먼드 펠프스Edmund S. Phelps 교수를 경제 고문으로 영입, 그의 '대중의 기업가정신mass entrepreneurship'이 중국에서 전개되도록 해줄 것을 요구했다. 이에 리 총리는 적극 나섰고 중국 기업들은 그를 적극 활용하여 중국의 4차 산업과 대중의 기업가정신은 단시일에 급성장할 수 있었다. 이처럼 중국 기업은 필요하다면 어떻게 해서든지 해결해내고 마는 근성과 실사구시적 시스템을 갖춰나가고 있는 것이다.

네 번째로 변화에 발 빠른 대응 속도를 들고 싶다. 21세기 글로벌 사회의 주된 특징 중 하나는 바로 '변화'와 '스피드'이다. 그들은 "우리 중국은 2차, 3차 산업혁명의 경우, 서방 기업들에 비해 훨씬 뒤쳐져 있었다. 하지만 4차 산업만큼은 다를 것"이라고 말한다. 그러면서 "비록 4차 산업혁명의 씨앗도 독일이나 미국이 먼저 뿌렸지만 그 과실만큼은 중국이 확실히 챙길 것"이라고 각오를 다진다. 이를 위해 중국 기업은 엄청나게 빠른 속도로 움직인다. 필요한 것이 있으면 바로 팀을 꾸려 달려가고 결정할 것이 있으면 바로 의사결정의 단계를 축소시키는 책임 결정제로 전환하기도 한다. 일본 기업처럼 과장이 가서 확인하고, 차장이 가서 다시 점검한 뒤 부장이 가서 또 확인하고 뒤를 이어 임원이 가서 본 뒤에야 최고 경영진이 나설까 말까 하는 모습은 찾아보기 힘들다. 그러다 보니 중국 기업의 직원들은 자신의 결정이 잘되면 대박이요, 아니면 쪽박 신세를 면치 못한다. 발 빠르게 움직이면서도 그만큼 더 신중하며 꼼꼼하게 체크할 수밖에 없는 것이다. 이처럼 급변하는 글로벌 시대에 전광석화와도 같이 민첩하게 대처하는 중국 기업을, 여전히 '만만디'라고 생각하고 있다면, 이는 곧 그렇게 생각하는 사람의 사고가 만만디요, 그만큼 시대에 뒤쳐져 있음을 반증하는 것에 다름 아니다.

마지막으로 중국 기업들은 중국이란 거대한 시장을 '발판'과 '미끼'로 이용한다는 점을 잊지 말아야 한다. 예를 들어 2011년엔 화웨이가 '스승이었던' IBM에 스마트폰 사업을 확장하도록 자문했다. IBM이 대형 컴퓨터 사업에서 글로벌 서비스 사업으로 전환하던 시기에 거대시장 중국을 공략하도록 유인하며 자신들의 부족함을 더 채우기 위해 나온 전략의 일환이었다. 자국 내수시장 접근권을 미끼 겸 무기로 삼은 셈이다. 이에 대해 이정동 서울대 교수는 저서《축적의 길》을 통해 "선진국이 원천기술을 개발하느라 오랜 기간 수많은 시행착오를 거치며 축적한 시간을 중국은 공간의 힘으로 압축한다"고 분석하고 있다.

여전히 건재한 히든 챔피언, 일본 기업

1970~80년대의 일본 기업은 그야말로 세계를 주름잡았다. 하지만 1990년대부터 이른바 '잃어버린 20년'이라 일컬어지는 장기 불황을 겪는다. 그 사이 자신들이 도왔던 중국은 일약 세계 제2위의 경제대국으로 발돋움했고 구소련은 해체되며 더 다양한 글로벌 시장이 전개되는 등 국제사회는 비약적으로 발전했다. 더욱이 오늘날과 같이 '신속'하게 '변화'하는 글로벌 시장은 일본 기업의 앞날을 더더욱 쉽지 않게 하고 있다. 그럼에도 불구하고 글로벌 세계에서는 아직도 '품질하면 일본제품', '신뢰하면 일본기업'이라는 흔들리지 않는 명성을 유지하고 있다. 일본 기업들의 이와 같은 경쟁력의 비결은 과연 무엇일까?[9]

일본 기업의 글로벌 경쟁력의 첫 번째 동력은 전통에 대한 계승과 발전관이 투철하다는 점이다. '우물을 판다면 물이 나올 때까지 파라(井戸を掘るなら水の出るまで, 이도오 호루나라 미즈노 데루마데)'라는 말은, 전통을 소중히 하며 꾸준히 기술을 개발해나가는 일본의 모습을 잘 나타낸다. 일본은 변화보다는 전통을 고수하려는 성향이 강하다. 이는 일본 기업의 가장 큰 장점 중 하나이다. 이런 모습은 작은 가게나 음식점 또한 마찬가지다. 일본 사회는 새로운 가게보다 '시니세老舗'라고 불리는 오래된 가게를 좋아하는 편이다. 그러다 보니, 가게가 잘되면 자손이 이어서 대대로 하는 경우가 많다. 부모님이 경영하는 우나기鰻(뱀장어) 가게를 이어받기 위해 대학에서 경영학을 공부하고, 대학 졸업 후에는 도쿄나 오사카에서 우나기 장인이 되기 위한 '수행'을 10년 가까이 거친다. 가게가 잘되면 자식을 좋은 대학에 보내고 의사나 변호사가 되

기를 바라는 우리나라의 모습과 사뭇 다르다.

두 번째로, 일본의 장인정신을 대변하는 '모노즈쿠리ものづくり'를 들수 있다.[10] 모노즈쿠리는 물건을 뜻하는 '모노'와 만들기를 뜻하는 '즈쿠리'가 합성된 용어이다. '혼신의 힘을 쏟아 최고의 물건을 만든다'는 의미로써 일본 제조업의 혼魂이자 일본의 자존심을 상징하기도 한다. 이러한 제조문화가 아직도 글로벌 세계에서 '품질하면 일본제품'이라는 이미지를 만들어냈다. 일본은 한때 산업화를 이끈 '단카이 세대団塊世代(2차 대전 후 베이비붐 세대)'가 은퇴하면서 제조업의 뿌리가 흔들리는 위기를 겪기도 했다. 그러나 중소 제조업의 국제경쟁력을 강화하기 위해 '모노즈쿠리 법'을 제정하는 등 정부가 직접 실효적인 방법으로 지원하고 나섰다. 그 덕에 현재는 하드웨어 제품 판매를 위주로 해왔던 일본의 제조업체들이 기존의 방식을 넘어 소비자에게 체험의 기회(서비스)를 제공하는 '코토즈쿠리事づくり(체험 창조)'[11] 전략에 주력, 다시 한 번 재도약하고 있다.

세 번째는, 혁신과 아메바 경영을 들 수 있다. 일본 경제는 잃어버린 20년을 겪은 후에도 여전히 세계경제 대국 3위다. 일본이 20년 불황을 견뎌낸 비결에 대해《교토식 경영》의 저자인 스에마쓰 지히로末松千尋 교토대 교수는 일본전산日本電産, 호리바堀場, 니치콘ニチコン, 무라타村田, 교세라京セラ 같은 강소強小기업들을 지목했다. 이들은 최고의 기술을 바탕으로 세계시장 점유율 1위를 지키며 불황에도 흔들리지 않는 독일의 '히든 챔피언'과 같은 존재다. 이들이 외부 환경에 흔들리지 않는 이유는 위기의식을 가지고 혁신 경영을 하기 때문이다.

혁신 경영의 대표적 예인 아메바 경영은 일본의 3대 경영인이라 불리는 이나모리 가즈오稲盛和夫 명예회장이 창안한 방식이다.[12] 기업을 작은 조직으로 세분화하여 독립채산제로 운영하면서 인사, 자금, 기술 등 모든 자원 배분의 결정권을 소집단에 맡기는 분권적 경영 시스템이다. 회사 조직을 '아메바'라 불리는 5~10명 단위의 팀으로 나누고 각 팀을 하나의 작은 회사처럼 운영하는데, 이를 통해 직원들은 권한과 책임을 갖게 되어 단순한 종업원이 아닌 기업가라는 마인드가 생기고 의사결정도 빨라지게 된다. 이러한 경영기법은 일본을 대표하는 일본항공JAL의 급격한 추락과 재도약의 반전을 통해서도 그 효과가 입증되었다. 아메바 경영을 통해 각 부서 간 수익을 책임지는 구조로 조직이 개편되었고, 월말마다 팀별 승패를 측정했다. 영업 부문 직원들은 매출 극대화에 노력했고, 생산 부문은 경비절감을 넘어 수익 창출에도 나서게 됐다. 이 덕분에 연간 800억 엔(약 8000억 원)의 비용을 절감하는 등 재도약의 반전에 성공했고, 2018년에는 일본 젊은이들의 취업 선호 기업 4위로 뽑힐 정도로 비상하게 되었다.

네 번째로, 기업이 사회와 함께하는 공유가치의 추구이다.[13] 일본 기업은 저성장시대의 고용 축소, 기업 분할, 사업 매각 등 단기 대응책에서 벗어나, 기업이 사회와 함께 이루어 나갈 공유가치를 찾아 해결하고 있다. 일례로 농촌의 노령화 문제와 장애인을 위한 일자리를 결합한 '사회적 농업'이라는 공유가치를 실천하고 있는 '구신팜 메무로九神ファームめむろ'의 사례를 들 수 있다. 지적 장애인이 효율성을 발휘하기 좋은 농작물 1차 가공 업무를 부여함으로써 고용창출과 더불어 가공작물 판매를 통한 더 높은 이익창출을 이뤄내고 있다. 더불어 지역 내 은퇴 농업 전문 인력을 서포터로 고용하여 농업 생산 및 프로세스에 안

정을 구축하고 있다. 그 외에도 '사회 안전'을 공유가치로 내세운 기린 맥주의 무알코올 맥주 출시와 판매량 증대, 세계인의 위생을 공유가치로 선언하고 수도와 전기가 들어오지 않는 후진국에 위생변기를 박리다매로 다량(인도에만 800만 대) 판매한 릭실Lixil의 사례 등 공유가치 추구를 통해 실로 작지 않은 성과를 거두고 있는 것이다.

일본 기업으로부터 '반면교사'격으로도 벤치마킹할 부분도 없지 않다. 먼저 안타깝게도 글로벌 시대의 변화에 그리 적극적으로 대처하지 못하고 있다는 점이다. 이는 전통의 계승과 양면의 칼일 수도 있다. 이에 대해 스에마쓰 교수는 "일본 기업은 제조 혁신에만 신경 썼을 뿐, 경영 혁신에는 무관심했기에 실패했다"고 주장한다. 그는 특히 일본의 대기업에 대해 "공장에서 제조 공정을 개선하는 작업만큼 마케팅이나 인사, 관리, 영업 등 백오피스 부문에서 생산성을 개선해야 했는데 그렇지를 못했다. 기업들의 기술력은 세계 1위지만, 이를 관리하는 경영 부문은 굉장히 후진적인 실정"이라고 덧붙였다.

다음으로는 '일본식'에 대한 너무 강한 집착이다. 세계적으로 우수하기로 정평이 나 있는 일본 기업의 기술과 시스템이지만, 아무리 좋더라도 받아들일 준비가 채 되어 있지 않은 이들까지 무턱대고 흡수할 수 있는 것은 아니다. 때문에 상대방이 받아들이기에 적당한 수준으로 업그레이드 시켜나가는 모습이 부족하다는 소리를 듣고 있는 것이다. 글로벌 각지에 진출할 때 '너무 한국식으로 밀어붙인다'는 소리를 듣기도 하는 우리 기업들이 참고할 필요가 있다.

선례 찾다 쪽박 찬다

우리 기업은 전 세계 경쟁기업들을 두렵게 하고 있다. '한반도 DNA'를 이어받아 남다르게 역동적이며 진취적인 자세로 지구촌 구석구석을 종횡무진하고 있기 때문이다. 실제로 가까운 동남아 시장이나 중국 시장을 보라. 우리 기업의 진출이 서구 선진국이나 일본 기업들보다 한참 늦었음에도 불구하고 우리 제품의 시장 점유율은 선구자들에 비해 결코 뒤떨어지지 않는다. 이 정도로 우리 기업들은, 그야말로 다부지고 당차다. 해외에서 살면서 대한민국 국민임이 여간 자랑스럽지 않을 수 없는 이유 중의 하나이기도 하다. 앞으로 우리 기업들이 지금보다 더 멋지게 뻗어나가기 위해서는 중일 양국 기업의 장단점을 주도면밀하게 벤치마킹할 필요가 있다. 앞에서 언급한 것들만이라도 곰곰이 살펴보면 우리 기업들의 글로벌 진출에 실질적인 도움이 되리라 생각된다.

우리 정부 또한 중일 양국 정부를 보다 더 진지하게 벤치마킹할 필요가 있다. 불과 몇 해 전만 해도 중국의 ICT 관련 분야는 우리보다 뒤쳐졌었다. 하지만 중국 정부가 전면에 나서 기업들을 물심양면 지원하고 이끄는 가운데 중국 기업이 현재와 같이 급부상할 수 있었던 것이다. 대기업 중심의 산업 구조에서 탈피해 강소 기업과 스타트업을 통해 국가의 새로운 성장 돌파구를 만들어내고 있는 일본 정부의 모습을 본받을 필요가 있다. 일본은 경제 구조의 측면에서 우리와 가장 유사한 나라이다. 폐쇄적 기업문화와 생계형 직종에 집중된 창업, 제조업에 집중된 수출 등 그동안 우리가 일본으로부터 많은 부분을 참고로 해왔기 때문이다. 이러한 일본은 현재, 강소 기업과 스타트업 육성을 위해 국력을 집중하다시피 하고 있다. 그 이면에는 역시 일본 정부의 강력한 리더십이 존재한다. 일본 공무원들 또한 사력을 다하다시피 하며 일본 기업들의 글로벌 경쟁력 강화를 지원하고 있다.

안타까운 점은, 일부 우리 공무원들의 자세이다. 중국과 일본의 공무원들을 대면해본 나로서는 일부 공무원들의 구태의연함에 정말이지 속이 터진다. 우리 기업들이 선진기업들을 벤치마킹하고 뭔가 새로운 시도를 해보려 해도, 외국으로부터 투자 자금을 유치하려 해도 "그건 좀…", "아직 선례가 없어서…" 타령만 한다. 만약 중국에서 그랬다면 벌써 쪽박을 차고도 남았을 것이다. 가슴속 깊이 쌓인 이 맘을 어찌 다 표현할 수 있으리오. 중국의 공무원들처럼 '철저하게 바뀌지 않으면 언젠가 모두 죽는다'는 자세로 임해주길 간곡히 바라마지 않는다.

중국인에게 중요한 것은
언제나 '나 자신'

많은 사람들이 외국어를 구사할 때 해당 언어가 사용되는 곳의 특수한 습관이나 제스처에 영향을 받곤 한다. 미국식 영어를 구사할 때 미국인 특유의 제스처를 사용하거나, 프랑스어로 말을 할 때 프랑스인과 유사한 말투를 사용하게 되는 것처럼 말이다. 중국어의 경우도 마찬가지다.

나의 경우에는 중국인들과 중국어로 대화를 하게 되면 일단 목소리의 톤이 '솔' 음 정도로 높아진다. 이때는 평소 중국인들에 대해 '아휴, 화통을 삶아 먹었나, 왜 이리 시끄러워' 하는 생각이 남 말이 아니게 된다. 뿐만 아니라 몸짓이나 손짓 또한 중국인들과 유사하게 된다. 개중에는 중국인들과의 사이에서 아무렇지도 않게 용인되던 제스처가 우리 문화에서는 부정적인 의미를 지닌 것도 있어 낭패를 보기도 한다. 예를 들면 중국인들은 검지를 앞으로 내밀어 상대방의 잘못을 지적하는 듯한 손짓(말하자면 손가락질)을 자주 사용한다. 이는 지적이나 비난이 아닌 자신의 의견을 힘주어 주장하거나, 혹은 유쾌하게 농담을 할 때 사용하는 제스처다. 이런 손짓에 익숙해진 나머지 우리나라 사람들에게 무심코 사용할 때가 있는데, 그럴 때면 나의 검지와 얼굴을 번갈아 바라보며 '어디에 대고 손가락질이냐' 얼굴에서 수증기를 뿜어 올리는 사람들도 생긴다. 한중일 3국 중 성질 하면 단연 한국인이고, 이럴 땐 재빨리 일본인처럼 '스미마셍!(죄송합니다!)' 하며 자초지종을 설명하는 게 상책이다.

크디 큰 목소리, 거침없는 몸짓에 손가락질을 더하면 중국인들의 말하는 모습은 영락없이 싸우는 모양새다. 하지만 부부가 애정을 담아 정담을 주고받거나 지인들끼리 즐겁기 그지없게 술 한 잔을 할 때도 여지없이 그런 제스처를 취한다. 피우라면서 담배를 한 개비씩 던져주기도 한다. 또한 중국에서는 여전히 횡단보도의 신호등을 '쟤는 뭔데 저기서 껌뻑이는 거야?'라는 식으로 무시하는 사람이 적지 않다. 그런 중국인들과 오랜 시간을 지내다 보니 이제 내 눈에도 가끔씩 신호등이 그렇게 보이기도 한다.

중국인들이 많이 쓰는 네 개의 표현

중국인들이 일상적으로 사용하는 표현들을 주의 깊게 살펴보면 중국 사회의 단면을 드러내는 의미 깊은 표현들을 만날 수 있다. 어디까지나 나의 직간접적 경험을 토대로 한 것이지만, 이해하고 나면 중국 사회와 중국인의 내면을 더 깊이 이해할 수 있는 표현과 단어들을 소개하기로 한다.

> – 메이 빤파(没办法) – 차 부뚜어(差不多) – 메이요 원티(没有问题) – 싱(行)

첫 번째로는, '메이 빤 파没办法' 즉, '방법이 없다', '어쩔 도리가 없다'는 표현이다. 예를 들면 "그렇게 하고 싶지만 상부에서 뭐라 하니 어쩔 수 없네…", "도와주고 싶지만 방법이 없구만…"과 같이 체념적, 수동적, 소극적 느낌이 강하다. 중국인들은 이 표현을 정말 입에 달고 산다. 누구를 만나도 어떤 상황에서도 한두 번 정도는 튀어나온달 수 있을 정도로 많이 쓴다. 적극적, 도전적 그리고 진취적 자세와는 거리가 멀, 타성에 젖어 대강대강 하려는 의식구조를 엿보게 하는 표현이 아닐 수 없다.

두 번째로는 '차 부뚜어差不多', 직역하면 '차이가 많지 않다'는 뜻이다. 실제로는 "이 정도면 됐다", "뭐, 큰 차이 없으니 대충 이 정도면 오케이!"라는 뜻으로 사용된다. 이 표현 또한 중국 사회에서 정말 많이 사용한다. 그 뜻으로 알 수 있는 것처럼, 정확성이 떨어지고 꼼꼼하지 못할 뿐만 아니라 마무리도 깔끔하지 못한 중국인의 면모를 드러내는 표현이다. '메이드 인 차이나Made in China'의 품질이 어딘가 부족한, 2퍼센트 부족한 느낌을 주는 것도 중국인의 이런 사고에 기인하는 것일 수 있다. 현재 중국 사회에서는 사라져야 할, 혹은 남용되어선 안 될 표현으로 간주하며 개선을 위해 노력하고 있는 표현이기도 하다.

세 번째로는 '메이요 원티没有问题'. '문제가 없다'는 뜻이다. 일상생활 속에서 "문제없어", "됐어", "괜찮아"라는 의미로 폭넓게 사용된다. 유사한 뜻으로 '메이 꽌시没关系'도 많이 사용된다. 예를 들면, "일이 잘 되어 갑니까?", "합자회사 설립 절차는 문제없이 진행되고 있지요?", "지난 번 주문한 것은 잘 제조되고 있나요?"라고 물으면 '메이요 원티没有问题', 즉 "네, 괜찮아요, 아무 문제없이 잘 되고 있습니다"라고 대답하는 것이다. 하지만 문제는 문제가 있어야(요원티, 有问题) 할 때도 "메이요 원티!"라고 한다는 것이다. 이런 경우가 실로 적지 않다. 왜 그렇게 하냐고? 남들에게 부정적이거나 거절의 의미가 담긴 표현들을 가급적 쓰지 않으려 하기 때문이다. 이 또한 중국 역사에서 기인한다. 부정적 표현을 하여 상대방과의 관계가 나빠지기라도 하면 언제 무슨 일을 당하게 될지 모르지 않는가. 그래서 중국인들은 앞에 부정의 뜻인 '부不' 자로 시작하는 거절의 의미가 담긴 단어, 즉 '뿌싱不行', '뿌하오不好', '뿌커이不可以' 등을 거의 사용하지 않는다. 그러면 문제가 될 수 있을 때나 거절해야 할 때는 어떻게 말하는가? 그때는 애매모호하거나 매우 우회적이고 완곡한 문장을 써서 '사알짝' 알 수 있는 식으로 표현한다. 실제로 떠올려보면 알 수 있다. 중국 외교부 대변인 등이 하는 중국 정부의 담화를 보면 웬만한 경우가 아니라면 부정적 표현은 찾아보기 힘들다. 알 듯 말 듯한 표현으로 부정하고 비난하고 있지 않은가. 하지만 그 진짜 의미를 외국인이 알기란 쉽지 않다. 이럴 땐 어떻게 해야 하는가? 바로 '메이 빤 파沒办法'다. 어쩔 도리가 없다. 이를 오해함으로 인해 발생하는 피해는 온전히 외국인 당사자의 책임일 뿐이다. 중국인들은 상당히 친밀한 관계가 되지 않는 한 타인에게 아주 매몰차다. 철저히 약육강식의 정글과도 같은 사회가 중국임을 재차 상기할 필요가 있다.

네 번째로는 '싱行'이라는 표현이다. 문자 그대로 하면 '가도 좋다', '그대로 통과해도 좋다'라는 뜻으로써 허락이나 긍정의 표현으로 사용된다. 유사한 뜻으로 '커이可以'라는 단어도 많이 사용된다. 예를 들면 "이대로 해도 좋겠습니까?", "이 정도로 마무리해도 되겠습니까?"라고 물으면 "좋아", "오케이"라는 의미로 "싱!行" 혹은 "커이!可以"라고 하는 것이다. 그런데 문제는 이들 표현 또한 긍정인지 부정인지, 허락인지 거절인지 애매모호하게 남용되고 있다는 것이다. 중국인들 사이에서는 이미 오랜 세월 동안 통용되어왔으니, 새삼 문제될 것이 없다. 하지만 우리 같은 외국인들로서는, 중국인들의 이러한 표현에 적응하지 못한 상태에서는 낭패를 겪기 십상이다. 분명히 "싱!行" 혹은 "커이!可以"라는 말을 듣고 진행했는데 나중에 와서 트집을 잡으니 얼마나 기막힌 상황인가. 하지만 냉정히 말해서 그 트집이 중국인들에겐 트집이 아니다. "아니, 아무렇지도 않게 늘 그래왔던 것처럼 '거절'했을 뿐인데 왜 그래?"라는 격이 되기 때문이다. 이쯤 되면 속이 터지지 않을 수 없다. 이로 인해 중국에 있는 한국식당에서는 중국을 안주 삼는 한국인들이 적지 않을 것이다. 나도 그랬다. 괴롭지만 겪어야 한다. 그 괴로움을 최소화하기 위해서는 중국의 관습과 문화를 미리부터 더 많이 알아둘 필요가 있다.

중국 사회를 해석하는 세 개의 키워드

다음으로는 중국 사회를 해석할 수 있는 세 개의 키워드를 소개하겠다.

- 미엔쯔[面子]   - 꽌시[关系]   - 만만디[慢慢的, 慢慢地]

그 첫 번째는 '미엔쯔面子(체면)'다. 중국인들이 가장 중시하는 덕목이다. 중국어 속담 '선비는 죽으면 죽었지 치욕을 당해선 안 된다(士可杀, 不可辱, 쓰커샤, 뿌커루)'는 중국 사회가 체면을 얼마나 중시하는지 여실히 나타내준다. 실제로 중국인들은 '체면에 살고 체면에 죽는다!'고 할 정도로 미엔쯔를 소중히 여긴다. 그렇기 때문에 중국에서는, 혹은 중국인들과 함께 있을 때는 그들의 체면이 손상되지 않도록 각별히 유의할 필요가 있다. 상대방의 직업이나 지위고하와는 무관하게 말이다. 예를 들면 부하직원이 어떤 잘못을 저질렀다 해도 그에 대해 다른 사람들이 있는 곳에서 면박을 주어서는 안 된다. 아니, 안 된다가 아니라 위험할 수도 있다. 설령 그 자리에서는 참고 넘어갈 순 있어도 그 '치욕'을 마음속에 꾹꾹 넣어두었다가 언제 어디서 응징해올지 모르기 때문이다. 따라서 화나는 일이나 꾸짖을 일이 있더라도 그 사람만 따로 조용히 불러 이야기해야 한다. 상대방의 대화나 주장 등이 나와 다르다고 너무 몰아쳐서도 안 된다. 이럴 때도 직접적이며 직선적인 우리식 화법보다는, 간접적이며 우회적인 중국식으로 돌려서 할 필요가 있는 것이다.

두 번째로 '꽌시关系'. 우리말로는 '인간관계' 혹은 '인적 네트워크'를 들 수 있다. 중국은 '꽌시关系' 사회라고 할 만큼 인간관계가 매우 중요하다. '세상에서 못해낼 일은 없다. 다만 못해내는 사람이 있을 뿐이다(世上没有办不成的事，只有不会办事的人, 스샹 메이요 빤부청더 스, 쯔요 부회빤스더 런)'라거나 '방법은 항상 문제보다 많다(方法总比困难多, 팡파 쫑삐 쿤난 뚜어)'라는 속담은 중국에서의 꽌시의 '역량'을 대변해주기에 충분하다. 중국인들은 일을 시작하기에 앞서 "내가 어디 어디에 '꽌시'가 좀 있는데 도와줄까?"라든가 "저 사람은 어느 어느 사람들과 꽌시가 좋다니까 한번 잘 부탁해봐"라는 식으로 먼저 든든한 '동아줄'을 찾으려 한다. 그러다 보니 외국기업들도 중국에서 비즈니스를 할 때, 직간접으로 꽌시의 중요성을 느끼며 구하려 애쓰게 된다. 하지만 절대 착각해서는 안 될 것이 꽌시가 '만병통치약'은 아니라는 점이다. 과거에만 해도 꽌시만 좋으면 안 되는 것이 거의 없었다. 그러나 특히 시진핑习近平 정부 들어 '개혁심화'가 강력히 추진되는 오늘날은 더 이상 아니다. 이를 고려할 때, 오늘날의 꽌시란 '소화 촉진제' 정도라 생각하면 타당할 것이다. 즉 적법하고 합당한 일인데, 웬일인지 일이 지연되거나 불합리하게 처리된 경우, '꽌시'를 통해 합법적 테두리 안에서 원만하게 진행되도록 기대하는 정도가 타당하다. 그러므로 일단, 불법이나 편법 등은 처음부터 생각조차 하지 말아야 된다.

세 번째로 '만만디慢慢的, 慢慢地'. 사전 그대로는 '천천히'라는 뜻이다. '천천히 하면 되지, 뭐 그리 서두를 필요가 있어'라는 뉘앙스가 내포되어 있다. 우리의 '빨리빨리'와 퍽 다른 개념이라 할 수 있다. 우리 사회에는 아직도 중국인들을 '만만디'라고 보는 시각이 있다. 하지만 반드시 그렇지는 않다. 중국인들이 만만디할 때는 자신들의 이익과 무관할 때이다. 자신의 이익과 관계되면, 전광석화가 따로 없다. 팍팍 날아다니며 동분서주한다. 우리보다 훨씬 더 빠르다. 이는 케빈 러드Kevin Rudd 전 호주 총리가 중국의 부상에 대해 '인류 역사상, 불과 30년 만에 산업혁명과 IT혁명을 모두 달성한 나라는 오직 중국뿐'이라고 평한 것으로도 잘 알 수 있다. 이러한 중국인들이 당신에게 만만디한다면, 이는 곧 그에게 있어 당신은 별로 득 될 게 없는 사람이라는 의미일 수도 있다.

중국인들에게 보편적 기준은 작동하지 않는다

중국인들이 일상적으로 쓰는 표현을 보면 첫째, '자기 위주'인 것이 많다. 내 '체면'을 중시하고 내 일이 더 잘 되도록 '관시' 만들기에 골몰하며 내 일이 아닌 일에는 척만 해 보이며 '만만디' 하는 것만 봐도 잘 알 수 있다. 중국은 개인주의 사회였고 지금도 그렇다는 것을 여실히 보여주는 것이다. 이에 대해 페이샤오퉁(費孝通) 교수는 《향토 중국》이란 저서를 통해 "(중국인들은) 자신을 위해서는 가족을, 가족을 위해서는 단체를, 단체를 위해서는 국가를, 국가를 위해서는 천하를 희생시킬 수 있다"라고 기술하면서 "중국인들의 최대 병폐는 '나, 즉 자신만 생각하는 것(私, 就想自己)'이다"라고 꼬집었다. 이런 중국인을 보면서 우리는 그들이 애국심과 애족심이 강한 사람들이라고 멋대로 우려하며 경계한다. 하지만 이는 착각에 불과하다.

중국인들은 '메이 빤 파(没办法)', '차 부뚜어(差不多)', '메이요 원티(没有问题)' 등과 같이, 주로 수동적이며 피동적인 표현을 많이 쓴다. 적당히 남들이 하는 만큼만 하면서 눈에 띄지 않게 지내면 된다는 심리다. 글로벌 사회에 필요한 도전적이며 진취적인 자세와는 거리가 멀다. 중국 정부가 대대적으로 의식 개혁을 하려고 하는 것도 일리가 있는 것이다.

하지만 이러한 중국인들은 자기 일이라면 자세가 '화악' 바뀐다. 스스로 알아서 방법을 찾고 문제를 척척 해결하며 이득을 챙기는 것이다. 타인에 대해서도 마찬가지다. 중국인들은 누구에게나 한결같은 자세로 대하지 않는다. 이는 "중국인들에게는 보편적 기준은 작동하지 않는다. 대상이 누구이며 나와 어떤 관계인지를 먼저 살핀 뒤 어떤 기준으로 대할 것인지를 결정한다"는 말로도 잘 알 수 있다. 이를 고려할 때, 중국에서 내가 혹은 우리 기업이 뜻한 대로 잘 되지 못한다면, 이는 곧 나나 우리 기업에 뭔가가 부족하거나 문제가 있음을 의미한다. 중국 측이 우리가 매력적이라 여긴다면, 그야말로 '간도 쓸개도 빼줄 듯' 달려들 것이기 때문이다.

'안전선'이 중요한
일본인들

일본에선 어릴 때부터 '남에게 폐를 끼쳐선 안 된다'고 가르친다.[14] '메이와쿠(迷惑·민폐)'를 꺼리는 문화다. 2018년 10월 일본 후쿠오카에서 열린 역전 마라톤대회에서 열아홉 살 이이다 레이 선수는 오른발 골절상을 입고도 마지막 300m를 기어서 골인해 화제가 됐다. 그는 전치 3개월이 넘는 중상을 입었다고 한다. 그러고도 병상을 찾은 감독에게 '죄송하다'며 고개를 숙였다. 팀에 민폐를 끼쳤다는 것이다. 자신이 부상당했으면서 오히려 단체에 폐를 끼쳤다고 사과하는 게 일본이다. 자식이 중동에서 납치되어 참수형을 당했는데, 그 부모가 매스컴에 나와 국가와 국민들에게 민폐를 끼쳐 죄송하다고 고개를 숙이는 나라가 일본이다.

2014년, 일본에서 한 화산이 폭발했을 때이다. 구조대가 유독가스 때문에 오후 1시에 수색을 마친다고 했을 때 실종자 가족 중에 우리 가족을 더 찾아달라고 애걸하거나 목청을 높이는 사람은 없었다. 오히려 구조대에 민폐를 끼쳐 죄송하다고 사과하고 또 사과했다. 스키장에서 조난당했다가 구조된 사람들도 기자회견 석상에서 "국민 여러분께 민폐를 끼쳐서 할 말이 없다"며 연신 고개를 숙인다. 이를 지켜보는 일본 사람들 중에는 '왜 정해진 코스를 벗어나 자기 멋대로 스키를 타다가 문제를 일으키냐'며 핀잔하는 사람들도 있었을 것이다. 이러한 일본 사회이다 보니, 2018년, 시리아에서 장기간 억류됐다 풀려난 일본 언론인에 대해서도 '정부가 가지 말라는 곳에 가서 납치당한 것은 본인 책임이다'라거나 '정부와 국민에게 민폐를 끼쳤다'는 식의 비판 여론이 비등한 것도 납득이 간다. 2004년 일본 정부의 피난 권고를 무시하고 이라크에 들어가 납치당했다가 8일 만에 석방된 일본 언론인 세 명 또한 '무책임한 행동으로 국가와 사회에 폐를 끼쳤다!'는 일본 사회의 냉엄한 시선을 받아야 했다. 당시 집권 자민당의 간사장이었던 아베 총리는 "구출하기 위해 국민의 세금을 사용해야 하고 납치범들과 협상하는 정부도 위험을 무릅써야 한다는 것을 자각하고 있는지 의문이다"라며 핀잔주기도 했다. 메이와꾸, 즉 민폐와 관련된 일본 정신 구조의 한 단면을 여실히 보여주는 장면이 아닐 수 없다.

일본인이 자주 쓰는 네 개의 표현

중국에서는 일단 좀 더 자유롭게 행동하게 된다. 중국어와 중국인들의 영향을 받은 때문이다. 일본에서도 마찬가지다. 일본어와 일본인들의 영향을 받아, 일단 행동을 좀 더 조심하게 된다. 내가 스스로 신중하려는 것이 아니라 몸이 알아서 그렇게 움직인다. 목소리 또한 일본인들처럼 작아지게 된다. 그러면서 일본인들이 말할 때, 상대방의 말에 맞장구를 친다는 의미로 고개를 빈번히 끄덕여 주는 '아이 즈찌오 우쯔相づちを打つ' 행위도 저절로 하게 된다. 내 몸이지만, 이런 걸 보면 참 재미있다. 우리말을 하거나 영어를 할 때 혹은 중국어를 하거나 일본어를 할 때 각각 그 특유의 제스처나 손짓 등이 자연스럽게 나오니 말이다. 그런데, 남들에 대한 의식이 몸에 배어있다시피 한 일본인들과 함께 있을 때는 이런 점이 특히 더 중요한 것 같다. 그들로 하여금 '위화감'은 덜 느끼게 하는 대신, 친밀감을 더 느끼게 함으로써 교류나 비즈니스를 그만큼 더 수월하게 진행할 수 있기 때문이다.

우리나라 사람들이 널리 쓰는 말 중의 하나로는 '빨리빨리!'가 있다. 그러다 보니, 외국인들 중에는 우리 한국인을 '빨리빨리 민족'이라고 부르는 사람도 있다. 이처럼 '빨리빨리'라는 단어는 우리 한국인들의 일반적인 성격상의 특징, 즉 '적극적이고 진취적'이면서 한편으로는 '성급하고 참을성 약한' 모습을 잘 나타내주는 표현 중 하나인 것이다. 일본에도 역시 우리의 '빨리빨리'와 같이 일본의 국민성을 잘 드러내는 표현과 키워드들이 있다.

-도우모[どうも]   -스미마셍[すみません]   -메이와쿠[迷惑]   -신쵸니[慎重に]

첫 번째, '도우모どうも'라는 표현이다. 이는 사전적으로는 '정말로', '매우'라는 의미를 지닌 부사어이다. 일반적으로 '도우모 아리가또 고자이마스どうもありがとうございます(정말 감사합니다)'라거나 '도우모 스미마셍どうもすみません(대단히 죄송합니다)'라는 식으로 사용한다. 그런데 이 도우모는 단독으로도 많이 사용된다. '도우모, 도우모どうもどうも!'라는 식이다. 사람들을 만났을 때 '도우모, 도우모, 오랫만입니다!'라거나 전화를 받아 '안녕하세요, 우수근입니다'라고 할 때도 '도우모 도우모~, 우수근입니다', 헤어질 때도 '도우모, 도우모, 안녕히 가세요!'라고 말한다. 우스개로 일본은 '도우모 민족'이라 할 만큼 이 단어를 많이 사용한다. 처음 일본에 가서 일본어에 익숙해질 때, 도우모를 얼마나 많이 들었는지 꿈에서도 '도우모'가 귀신처럼 변해 쫓아오는 듯한 악몽을 꾸기도 했을 정도다. 여기서 단독으로 사용되는 이 도우모는 '감사합니다', '고맙습니다'라는 의미가 기저에 깔려 있다. 이는 곧 일본인들이 일상적으로 타인과의 관계를 깊이 의식하며 살고 있음을 나타내주는 것이라 할 것이다. 사회생활에서 타인에게 '감사하다', '고맙다'는 자세를 보이며 산다는 것은 좋은 일이다. 이는 곧 '나는 당신에게 해를 끼칠 마음이 없다', '나는 당신과 잘 지내고 싶다'는 마음을 간접적으로 담고 있는 것이기 때문이다.

두 번째, '스미마셍すみません'을 들 수 있다. 사전적 의미는 '죄송합니다', '미안합니다'이다. 즉 사과를 나타내는 표현이다. 하지만 일본인

들은 오랜만에 다시 만난 사람들에게도 혹은 전화를 받을 때도 헤어질 때도 아니면 길 가다가 약간 스치거나 할 때도 '스미마셍'이라고 말한다. 잘못한 것도 없고, 사과할 것이 없는데도 '스미마셍'이라는 말을 자동으로 내뱉는 것이다. 일상생활에서 항상 타인을 의식하고 있고, 남들과 나는 잘 지내고 있는지를 깊게 인식하며 살고 있기 때문에 무의식적으로 이런 표현이 나오는 것이 아닌가 싶다. 가령 타인과의 사이에서 문제가 발생했을 경우, 일단 '스미마셍' 하며 사과부터 하고 나서면 더 큰 문제는 막을 수 있지 않은가. 이와 같은 마음에서 일상적으로 '스미마셍'을 입에 달고 사는 것이 아닌가 싶다. 그런데 이런 일본인들의 공손한 자세는, 중국에서는 봉변을 겪는 원인이 되기도 한다. 웬만해선 사과를 하지 않는 중국에서, 잘못이 없어도 습관적으로 사과의 표현을 하다 보니, 중국인들과 무슨 일이 생겼을 경우, "봐라, 이 사람이 사과하지 않냐! 자신의 잘못이라고 인정하고 있다'라는 빌미가 되기도 하기 때문이다. 이로 인해 일본 정부는 중국에서는 '스미마셍'이란 표현 사용에 주의하라는 주의령을 내린 적도 있다.

세 번째, '메이와쿠迷惑'. 사전적 의미는 '민폐', '신세'라는 뜻이다. 이는 앞에서 이미 살펴본 바와 같이, 일본 사회의 기본 덕목 중의 기본이다. 일본인들은 남들에게 폐를 끼치는 것을 극도로 꺼려 왔다. 섬이라는 크지 않은 영토 속에서 살아가기 위해서는 남들과의 원만한 관계가 매우 중요했기 때문에 행동거지를 극도로 조심하고 또 조심하지 않으면 안 되었기 때문이다. 그러다 보니, 일본인들의 이러한 모습에 익숙하지 않은 외국인들로서는 '민폐를 끼쳐서 죄송하다'며 사과하는 듯 말하는 일본인들에 대해 공손하다는 느낌과 왠지 가깝게 지내기 쉽지 않다는 느낌을 받게 된다. 함께 무엇을 하다가 잘 마치고 돌아갈 때나, 혹은 아주 작은 일이 생겼을 때면 여지없이 민폐를 끼쳐서 죄송하다고 하니, 반대로 그러한 표현을 자주 하지 않는 외국인들을 무례하다고 생각할 수도 있기 때문이다. 공손하고 예를 갖추는 것이야 좋지만, 외국인들에게는 과공비례過恭非禮일 수도 있는 부분이다.

네 번째, '신쬬니慎重に'라는 표현이다. 한자 그대로 '신중하게', '조심조심'이라는 의미이다. 일본인들은 이 표현 또한 일상적으로 많이 쓴다. 실제로 우리나 중국보다 일본에서 이런 표현을 훨씬 더 많이 사용한다. 이는, 일본인들이 매사에 그만큼 신중하고 조심스럽게 행동한다는 것을 의미한다. 실제로, 어떤 일을 함에 있어 우리는 '가즈아!!' 하며 내달리지만 일본인들에게는 절대 그런 일이 없다. 이것 고려하고 저것 생각하고 또 다른 것 검토하는 데 하 세월이 걸린다. 그러니 신중하고 꼼꼼한 습관이 잘못된 것은 아니지만, 일본인들과 함께 뭔가를 하다 보면 가뜩이나 성질 급한 우리는 속이 터질 수밖에 없다.

일본 사회를 해석하는 세 개의 키워드

이제까지 일본인들이 사용하는 언어를 통해 일본인들의 국민성을 이해해봤다면, 이제 일본 사회를 대변하는 세 가지 키워드를 통해 일본 사회를 살펴보고자 한다.

먼저 '혼네本音'와 '다테마에建前'이다. '혼네'라는 것은 우리말의 본심, 진심, 속내에 해당한다. 다테마에는 겉으로 드러나는 표현이라 할 수 있다. 속내와 겉모습 즉, 속 다르고 겉 다른 모습을 비유할 때 주로 쓰는 표현이다. 일찍이 미국의 클린턴 대통령도 "일본인들의 YES는 NO를 의미한다!"고 짜증내며 말했듯이, 일본인들은 좀처럼 자신들의 속내를 드러내지 않는다. 부정적인 표현 등은 거의 사용하지 않고 항상 간접적으로, 우회적으로 조심조심, 신중한 모습을 보인다. 얼마나 그런 모습이 강했으면 '혼네'와 '다테마에'가 일본 사회를 대변하는 하나의 표현으로 국제사회에 널리 알려지게 되었을까. 솔직담백한 우리의 양 옆에는, 이처럼 황제 구렁이와 천황 구렁이가 웅크리고 있는 게다.

또 하나의 단어로는 '안젠센安全線'을 들 수 있다. 안젠센은, 사람과 사람 사이의 교제에 어느 정도의 거리를 유지하면서 지내는 것을 의미한다. 우리나라 사람이나 중국 사람과 비교할 때, 일본인들 사이의 안전선은 그 폭이 훨씬 더 넓다. 가령, 친구라는 개념을 놓고 보자. 일본인들에게 친구는, 우리 입장에서는 그냥 아는 사이가 아닌가라는 생각이 들 정도로 밋밋하다. 아무리 친구 사이라고 해도 서로의 프라이버시, 즉 사적 공간을 '상당히' 많이 유지하면서 지내기 때문에 이 같은 괴리가 생기는 것이다. 그러다 보니 우리가 느끼기에는 그저 아는 사이 정도라고 생각되는 관계이더라도 일본인들에게는 만나면 매우 반가운 진짜 친구일 가능성이 높다. 친구라는 개념의 농도와 밀도가 서로 다르기 때문에 빚어지는 현상이다. 우리 관점에서 보면, 일본에서의 인 간관계는 그만큼 '드라이'하다고 할 수 있다.

일본인들에겐 깊이보다 거리가 중요하다

일본인들이 많이 사용하는 표현들은, 한결같이 주위 사람들을 의식하는 것들이다. 민폐를 극도로 싫어하고 항상 '감사하다', '미안하다'를 입에 달고 살다시피 한다. 마치 숫자 'l'과 같은 삶을 지향하는 듯한 느낌도 든다. 일본에서도 중국에서도, 사람을 뜻할 때는 모두 사람 인(人) 자를 쓴다. 우리와 똑같다. 두 사람이 서로 의지하며 서 있는 듯한 모습을 보라. 아무리 강한 사람이라도 다른 사람들과의 관계 속에서 살아가는 것이 사람이라는 것을 나타내는 문자이다. 인간(人間) 또한 마찬가지다. '사람(人)들 사이(間)에서 살아가는 존재'를 의미하는 '인간' 역시 한중일 공통으로 같은 한자를 사용한다. 우리네 인간들은 타인들과 더불어 도움을 주기도 하고 민폐를 끼치기도 하며 살아간다. 이것은 서로 기대어 살 수밖에 없는 인간의 숙명이다. 바로 이러한 기대는 삶이야말로 '자연에 따르는(順其自然, 슌치쯔란)' 것이요, '자연의 섭리(自然の摂理, 시젠노 세츠리)'인 것이다. 우리 인간은 절대 숫자 'l'과 같이 홀로 서서 살아갈 수 있는 존재가 아닌 것이다.

그렇다면 과연 우리는 일본인들과 어떻게 관계 맺어야 할까? 무엇보다도 유념해야 할 것은, 일본인들에게는 우리 식으로 다가가선 안 된다는 것이다. '안젠센'이 확실해야 하는 일본인들에게 우리 식으로 다가가면 그들은 당황하고 긴장한다. 우리를 부담스러워하며 거리를 두려 할 때 불편한 마음이 들 수 있다. 친하게 지내자고 선의로 다가가는데 괴인(怪人) 취급하듯 이상한 눈초리로 바라본다는 것은 나에게도 불쾌한 일이었다. 하지만 어느 정도 시간이 지나고 나니, 아무리 선의로 다가가려 했다 해도 상대방의 특징은 고려하지 않고 내 방식대로만 한 결과 초래된 참담함임을 알게 되었다. 그러므로 일본인들에게는 천천히, 마음에 드는 이성 친구에게 다가서듯 조심스럽게 나가야 한다. 까다롭게 여겨지기도 하다. 하지만 어쩌겠는가, 그렇지 않으면 일본인들 특유의 '안젠센' 감각이 발동되어 서로 곤란해질 수 있으니.

서로 친해지고 난 후에 마음을 여는 것은 또 다른 일이다. 술 한 잔 하면 곧 '형', '동생' 하며 지내는 우리 식은 상상하기 힘들다. 일본인들과의 깊은 교제에는 적지 않은 시간이 필요하다. 친구가 되었다 해도 맹숭맹숭한 것은 마찬가지다. 아무리 친구라도 '안젠센'이 확실히 그어져 있기 때문이다. 이 때문에 말다툼이나 실랑이도 별로 발생하지 않는다. 다툼도 가까워지는 과정에서 서로 간의 '스타일'이 충돌하며 생기는 현상이기 때문이다. 일본에서의 '도모다찌[友達,친구]'는 우리의 친구와 그 농도와 밀도가 퍽 다른 것이다. 반면 중국인들은 우리가 마음을 열고 다가가면 일본인보다는 좀 더 빠르게, 하지만 우리보다는 좀 더 시간이 걸린 뒤 호응해준다. 이 같은 관점에서 볼 때, 우리의 '친구' 개념에 더 가까운 것은 일본의 '도모다찌[友達, 친구]'보다 중국의 '펑요우[朋友, 친구]'라 할 수 있다.

중국위협론과
일본응징론의 실체

중국 대륙을 여행하다 보면 심심찮게 '일본제품 배척(抵制日货, 띠즈 르후오)'이나 '일본놈과 돼지는 들어오지 못한다(日本鬼子与猪不得入内, 르뻔 꿰즈 위 쭈 뿌더 르내)'라는 문구를 접하게 된다. 길거리에 주차된 자동차나 크고 작은 음식점, 상점 입구에서 어렵지 않게 볼 수 있다. 이는 중국 사회가 일본을 어떻게 여기고 있는지 유추하게 하는 대목이다. 중국인들은 일본이 과거를 반성하기는커녕, 오히려 자신들의 인내심만 시험하고 있다고 생각한다. 나아가 꼼수를 통한 재무장 시도를 통해 동북아 역내의 분위기를 험난하게 만들고 있다며 괘씸해한다. 중국 사회에서 '일본 응징론'은 날로 힘을 얻고 있다.

2015년 9월, 일본에서는 핵실험과 미사일 도발을 반복하는 북한의 위협에 대비한다는 명목으로 일본 군사방위정책의 일대 전환점이 된 '안전보장 관련법'이 제정되었다. 이 법의 실시로 자위대는 미군 군함 및 군용기의 방어 지원뿐만 아니라 북한의 각종 도발에 대비한 미국 이지스함 연료 제공 등의 임무도 추가하게 되었다. 이에 더해 해양진출을 확대하는 중국을 겨냥한 미일 연합훈련을 증가하는 등 미일 간의 방위협력도 한층 강화하게 되었다. 실제로 일본은 이 법의 시행 이후, 다양한 형태로 자위대의 집단자위권 행사 임무 및 미군과의 밀착 공조를 확대해왔다. 이에 대해 중국은 '개가 사람의 기세에 의지해 설친다 (狗仗人勢, 꼬우짱 런스)'는 속담을 인용하며 일본에 대한 불편한 심기를 감추지 않는다. 일본의 재무장과 군비강화는 미국에 기대어 중국을 괴롭힐 뿐만 아니라 동북아에서 과거의 망령을 재연하려고 꾀하는 것에 다름 아니라는 것이다.

일본 사회에 뿌리 깊은 '중국 위협론'

현재 중일 양국은 그야말로 '개와 고양이와 같은 관계犬猿之間' 속에서 상호 간에 평행선을 달리고 있다. 2018년은 중일 양국의 평화우호조약 체결 40주년이 되는 해이나, 현실은 냉랭하기만 하다. 현재 일본에는 이른바 '중국 위협론'이 사회 저변에 뿌리내려 있기 때문이다. 1972년까지만 해도 일본은 중국을 '조금도' 대수롭지 않게 여겼다. 그 당시만 해도 '죽의 장막' 저편에서 자기들끼리 치고받고 싸우느라 여념이 없던 가난뱅이와 게으름뱅이, 주정뱅이 천지인 농업국가라고 생각했다. 국교를 '정상화해줄 정도로' 여유롭기 그지없었다. 그러면서 아무리 봐도 미래가 없어 보이는 지지리 궁상인 이 나라에 경제지원의 시혜도 잔뜩 베풀었다. 1978년에는 새로운 지도자로 등장한, 보잘 것 없는 시골 촌장 정도로 보이는 덩샤오핑이라는 사람과 함께 평화조약도 체결했다. 일본을 방문하고 싶어 하는 그에게 기회도 선뜻 허하며 "그래그래, 우리 '닛뽕日本(일본인들은 '강한 일본'을 강조하고자 할 때 '니혼' 이라는 발음보다 이 발음을 사용하기도 함)'이 도와줄 테니, 맘껏 배우고 가거라!"며 콧대 높은 느긋함도 과시했다. 이에 비해 덩샤오핑은 일본에서 가진 기자회견에서 "우리 중국은 낙후한 나라이다. 선진국인 일본으로부터 많은 것을 배우러 왔다"고 솔직히 토로했다. 2,000년이 넘는 중일 양국의 교류역사에서 중국의 최고 지도자가 일본을 찾은 것은 이때가 처음이었다. 중국 대륙을 침략하여 마구 짓밟았던 일본에, 지구상 그 어느 나라보다도 체면을 중시한다는 중국 최고 실권자가 '우리를 맞이해준 일본에게 감사한다'며 고개를 푹 숙이고 방문한 것이다. 2개월이 지난 1978년 12월, 덩샤오핑은 일본에서의 충격을 토대로 개혁개방 노선을 전격 채택했다.

1980년대의 중국은, 국가 예산의 상당 부분을 일본에 의지해야만 했다. 일본의 공적개발원조ODA, Official Development Assistance가 없었다면 오늘날 중국의 경제성장은 없었을지도 모른다. 실제로 1979년부터 일본이 중국에 공여해온 차관은 3조 3165억 엔에 달한다. 1979년부터 1995년 사이에는 중국이 국제사회로부터 공여받은 차관가운데 42퍼센트가 일본으로부터 나왔을 정도였다. 천안문 사태 당시만 해도 일본이 가장 먼저 ODA를 재개함으로써 서방국가들의 경제 제재를 해제시키는 촉매제 역할도 했다. 이 정도로 일본의 경제협력은 중국의 경제성장에 큰 역할을 했다. 그 덕에 중국 경제는 가파른 성장 궤도에 오를 수 있었다. 키도 150센치미터 정도에 불과했던 덩샤오핑이 '작은 거인'이요, '중국 국부國富의 아버지'라 불리며 칭송받는 이유가 여기에 있기도 하다. 이와 같이 1980년의 일본은 느긋하고 여유로운 마음으로 중국에 일방적인 시혜를 베풀었다. 당시 일본의 여론조사에서 일본인의 80퍼센트 정도가 중국에 대해 친밀감을 느끼는 것으로 나왔던 것은, 이러한 중일 양국 간의 비대칭적 분위기가 잘 반영된 것이 아닐 수 없다.

하지만 중국인들이 어떤 사람들인가? 지금으로부터 약 2,500여 년 전 춘추시대 월나라의 구천을 보라. 곰의 쓸개를 핥으면서 오나라 왕 부차에게 복수를 다짐했던 와신상담臥薪嘗膽의 인물이다. 하지만 겉으로는 온갖 진귀한 조공품뿐 아니라 경국지색이라 불리던 미녀 '서시'도 보내지 않았던가. 또한 오나라가 다른 나라를 침범할 때는 자국의 군대도 지원하는 등 그야말로 성심성의 다하는 신하의 나라인 것처럼 행동했다. 무려 20년을 그렇게 지내는 가운데 내적으로는 치욕을 갚기 위한 힘을 길렀다. 그러다가 결국 오나라를 쓰러트리지 않았던가. 중국의 현대판 와신상담은 20년도 가지 않았다. 중국은 그들을 침략했던 일본으로부터 사죄는커녕 온갖 수모를 겪으며 절치부심하다가 결국 15년도 채 지나지 않은 1990년대부터 일본이 더 이상 여유롭게 미소 짓지 못하게 만들었다. 2000년대부터는 일본으로 하여금 강한 초조감과 당혹감을 느끼게 하더니 2000대 후반 무렵부터는 일본 사회에서 '중국위협론'이 불가피한 대세로 자리 잡도록 만든 것이었다.

실제로, 경제적 측면만 보더라도 2018년 4월 현재, 중국의 명목 국내총생산GDP은 14조 925억 달러로 일본의 5조 1670억 달러의 세 배에 육박하고 있다. 이는 2010년 중일 양국의 GDP 역전현상이 일어난 지 불과 8년 만의 변화이다. 게다가 2028년경이면 세계 최대의 경제대국인 미국도 추월할 전망이다. 중국의 '경이로운' 부상에 대해 일본 외무성의 아키바 다케오秋葉剛男 사무차관은 2018년 1월 취임식에서 "10년 전의 우리는 오늘날의 중국을 전혀 예측할 수 없었다… 우리는 10년 후, 20년 후의 미래를 위해 더욱 정교하게 임해 나가지 않으면 안 된다"며 깊은 자성을 촉구했다.

　이와 같이, 지난 40여 년 동안 일본은 중국에 대해 천국에서 지옥으로 급강하하는 쓰라린 경험을 했다. 그 결과, 오늘날 중국을 대하는 시선이 판이하게 달라졌다. 1980년대에는 80퍼센트 정도의 일본인이 중국에 대해 친근감을 느꼈다. 하지만 2018년 현재는 80퍼센트 정도의 일본인이 중국에 대해 친근감을 느끼지 못하는 정반대의 현상이 빚어지게 된 것이다. 물론, 현재의 일본 역시 중일 양국 경제의 상호현상 심화 등으로 인해 중국을 과거보다 더 필요로 하게 되었다. 그럼에도 불구하고 일본 사회에서 중국에 대한 이미지는 결코 좋지 못한 것이다. 오히려 중일 양국 간 경제 규모의 역전현상이 커져 갈수록 중국에 대한 두려움과 우려 또한 커지고 있다. 그야말로 '아, 옛날이여!'가 아닐 수 없는 것이다.

중국 사회에 뿌리 깊은 '일본응징론'

현재 일본에 대한 중국의 감정은 대단히 좋지 않다. '건드리지 않으면 신의 노여움도 없다(觸ぬ神にたたりなし, 사와라누 가미니 타다리 나시)'는 속담처럼, '우리를 건드리지 않으면 너희도 탈나지 않을 것이다, 그러니까 자꾸 건드려 부스럼을 만들지 말라!'는 감정이 팽배하다.

물론 중일 양국은 미국의 '갑질'에 대한 공동대응 전선을 구축하는 등의 중요한 사안에 대해서는 협력하고 있다. 하지만 어디까지나 필요에 의한 일시적 현상에 불과하다. 중국인의 가슴속 깊이 뿌리박힌 '이 커다란 중국 대륙이 저 조그만 섬나라에 짓밟혔다!'는 치욕과 수치심은 단기간에 치유될 수 없다. 하물며 일본은 그 역사조차 부정하고 있지 않은가. '샤오 르뻰小日本'이나 '르뻰 꿰즈日本鬼子'와 같은 표현만 보아도 일본에 대한 중국의 인식이 어떠한지를 잘 알 수 있다.

'샤오 르뻰小日本'이란, 한자 그대로 '작은 일본'이라는 뜻이다. 하지만 중국인들 사이에서 실제로 사용되고 있는 함의는 표면적인 작은 일본과는 퍽 다르다. 중국에서 '작다'라는 뜻을 지닌 '샤오小'를 국가 이름 앞에 붙여서 관용어처럼 쓰는 경우는 일본 외에는 없다. 소영국小英國, 소태국小泰國 그리고 소한국小韓國 등과 같은 관용어는 없다. 즉, '小+나라 이름'은 단순히 국가의 영토나 규모면 등에서 '작음'을 나타내는 것이 아니다. 이는 다름 아닌 '경멸스러운', '하찮은' 혹은 '보잘 것 없는' 등과 같이, 얕보고 천시하는 의미를 지니고 있는 것이다.

'르뻰 꿰즈日本鬼子' 역시 마찬가지이다. '꿰즈鬼子(귀신의 자식)' 또한 전 세계 국가 이름 중에 오로지 일본에만 사용하는 단어이다. 그 의미로부터 유추할 수 있듯이, 일본인들을 흉측하고 가까이하기 싫은, 마치 귀신의 자식과도 같은 존재로 여긴다는 것이다. 어감상 우리가 과거에 사용했던 '쪽바리'와 같은 비하보다 더한 증오와 경멸의 뜻을 지닌 단어라 할 수 있다. 중국에서는 이 단어들이 널리 회자되고 있으며, 30개가 넘는 중국의 주요 TV 채널들은 여전히 항일 전쟁 드라마 등의 반일 콘텐츠를 경쟁적으로 방영하고 있다.

중일 양국의 악감정이 해소되기를 기대하기란 쉽지 않다. 특히 일본에 대한 중국의 뿌리 깊은 원한과 적대감 등은 우리 사회 일각에 있는 일본에 대한 그것과는 비교할 수 없을 정도로 심하다. 이런 식으로 중일 양국은 그야말로 '치킨게임'과도 같은 상황을 향해 치닫고 있다. 이 상황에서 중국의 제반 국력이 현재와 같이 꾸준히 강화되어가고, 이에 대한 일본의 대응전략도 그만큼 첨예하게 되어간다면, 중일 양국 사이에 전면전까지는 아니더라도 국지적인 충돌 등은 발생할 수 있을 것이다. 이와 관련하여 더 우려되는 것은, 혹시라도 발생할 수 있는 양국의 충돌이 단지 중일 양국에만 국한되지는 않을 것이라는 점이다. 1894년에 발발한 청일전쟁도, 불과 10년 뒤인 1904년에 발발한 러일전쟁도, 전쟁 당사자가 아니었음에도 불구하고 결과적으로는 우리가 최대의 피해를 입지 않았던가. 주지하다시피, 이 두 전쟁은 청나라와 러시아라는 대륙 세력과 일본이라는 해양 세력이 충돌하여 빚어진 것이었다. 하지만 그 전쟁터는 대륙과 해양 사이에 끼여 있는 우리 한반도였다. 현재 중국과 일본은 과거와 마찬가지로 한 치의 양보 없이 대치하고 있다. 과거와 마찬가지로 우리 한반도를 사이에 끼고서 말이다.

황제 능구렁이와 천황 능구렁이 사이에서

2018년 10월 중국 베이징에서는 시진핑 주석과 아베 총리 사이에 5년 만에 정상회담다운 정상회담이 열렸다. 그 자리에서 두 정상은 이구동성으로 '양국 사이가 좋아지지 못할 이유가 없다!'고 했다. 하지만 이는 어디까지나 양국에 대한 무역 공격 등을 퍼붓고 있는 미국에 대한 공동 대응 전선의 일환일 뿐, 국력의 균형추가 어느 한 쪽으로 확실히 쏠리지 않는 한 진정으로 가까워지기는 쉽지 않다. 중일 양국이야말로 '가까이 하기엔 너무 먼 당신'일 수밖에 없는 것이다.

반면에 우리는 다르다. 이 두 나라의 국력 경쟁이 치열해지면 치열해질수록 우리가 어떻게 스마트한 외교를 전개하느냐에 따라 우리의 '가치'는 그만큼 상승할 것이기 때문이다. 우리가 중일 양국을 어떻게 활용하여 국익을 증진시킬 것인지 혹은 중일 양국으로 인해 우리 국익이 얼마나 손상될지는 우리의 행동여하에 크게 좌우되는 것이다.

이는 개인이나 기업에도 마찬가지다. 입은 꼭 다물고 미소만 지은 채 이리저리 잇속을 계산하는 일본인들이나, 딴청 피우는 척하면서 주판알을 튕기고 있는 중국인들 속에는 능구렁이가 몇 마리씩이나 들어 있다. 황제 능구렁이와 천황 능구렁이에 당하지 않고 오히려 이들의 싸움을 잘 활용하여 잇속을 챙기고 싶다면 이들 능구렁이 활용법을 잘 알아야 한다. 이를 위해서는 무엇보다도 먼저 이들에 대해 소상히 파악해야 한다. 과거에 '이러저러 했던' 중일 양국뿐만 아니라 현재에 '이러저러 하고 있는' 중일 양국에 대해서도 보다 적확하게 파악하고 대처해나가야 한다.

세계에서 가장 닮은 나라, 한국· 중국· 일본

몇 해 전, 재직 중이던 중국 상하이 동화대학교에 한 미국인 학자가 찾아왔다. 동북아를 전공하는 학자라고 소개한 그는, 중국에 대한 나의 관점과 접근방법 등에 대해 듣고 싶다고 했다. 불현듯 찾아온 그의 이야기를 들어보니 사정은 이랬다.

전 세계의 수많은 국제관계 전문가들이 중국 연구를 위해서 주로 미국을 찾는다. 미국에서의 혹은 미국 전문가들의 연구방법이 가장 나을 것이라는 생각 때문일 것이다. 이에 대해 그는, '그들은 미국의 속사정을 몰라서 그런 것'이라고 했다. 즉, 미국에서는 이미 오래 전부터 중국에 대한 '미국식 접근'의 오류를 느껴왔다는 것이다. 예를 들면 '중국은 급격한 경제성장의 후유증으로 곧 쇠퇴할 것이다'라거나 '조만간 과열된 부동산이나 국유기업 부채 문제 등으로 큰 시련에 직면할 것이다' 등등 미국식 연구방법을 토대로 이뤄진 중국에 대한 예측이 번번이 맞지 않았다는 것이다. 그리하여 자신을 비롯한 미국인 전문가들은 '아무래도 미국과 중국은 모든 것이 너무 다르기 때문에 미국식 접근이 쉽지 않은 것 같다'는 분석에 이르게 되었다. 다시 말해 '서양의 국가 미국'에게 '동양의 국가 중국'은 애초부터 연구하기가 난해한 대상이었을 수 있다. 유교를 토대로 하는 중국의 전통문화나 가치관 등은 자신들로서는 그 접근이 너무나 쉽지 않다는 것이다. 게다가 언어 또한 중국어가 아닌 영어 위주로 해왔으니, 적확한 연구를 기대한 그 자체가 무리였을 수도 있다는 거였다.

그리하여 유교문화를 비롯 많은 면에서 중국과 유사하고 또 지리적 근접성 덕에 역사적 상호작용 또한 밀접히 해온 한국인 전문가들의 연구방법에 착목하게 되었다. 그러나 한국인 전문가들은 이러한 속내는 아랑곳하지 않고 아직도 미국인 전문가들의 연구에 적잖이 의존하고 있다. 그래서 적절한 한국인 전문가를 찾기가 쉽지 않았는데 어느 날 미국 연방정부가 운영하는 국제방송인 〈미국의 소리Voice of America〉를 통해 나의 인터뷰를 듣게 되었다고 했다. 알고 보니, 나는 한국인 전문가이면서 일본에서도 연구했고 현재는 중국의 대학에서 교편을 잡고 있지 않은가! 그래서 '어쩌면…' 하는 기대를 품고 찾아오게 되었다는 것이다. 이에 대해 나는 "아이고, 언감생심 제가 어떻게 감히…"라며 정중히 사절했다. 하지만 그저 편하게 대화를 나누기만 해도 충분하다는 그의 말에 그날부터 며칠간 만남의 시간을 가졌다. 그리고 마지막 날,

그는 서구 사람들이 아무리 노력해도 이해하기 힘든 고민들을 쉽게 큰 어려움없이 해석해낼 수 있는 점이 부럽다고 얘기했다. 유교를 토대로 한 '정신적 환경'과 이웃이라는 '물리적 환경'이 있으니, 아무래도 중국 연구에 있어 그만큼 더 적확한 것이 당연한 것 같다고 했다.

생각지도 못했던 손님이지만 그와의 만남을 통해 몇 가지를 깨달았다. 먼저, 우리에게 내재된 뿌리 깊은 서구 위주의 사고방식에 함몰된 채 우리가 지닌 장점을 제대로 활용하지 못하는 상황에 대한 안타까움, 무엇보다 중일 양국과 유사한 점이 많은 만큼 이들을 활용하기에 우리만큼 유리한 조건도 없으리라는 깨달음이었다.

외양과 정신세계 모두가 닮은 세 나라

한중일은 전 세계의 여러 나라들과 비교할 때, 상호 간에 유사한 특징을 가장 많이 갖고 있는 나라다. 지정학적 인접성 덕에 역사적으로 활발한 교류가 있었기 때문에 어떤 때는 외국이 아니라 일국의 다른 지방 같은 착각이 들 정도로 많은 유사점을 지니고 있다. 이런 점들을 잘 활용하면 한중일 3국의 사람과 기업은, 다른 나라와의 교류와 비즈니스 협력과는 비교할 수 없는 성취가 가능할 것이다. 이러한 맥락에서 한중일 3국의 유사점 몇 가지를 살펴보도록 한다.

먼저, 외모가 유사하다. 특히 젊은 세대로 갈수록 더욱 그렇다. 그 덕에 한중일 3국 사람들이 만나 비즈니스 등을 전개할 때, '이질감'이나 '거리감' 등이 다른 지역 사람들보다 상대적으로 적다. 실제로 한번 생각해보자. 우리가 일본인이나 중국인들을 만나 대화를 나눌 때와, 유럽 또는 아프리카인을 만나 대화를 나눌 때 어느 쪽에 더 친근감을 느끼게 될까? 이는 중국인이나 일본인도 마찬가지이다. 그들 역시 타 지역 사람들보다 한국인들과의 교류나 거래를 더 편하게 여긴다. 요즘처럼 국제결혼이 일상화된 상황에서도 한중일 3국 사람들은 상대방이 이 3국 중의 한 곳 출신이면, 먼저 외모에서 느껴지는 동질감에 더 안도감을 느끼게 된다는 평가도 있다.

두 번째로, 한중일 3국은 모두 유교와 불교의 영향을 받았으며 그 과정에서 문화적 동질성을 지니게 되었다. 실제로, 유교는 한중일 3국의 정신세계나 전통, 사고체계에 깊이 스며들어 있다. 유교는 충(忠)과 효(孝)의 개념에서 알 수 있듯이 상하관계를 기본으로 하는 '수직적 사고체계'를 기반으로 하며 인(仁)과 의(義)의 개념에서 알 수 있듯 개인보다는 가족이나 집단을 더 중시한다. 이런 영향을 받은 한중일 사람들은 남달리 엄격한 상하관계의 규율 속에서 나보다는 사회와 국가를 더 중시하는 특징을 지니게 되었다. 이는 개인주의와 평등 등을 토대로 '수평적 사고체계'로 발전해온 서구의 정신세계와는 퍽 다르다. 그리하여 그야말로 '이심전심'이 3국 간에 가장 잘 통하기도 한다. 이러한 상황에서 개인 위주의 수평적 사고에 익숙한 서구 사람들이 수직적 사고를 지닌 한중일 3국 사람들과 소통하기란 쉽지만은 않을 것이다. 이를 고려할 때 글로벌 사회에서 G2인 중국과 G3인 일본과의 비즈니스에 있어 우리가 얼마나 독보적인 유리함을 지니고 있는지를 가늠할 수 있다.

세 번째, 한중일 3국이 한자를 공유한다는 것 또한 의미 있는 유사점 중의 하나이다. 이 역시 한중일 3국이 서로를 더 쉽게 이해하고 깊게 교제하는 데 매우 유리한 작용을 하고 있다. 실제로 중국이나 일본 등 한자문화권이 아닌 다른 고유한 형태의 문자를 사용하는 태국이나 스리랑카, 혹은 스페인어를 사용하는 남미 등을 방문할 때를 생각해 보자. 후자의 경우, 거리를 걷다 보면 도무지 문자인지 기호인지 수평으로 뉘엿뉘엿 기어가는 벌레인지 알 수 없는 간판들로 인해 현기증이 이는 기분을 느낄 것이다. 이에 비해 전자의 경우 한결 편안함을 느낄 수 있다. 한자 실력이 뛰어난 사람들 중에는 중국어나 일본어를 한 번도 학습한 적이 없음에도 무슨 의미인지 상당 부분을 해석하는 사람들도 많다.

예를 들면 '大学(따쉐, 다이가꾸)', '出口(츄코우, 데구찌)', '国家(구어지야, 곧까)' 등을 한번 보도록 하자. 위 세 단어는 실제로 중국과 일본에서 쓰이고 있는 중국어와 일본어이다. 다시 말하지만, 위 세 단어는 중국어와 일본어이다. 서구인들은 이 세 단어만으로도 어지러워한다. 처음에는 쓰기는커녕 제대로 그리지도 못한다. 하지만 우리나라 사람들은 어떤가? 이 책을 읽는 여러분도 아마, 중국어나 일본어를 공부한 적이 없다 해도, 이 단어 정도는 무슨 뜻인지 알 수 있고 또 쓸 수도 있을 것이다. 남들은 너무나 괴로워 먼 산을 바라보며 인생의 심오함을 고민하는 판인데, 우리는 전 세계에서 가장 어렵다는 중국어와 일본어를 마주하고도 별다른 어려움 없이 이해해버리는 것이다.

서구의 언어학자들에 따르면, 한중일 3개 국어는 가장 학습하기 어려운 언어에 포함된다. 반면 중국어와 일본어는 글로벌 사회에서 각각 G2와 G3에 해당하는, 그 정치경제적 위상이 막강한 국가들의 언어이다. 더구나 중국어와 일본어의 활용가치는 중국과 일본에 국한되지 않는다. 두 나라의 위상이 높아질수록 지구촌 곳곳에서 더 광범위하게 이들 언어를 사용하고 있다. 실제로 나는 이미 동남아 및 서남아 사람들과 남미 및 아프리카 사람들과도, 영어가 아닌 중국어나 일본어로 교류한 경험이 있다. 이처럼 그 중요도가 점점 커지고 있는 중국어와 일본어를 우리는 전 세계 어느 나라 사람들보다도 쉽게 구사할 수 있다. 이 또한 글로벌을 지향하는 우리에게 매우 유리한 점이 아닐 수 없다.

네 번째, 식사 또한 비슷하다. 물론 넓디넓은 중국 대륙에서는 면이나 빵을 주식으로 하는 곳도 있지만, 한중일 3국의 주식은 일반적으로 쌀밥이다. 거기에다가 몇 가지의 반찬과 국을 곁들여 먹는 모습 또한 유사하다. 더 나아가, 식사할 때 젓가락의 사용 역시 동일하다. 이러한 모습도 한중일 3국 사람들이 다른 나라 사람들과 교제할 때보다 그만큼 손쉽게 가까워질 수 있음을 시사한다. 실제로 생각해보라. 그나마 지리적으로 가까운 동남아 지역만 해도 식사할 때 맨손을 사용하는 곳도 있다. 또한 서구 사회는 식사할 때 몇 개의 포크와 나이프를 놓고 용도에 따라 바꿔가며 사용하지 않는가. 언제 어떤 나이프에 어떤 포크를 써야 할지 몰라서 눈치 보며 곤욕스러워 할 필요가 없는 것이다. 천만다행히도 우리 한국인에게 무엇보다 중요한 '밥심'이 통하는 것이다!

다섯 번째, 한중일 3국은 4계절의 영향을 받는다. 추운 겨울을 나야 하는 3국 사람들은 굳이 겨울 준비를 하지 않아도 되는 나라 사람들과 달리 더 근면성실해야 한다. 일 년 내내 여름만 있다시피 하여 지천에 과일이 널려 있고 강가에서 언제든지 물고기를 잡을 수 있는 나라 사람들처럼 한가할 수가 없는 것이다. 4계절에 대한 유사한 계절 감각은, 3국의 일상뿐만 아니라 정신세계에도 큰 영향을 끼쳤다. 그 결과 한중일 3국은 시간의 흐름과 문화 및 문학적 측면에서도 남다른 동질감을 느끼게 되었다. 이런 식으로 타 지역 사람들보다 더 가까운 친밀감을 느끼며 교류할 수 있는 장점을 지니고 있는 것이다.

이상에서 본 바와 같이, 한중일 3국은 겉으로 보이는 외양이나 정신세계가 세계 어느 나라보다 유사하다. 일본에는 '어느 곳도 똑같은 가을의 황혼(何處も同じ秋の夕暮れ, 이즈꼬모 오나지 아끼노 유우그레)'이라는 속담이 있다. 아무리 다른 환경에서도 인간 공통의 느낌이나 사상, 자연의 섭리 등은 유사하다는 의미이다. 수긍이 가는 말이다. 그런데 이에 비춰 보더라도 한중일 3국은, 위에서 살펴본 단지 몇 가지 요인만으로도 '각별한' 유사점을 지니고 있다. 그러니 상호 간의 제반 교류나 비즈니스 협력 등에 있어 얼마나 유리하겠는가.

이러한 유사점은 특히 우리 한국인들이 가장 많이 지니고 있다. 대륙과 열도의 '중간'인 반도에 위치해 있기 때문이다. 그러다 보니, 해외에서 만나는 외국인들 혹은 외국 기업들은 우리를 부러워하기도 한다. G2 중국과 G3 일본을 바로 옆에 끼고 이들을 활용하기에 가장 좋은 여건 속에 있으니 한국인과 한국기업의 앞날이 얼마나 밝겠는가 하는 것이다. 우리 사회 일각에는 이웃 나라인 중일 양국을 비난하고 폄하하는 데 여념이 없는 사람도 있다. 중일 양국에 대해서라면 부정적인 보도가 더 자주 다뤄지는 언론 분위기 속에서, 정작 외국에서는 이렇듯 한국의 입지를 부러워하고 있다는 사실을 아는 사람은 많지 않아 보인다.

도약의 인사이트

샌드위치에서 파트너로, 미래를 지향하는 인식의 전환이 필요하다

우리는 중일 양국을 대하는 우리의 사고방식을 진지하게 성찰해볼 필요가 있다. 대륙과 열도 사이에 낀 '샌드위치 신세'라는 자기비하적 관점에 지나치게 함몰된 것은 아닌지 점검할 필요가 있는 것이다. 또한 이들로부터 빈번히 침략 당하고 식민지배도 당했던 그 암울했던 과거에만 머물러 있어서는 안 된다고 생각한다. 과거사에 대한 명확한 인정과 사과를 전제로 두고, 미래를 함께 발전시켜나갈 파트너로서의 인식을 서로가 가질 필요가 있다. 앞으로 동북아시아를 이끌어나갈 어린 학생들에게조차 '중국과 일본은 나쁜 나라'로 인식하게 만드는 사회 분위기는 우리 자신을 위해서도 지양할 필요가 있다. 적어도 경제 분야에 있어서는, G2와 G3라는 경제 대국과 강국을 양측에 두고 있어 이들을 여러 모로 활용하기에 우세한 입지에 있다는 인식을 지닐 필요가 있다. 일본의 '현재'를 알면 우리의 가까운 '미래'를, 또 우리의 '현재'를 알면 중국의 가까운 '미래'를 어느 정도 예측할 수 있다. 이를 잘 간파하게 되면 개인은 훌륭한 교류의 기회를, 기업은 새로운 비즈니스의 모델을 창출할 수 있기 때문이다. 이런 식으로 우리의 장점을 활용해 실력을 갖추고 이익을 실현해나가는 것이다. 나아가 우리 한민족의 지속적인 생존과 번영을 위해 윈윈을 주도할 수 있는 입장에 이르기까지 심기일전하는 것은 어떨까? 그것이 남다르게 진취적이며 적극적인 우리 '한민족 DNA'를 가장 잘 활용하는 최선의 길이기도 하다는 점을 잊지 말았으면 좋겠다!

똑같은 '예스'에 담긴
한중일의 속마음

해외 유학 중에 각각 중국인, 일본인 룸메이트와 방을 공유하던 때가 있었다. 일본 유학 중에는 중국인 룸메이트와, 중국 유학 중에는 일본 룸메이트와 함께 생활했는데, 각각의 특징을 알 수 있어 매우 흥미로운 시간이었다.

　중국인 룸메이트는 함께 지내기 시작한 지 불과 며칠도 되지 않아 내 펜을 쓰기도 하고 식기를 쓰기도 했다. 도무지 '네 것과 내 것'에 대한 구분이 없었다. 하나밖에 없는 냉장고에 음식을 사다 놓으면 어느새 자기가 꺼내 먹기도 했다. 한 번은 냉장고에 사다 놓은 맥주를 마시려고 찾았는데 보이질 않았다. 그 친구에게 물어보니 아무렇지도 않게 자기가 마셨다는 것이다. 황당한 마음에 어떻게 그럴 수 있냐고 물었더니, '함께 사는 사람들 사이에 니 꺼 내 꺼가 어디 있어? 다 같이 쓰고 같이 먹는 게 당연한 거 아니야?'라며 웃는 것이었다. 너무도 천연덕스럽게, 선하디 선한 얼굴로 대답을 하는 통에 더 말을 잇지 못했다. 이후 그 친구와는 오래된 된장국 같은, 때론 너무 짜서 곤란하기도 한 푸근한 사이로 지낼 수 있었다.

일본인 룸메이트와 처음 지낼 당시에는 이미 중국인 룸메이트뿐 아니라 한국인 룸메이트와도 지내본 경험이 있어, 크게 신경 쓸 일은 없으리라 생각했다. 하지만, 그렇지가 않았다. 일단 이 친구는 매사에 너무나 예의바르고 질서정연했다. 방에서 무언가 하려고 할 때는 거의 예외 없이 나에게 허가를 구했다. 화장실을 쓸 때도 "내가 지금 화장실을 써도 괜찮을까?" 하고 묻는 식이었다. 냉장고에 무언가를 넣을 때도 자기 공간을 확실히 정해서 넣었다. 내 펜을 허락 없이 쓴다거나 냉장고에서 내 음식을 꺼내 먹는다는 것은 있을 수 없는 일이었다. 하지만 나는 그렇지 않았다. 이미 중국인 룸메이트와의 생활에 익숙했던지라 어느새 그의 물건들을 아무렇지도 않게 쓰곤 했던 것이다. 당황하는 그의 모습을 보고서야 깨닫게 되었다. 결국 그에게 자초지종을 설명하고 사과했더니 그제야 그는 안심하듯 미소 지으며 '앞으로 좀 더 친하게 지내자!'고 제안해왔다. 하지만 이후로도 극도로 예의 바른 그의 모습은 크게 달라지질 않았다. 사람 사이의 경계선이 없다시피 한 중국인에 비해, 안젠센이 너무나도 확실한 일본인이 아닐 수 없었다.

대륙과 반도, 열도의 기질

한중일 3국은 그 유사점만큼이나 차이점도 많다. 각각 대륙과 반도, 열도라는 지리적 영향을 받을 수밖에 없고 각기 다른 환경 속에서 고유의 성격과 독특한 문화를 형성시켰던 때문이다.

먼저 한중일 3국은 지정학적 영향으로 각기 다른 성격적 특징을 지니게 되었다. 중국인들의 대륙적 기질, 한국인들의 반도적 기질, 그리고 일본인들의 열도적 기질이 그것이다. 우선 대륙적 기질과 열도적 기질을 간단히 비교해보자. 중국은 세계에서 세 번째로 큰 광활한 영토에, 세계에서 가장 많은 14억의 인구가 살고 있는 나라다. 과거에는 그 넓은 면적에 지금보다 적은 인구가 살았다. 그러다 보니 1인당 혹은 가구당 차지하는 면적이 상대적으로 넓었다. 전통적으로 농업국가인 중국에서 1인당 담당하는 면적 또한 그만큼 넓을 수밖에 없었다. 옆 사람이, 바로 옆이 아닌, 저 만치 떨어져서 일하는 경우도 많았을 것이다. 이러한 환경에서 가령 식사를 하자고 옆 사람을 부를 때면 "어어이~ 왕 서방, 식사하고 다시 하자구!" 하며 큰 목소리로 부르는 것이 자연스럽다. 언제 어디서건, 큰 목소리 하면 빼놓을 수 없는 중국인의 습성은 이런 환경에 기인했을 것이다. 드넓은 공간에서 나 홀로, 혹은 가족 단위의 사람들만 생활하다 보니, 타인을 별로 의식하지 않는 개인주의적 성향도 강해졌다. 사정이 이렇다 보니 "이건 둘만의 비밀인데 말야…" 하는 비밀스런 통화 내용을 저 멀리 떨어진 사람들도 알아듣고 맞장구칠 만한 목소리로 말한다. 비록 가상의 예에 불과하지만, 대륙이라는 거주 환경은 반도나 섬나라 사람들보다 크고 과감하며, 작은 것에 연연하지 않고 적당히 대강대강 넘어가는 여유로움(?)을 지니도록 했다. 중국인 특유의 호방하고 시원시원하지만 거칠고 투박한 면모가 갖춰지게 된 것이다.

반면에, 일본인들은 동서로 좁고 남북으로는 긴 섬에서 살아왔다. 영토는 넓다고 할 수 없고 그 속에 거주하는 사람들은 적다고 할 수 없는 환경이다. 그러다 보니, 오밀조밀 모여 복닥복닥 살아갈 수밖에 없다. 다닥다닥 붙어 있는 비좁은 일본식 전통 가옥을 속칭 '우사기 고야 兎小屋(토끼집)'라고 불렀던 것에는 다 그만 한 이유가 있다. 이처럼 바로 옆에 사람이 붙어 있는 상황에서는 누군가를 목청껏 부를 필요가 없다. 오히려 다른 사람들에게 민폐가 된다. 무슨 말을 하면 옆 사람이 다 들을 수 있으므로 항상 주위를 의식하는 삶을 살게 되었던 것이다. 이 속에서 어떤 일을 하다가 잘못 되면, 사람들과의 관계가 나빠질 수 있고 그렇게 되면 서로의 생활 또한 불편해진다. 따라서 일본인들은 매사에 조심하고 또 조심한다. 무언가를 시작하기 전에는 먼저 다른 사람들에게 어떤 영향을 끼칠지에 대해 생각한다. 이 과정에서 남들에게 민폐 끼치지 않으며 사이좋게 지내는 것을 삶의 가장 중요한 원칙으로 삼게 된 것이다. 이 때문에 인간관계에서 오는 스트레스를 가장 많이 받는 사회가 될 수밖에 없었고, 그 과정에서 이를 해소하기 위한 다양한 음주 문화나 엽기적인 문화가 남다르게 발달하기도 했다.

우리 한민족 또한 대륙이나 열도와는 다른 기질적 특징을 지니게 되었다. 한 가지 재미있는 것은, 우리는 중일 양국의 '중간자적' 특징을 지니고 있다는 점이다. 예를 들면, 중국인들의 목소리보다는 크지 않지만 일본인들이 내는 목소리보다는 크다. 중국인들보다는 덜 거칠지만 일본인들보다는 더 거칠다. 뿐만 아니라 일본인들보다는 덜 꼼꼼하지만 중국인들보다는 더 꼼꼼하다. 일본인들보다는 주변을 덜 신경 쓰지만 중국인들보다는 더 신경 쓰는 등 중간적인 모습이 적지 않은 것이다. 이와 같은 독특한 기질적 특성은 한중일 3국을 조절하고 중계함에 있어 적합하다. 나는 실제로 오랜 해외생활을 통해 이를 경험했다. '극대극'의 기질을 지닌 양국 사람들을 중간에서 꽤 능숙하게 중개해낸 일이 적지 않았던 것이다.

두 번째로, 한중일 3국의 국민성은 개개 고유한 역사 발전의 영향을 받아온 바 적지 않다. 예를 들면 중국인들의 남다른 '혈족 및 물질 중시' 풍토와 한국인들의 남다른 저항적 태도, 그리고 일본인들의 남다른 '순종적 자세'가 그렇다. 한중일 3국 가운데 하나의 왕조가 가장 오래 지속된 곳은 단연 한반도의 왕조들이다. 한반도의 주류 역사에서 최단 기간 존속했던 것은 고려왕조인데, 최단 기간이라지만 무려 470여 년을 지속했다. 이는 중일 양국의 역대 왕조들보다 훨씬 긴 기간이다. 이 과정에서 알게 모르게 정부에 대한 불신이나 저항의 태도가 상대적으로 강하게 나타날 수밖에 없을 것이다. 왕조는 안정을 구가했다지만 사실 그 혜택은 대부분 위정자들에게 돌아갔으니, 백성들은 왕조가 지속되는 기간 내내 상층부로부터 온갖 형태로 시달리는 삶을 살아야 했던 것이다. 또한 상층부의 부정부패와 권력 투쟁 등으로 외침이 초래되면 그 여파 또한 백성들이 감당해야 했다. 이러한 역사 속에서 민초들은 정부나 위정자들에 대해 시나브로 강한 불신과 저항감을 지니게 된 것이다.

중국의 역사 발전은, 한마디로 극도의 혼란과 불안정의 반복이라 할 만하다. 중국의 최장 기간 지속 왕조라 할 수 있는 당이나 명나라도 채 300년을 넘지 못했다. 진시황이 세운 중국 최초의 통일국가인 진秦나라도 천년만년 지속될 것처럼 거대한 만리장성을 쌓았으나 15년밖에 존속하지 못했다. 수많은 영웅호걸이 등장하는 삼국지 시대도 불과 60년이었고 고구려를 침공하여 우리 역사에도 등장하는 수문제와 수양제의 통일 왕조 수나라도 30년 정도밖에 지속되지 못했다. 이처럼 중국은, 단명 왕조라는 공통된 특징을 지니고 있다.

하나의 왕조가 건국되고 멸망하는 일은 하루아침에 뚝딱 이루어지는 것이 아니다. 다른 세력들과의 대립과 다툼, 전쟁 등을 거치며 서서히 힘을 키워오다가 통일을 이루게 되는 것이다. 그러다가 어느 정도 시간이 지나면 그 넓은 대륙의 또 다른 곳에서 힘을 키워온 세력의 도전을 받으며 멸망하고 이후 또 다른 세력이 나타나게 되는 과정을 거친다. 춘추전국시대(BC 770~221년)에는 이 같은 왕조의 건립과 멸망이 곳곳에서 일어난다. 전자인 춘추시대에는 242년간 36명의 왕이 시해되었고 왕조의 멸망 또한 52회나 있었다. 후자인 전국시대에는 248년간 크고 작은 전쟁이 무려 222회나 있었는데 매년 1회씩 전쟁을 치뤘다는 셈이다. 이와 같은 역사발전을 통해서도 알 수 있는 것처럼, 중국 대륙은 한 치 앞을 내다보기 힘들 정도로 늘 혼란스러웠다. 이와 같은 전란의 고통 속에서 백성들은 스스로 안위를 지켜야 했다. 믿을 것이라곤 혈족과 나를 지켜줄 수 있는 금은보화뿐이었다. 중국인들의 '남다른' 혈족주의와 물질주의, 나부터 살고보자는 강한 개인주의와 타인에 대한 무책임과 무관심은 바로 '남다르게' 가혹했던 역사에서 비롯된 것이다.

마지막으로 일본이다. 일본 역사에도 수많은 다툼과 전란이 있었다. 하지만 일본의 경우 상층부에서의 권력쟁탈 성격이 강했다. 다시 말해, 권력자들이 서로 혈전을 벌인다 해도 백성들에게 미치는 영향은 상대적으로 덜했다. 이와 같은 역사 속에서 일본인들은 상층부들의 싸움은 '그들의 일'로 치부하며 어느 정도 거리를 둔 채 지내왔다. 그저 권력자들 모두에게 골고루 고개 숙이며 순종적인 모습으로 일관했다. 그러다 보니 새로운 권력자가 등장해도 중국에서와 같이 사돈의 8촌까지 화를 당하는 모습은 상대적으로 적었다. 이와 같은 역사를 거치며 일본인들은 우리나 중국인들에 비해 정치에 상대적으로 더 무관심하며 권력에 순종적인 특징을 지니게 되었다. 역설적으로 이런 역사적인 배경 탓에 일본의 정치인들만 어부지리를 챙기게 되었다. 순종적이고 항거를 잘 하지 않는 일본인 덕에 타국들에 비해 정치하기가 상대적으로 더 용이하기 때문이다.

세 번째로, 한중일 3국은 저마다 독특한 문화와 전통을 가지고 있다. 우리가 흔히 말하는 '중국 문화', '한국 문화', '일본 문화'가 그것이다. 유교와 불교의 영향을 동일하게 받았지만 각기 다른 양태의 고유한 문화를 발전시킨 것이다. 건축물만 하더라도 그렇다. 중국은 크고 웅장한 특징을 지니는 반면에 일본은 작지만 꼼꼼하고 아기자기한 특징을 지니고 있다. 3국이 사용하는 문자도 마찬가지다. 중국에서 기원한 한자를 공유하고 있기는 하지만, 너무 어렵고 불편했기 때문에 한국과 일본은 각각 '한글'과 '가나'라는 고유한 문자를 지니게 되었다. 각자의 독특한 문자를 바탕으로 고유의 문화와 전통을 발전시키는 가운데 오늘날에 이르게 된 것이다.

여기서 잠깐, 이번에는 한중일 3국 가운데 나머지 두 나라와는 유독 다른 독자적인 특징에 대해 소개하려고 한다. 먼저 사과 문화를 살펴보자. 한국이나 일본에서는 무릎을 꿇고 앉거나 무릎을 꿇고 앉아 두 손을 땅에 대고 머리를 앞으로 내미는 '도게자(土下座)'를 하면 어지간하면 용서한다. 그러나 중국에서는 그렇지 않다. 오히려 쉽게 사과하고 머리 숙이면 바로 목이 날아갈 수 있다.

보복 관념 또한 사뭇 다르다, 아니, 무척 다르다. 중국어 속담에 '우물에 돌 던진다(下井投石, 시아쩡 토우스)'는 말이 있다. 우물에 빠진 사람을 구해주기는커녕, 오히려 돌을 던진다는 의미이다. 중국의 위인 중 하나인 루쉰魯迅은 '물에 빠진 개는 때려야 한다(打落水狗, 따루어 쉐이꼬우)'는 말까지 했다. 물에 빠진 개를 두드려 패지 않으면 오히려 그 개에게 물릴 수 있다는 의미이다. 이로써 알 수 있듯이, 중국은 복수나 보복을 확실히 한다. 어지간하더라도 용서하지 않는다. 중국 역사를 보라. 함부로 용서했다가는 내가 당할 수도 있다는 와신상담의 또 다른 교훈을 볼 수 있지 않은가. 이런 면에서 중국은 참으로 살벌한 사회이기도 하다.

일본에도 이같은 독자적인 특징이 있다. 바로 '말을 하지 않는다'는 것이다. 일본에는 '말을 하지 않는 편이 하는 것보다 낫다(言わぬは言うに優る, 이와누와 이우니 마사루)'는 속담이 있다. 이들에게는 아무리 억울해도, 무슨 일이 일어나더라도 말하지 않는 경향이 강하다. 침묵이 가장 호소력 있는 설득인 것이다. 그러다 보니 일본에서는 변명을 하거나 핑계 대는 일이 좀처럼 없다. 잘못했어도 잘못하지 않았어도, 사과하거나 침묵한다. 길거리에서 자신의 잘못으로 사고가 나더라도 일단 큰소리치며 나오는 게 중국이다. 하지만 이런 모습은 일본에선 상상하기 힘들다.

한국에도 역시 이런 독자적인 문화가 있다. 바로 '공짜를 좋아하는 습성'이다. 이는 각국의 속담만 봐도 알 수 있다. 중국과 일본에는 각각 '세상에 공짜 점심이란 없다(世上没有免费的午餐, 스샹 메이요 미엔페이더 우찬)'라거나 '공짜보다 비싼 것은 없다(ただより高いのはない, 타다요리 다까이노와 나이)'라는 속담이 있지만 한국에서는 이와 대조적으로 '공짜라면 양잿물도 마신다'고 한다. 한중일을 오가며 겪은 오랜 경험에 비추어 부탁하건데 공짜에 대해서는 경계심을 가질 필요가 있다. 이는 매우 의미 있는(?) 제언이다.

우리가 지닌 독자적인 특징 하나를 더 언급하고자 한다. 바로 대단히 솔직담백하다는 것이다. 사실, 솔직한 것은 좋은 것이다. 그러나 경우에 따라서는 반드시 좋다고만은 하기 힘들다. 일본에는 '한 장의 종이에도 앞뒤가 있다(一枚の紙にも表裏あり, 이찌마이노 가미니모 효우리 아리)'라는 속담이 있다. 사람의 언행에는 겉과 다른 속이 있으니 조심해야 한다는 말이다. 우리는 한중일 3국 가운데 가장 솔직하고 직설적이다. 하지만 중일 양국 사람들은 그렇지 않다. 그래서 그들의 속내를 알기가 쉽지 않다. 오죽했으면 미국의 클린턴 대통령이 "일본인들이 'Yes'라고 하면 그건 'No'를 뜻한다"고 불평했겠는가! 중국인들은 일본인보다 더하면 더했지 절대 덜하지 않다. 속에 검은 구렁이가 얼마나 들어 있는지 모른다. 이들 앞에서 솔직담백하게 직설적인 우리의 의사와 의도를 내비친다면 과연 어떤 결과가 벌어질까. 한중 혹은 한일 비즈니스를 다양하게 중개한 바 있는 입장에서 다시 강조하고 싶다. 솔직한 것도 좋지만 상대가 누구인지, 때와 장소는 적절한지를 깊이 고려해야 한다.

근거 없는 열등감과 우월함에서 벗어나서

냉탕과 온탕을 두루 섭렵해봐야 각각의 참맛을 더 잘 알게 되는 법이다. 주로 일본과 관계해 온 사람들은 우리가 상대적으로 '덜 꼼꼼하고 덜 성숙하다'는, 말하자면 다소 열등하고 부정적인 인식을 갖는 경우가 적지 않은 것 같다. 반대로 주로 중국과 관계하는 사람들은 우리가 중국보다 '더 꼼꼼하고 성숙하다'는, 말하자면 다소 우월하고 긍정적으로 자아를 인식하는 경우가 적지 않다. 그러나 한민족의 더 나은 미래를 위해 우리의 사고와 세계관을 보다 넓히자고 제안하고 싶다. 한쪽에 치우치지 않고 중일 양국을 깊게 이해하고자 노력한다면 우리의 세계 역시 더 넓어지기 때문이다. 그러한 한민족의 후예들이 더 많이 늘어날수록 우리의 앞날 역시 밝아지는 것은 자명하다. 우리는 지정학적으로도 정신문화적으로도 중일 양국에 대한 접근과 활용이 전 세계에서 가장 유리한 국가가 아닌가? 양국의 속성을 깊게 파악하고 면밀히 활용해간다면, G2인 중국과 G3인 일본을 통해 우리의 미래는 더욱 밝아지리라 확신한다.

같은 가지에서 자라난
한국어· 중국어· 일본어

2018년 5월, 중국 최고의 명문대인 베이징 대학의 개교 120주년 기념 식장. 린젠화林建華 총장은 큰 수모를 당하게 되었다. 축사에서 중학생용 수준의 중국어 단어를 잘못 읽고 만 것이다. 그는 시진핑 주석의 '당대 청년은 홍곡鴻鵠(큰 기러니와 고니)의 뜻을 기리며 실천해나가는 사람으로…'라는 말을 인용하려 했다. 그런데 '홍곡鴻鵠(중국어로 홍후[hónghú])' 부분에서 그 발음을 잘 모르는 듯 잠시 주저하다가 이내 '홍호鴻浩(중국어로 홍하오[hónghào])'라고 발음했다. 뿐만 아니라 '많은 학생'이란 뜻의 '신신학자莘莘學子(중국어로 션션쉐즈[shēnshēnxuézǐ])'를 '근근학자斤斤學子(찐찐쉐즈[jīnjīnxuézǐ])'라고 잘못 발음하기도 했다. 이에 일부 네티즌들이 '글자도 모르는 총장'이란 뜻의 '백자교장白字校長'이라며 그와 베이징 대학을 비난하고 있다는 사실이 중국 사회에 빠르게 회자되었다.

나의 지인 중에는 4개 국어에 능통한 초엘리트 중국인 당료가 있다. 또한 '인간이 저렇게 머리가 좋을 수 있나!' 하며 감탄하게 만드는 대학 교수도 있다. 하지만 이들조차도 대화 도중 중국어, 즉 그들의 국어로 메모하다가 틀리거나 혹은 문자가 정확하게 생각나지 않아서 쩔쩔매는 경우가 많다. 이럴 때면 나는 "차제에 우리의 위대한 한글을 차용하여 사용하는 건 어떤가?"라며 괜히 콧대에 힘을 주기도 한다.

내가 재직했던 중국 상하이의 동화 대학에는 유학생만도 매년 150여 개국 5,000여 명에 이른다. 난 이들에게 '한중일 비교', '동북아 개론' 등의 과목을 가르쳤다. 학기 중에는 반드시 한중일 3개 국어의 개략에 대해서도 강의했는데, 이 시간이면 수강 학생들은 출신지와는 관계없이 중국어의 방대함과 일본어의 까다로운 문자 사용에 대해 고충을 토로했다.

참고로 동화 대학 국제학부 커리큘럼의 공용어는 영어이다. 전 세계에서 온 외국인 교수들과 영어로 수업하고 영어로 토론하고 리포트도 당연히 영어로 제출한다. 중국의 대학에서 영어로 강의하는 데는 다 이유가 있다. 그렇게 하지 않으면 안 되는 절체절명의 이유는 다름 아닌, 중국어가 너무 어려워 중국어로 이뤄지는 수업을 따라가지 못하는 외국인 유학생들이 적지 않기 때문이다. 이들에게 한국어는 단 24개의 문자만으로 이루어져 있다는 사실을 알려주면 정말이지 깜짝 놀란다.

설상가상의 언어 중국어[15]

영어가 전 세계에서 가장 널리 쓰이는 언어라면, 전 세계에서 가장 많이 쓰이는 언어는 중국어이다. 중국어란, 중국 대륙에서 기원한 중국 티베트어족 중국어파의 여러 방언군을 일컫는 말이다. 중국(홍콩, 마카오 포함), 대만, 싱가포르, 말레이시아 등 전 세계의 화교 공동체에서 사용하며, 중국이나 대만에서는 유일한 국가 공용어이고, 싱가포르에서는 네 개의 공용어 중 하나이다. UN의 6개 공용어에도 영어, 프랑스어, 스페인어, 러시아어, 아랍어와 함께 중국어가 속해 있다. 우리는 이를 중국어라고 하지만 실제 중국어 화자들은 중국어中國語라는 말을 쓰지 않고 말은 한어汉语, 글은 중문中文이라 부른다.

중국어의 창시자는 확실하지 않은 것 같다. 기원전 2600년 경 사관史官이었던 창힐蒼頡이라는 설도 있다. 하지만 그가 지었다 하더라도 현재 사용되고 있는 총 3만~5만 자에 이르는 중국어 한자 중에 극히 일부분인 몇 백 자일 것으로 추정된다. 나머지는 중국의 역사 흐름과 더불어 필요성이 대두될 때마다 그때그때 덧붙여지며 오늘에 이르게 되었다고 한다. 이러한 중국어에는 우리말처럼 24자로 깔끔하고 명료하게 이루어진 한글과 같은 기본 문자가 없다. 즉 문자 하나하나를 따로따로 외워야 한다. 게다가 획수는 '謝謝', '龍'처럼 얼마나 많고 또 복잡다단한지. 이를 모두 외워야 언어 사용이 가능하다. 원칙적으로는 3만~5만에 이르는 문자를 모두 다 외워야 한다. 과연 얼마나 많은 사람이 이 문자를 모두 외워 사용할 수 있을까? 우리 위대한 세종대왕께서 우리말을 만든 이유도 이 때문이다. 너무 많고 너무 어려우니 처음부터 쉽고 간단하게 만드시리라 작정하고 창제한 문자가 당시 28자에 불과한 한글인 것이다.

중국 정부 또한 이 문제를 해결하기 위해 1950년대에 약 3,500여 자를 상용한자로 지정했다. 또한 획수도 謝謝나 龍처럼, 원래의 어려운 정체자繁体字를 각각 '谢谢'와 '龙'과 같이 간단하게 줄이거나 변형시켜 현재의 간체자简体字로 만들었다. 하지만 그 3,500여 자의 상용한자를 외우는 것도 장난은 아니다. 그래서 1,800여 자의 한자를 상용한자 중의 상용한자로 지정했다. 이것만 외우면 서적 등을 참고할 때 92퍼센트 정도는 읽을 수 있다고 홍보하며 초중고 등의 교육기관에서 열심히 가르치고 있다. 하지만 베이징 대학 총장님도, 두뇌회전이 엄청나게 빠른 공산당 간부들도 틀리기 일쑤이다. 그래도 어찌할 방도가 없다. 결국은 외워야 한다. 더 많이 외운 만큼 언어 사용 폭이 넓어지며 고급스러운 언어 구사가 가능하게 된다. 이것이 중국어의 비밀 아닌 비밀이다. 이 정도면 대책 없는 언어라 할 만하지 않을까. 동의하지 못하다면 여기서 그 대책 없음에 대해 조금 더 들여다보자.

먼저 중국어의 문자 즉, 한자는 초기 학습 장벽이 너무나 높다. 획수가 너무 많고 비슷비슷한 글자가 많아 정확히 외우기가 쉽지 않기 때문이다. 외우기도 쉽지 않지만, 컴퓨터가 보급된 이후로는 직접 쓰기보다 대부분 컴퓨터 자판을 통해 입력하기 때문에 잊어버리기는 더 쉽게 되었다.

다음으로, 중국어 학습에는 '핀잉拼音, pinyin'이라는 아주 고얀 존재가 도사리고 있다. 중국어 발음을 영어 알파벳으로 표기하는 것이다. 가령 '중국中國'의 중국어 발음인 '쫑꾸어'를 영어 알파벳 'ZHONG GUO'

로 표기하는 식이다. 그런데 컴퓨터 등으로 중국어 문장을 쓸 때, 이 핑잉을 정확하게 외우지 못하면 그에 해당하는 중국어 문자를 바르게 입력할 수 없다. 즉 '쫑꾸어(中國)'를 'ZHONG GUO'로 정확히 기억하지 않고 'ZONG GUO'나 'ZHONG GO' 등과 같이 틀리게 외우고 입력하면 '中國'이라는 단어는 가까이 하기엔 너무 먼 단어가 되는 게다.

설상가상으로 중국어에는 성조声调, 즉 소리의 높낮이라는 것이 있어 학습자들의 목까지 아프게 한다. 중국어에는 네 종류 소리의 높낮이가 있다. 이 소리의 높낮이 즉, 성조에 따라 동일한 핑잉이라 해도 의미는 완전히 다르다. 예를 들면 동일한 'ma'라는 발음도 음의 높낮이에 따라 mā(1성), má(2성), mǎ(3성), mà(4성)로 나뉜다. 그 성조에 따라 의미도 '妈(mā, 엄마)', '麻(má, 참깨)', '马(mǎ, 말)', '骂(mà, 꾸짖다)'로 각각 달라진다. 이러한 고저가 있는 음의 언어에 익숙해지기 전까지는, 적지 않은 고생을 해야만 한다. 한마디로 고약한 언어라는 느낌을 지우기 쉽지 않다.

한편, 중국에는 '중국어가 많다'. 뚱딴지같은 소리지만 정말 그렇다. 먼저, 우리가 일반적으로 중국어라고 말하는 언어에는, 광활한 지역 각지에 속한 고유한 언어, 즉 방언이 있다. 이들 중국어 방언은 수백 수천 개에 이른다고 일컬어지는데 그중에는 북경 지역을 포괄하며 사용되는 방언인 보통화普通話(푸퉁화) 외에 상하이 지역을 중심으로 사용되는 방언인 오어吳語話(우화)나 호남 지역을 중심으로 사용되고 있는 상어湘語(샹어) 등을 포함한 7대 방언이 따로 있다. 이들 방언은, 동일한 한자라 해도 그 발음이 지역별로 완전히 다른 경우가 많다. 우리말로는 사투리, 방언이라 지칭하고 있지만 중국어의 지역별 발음은, 한 나라의 사투리라기보다는 외국어라고 해도 무방할 만큼 차이가 심하다. 또한 주류민족인 한족과 더불어 55개 민족마다 각각 자신들의 고유한 언어를 사용하고 있다. 설상가상으로 중국에는 이들 소수민족 언어, 즉 일종의 방언(사투리) 외에 또 다른 방언이 있다. 중국어는 '설상가상의 언어'라고 불려도 이상하지 않을 만큼 험난함이 줄을 잇는다. 이렇게 서로 소통하기 쉽지 않다 보니, 중국 정부는 다양한 소통책을 마련해왔다. 먼저 표준어를 마련했다. 중국의 모든 학교나 교육기관에서는 이 표준어를 교육시키고 사용하도록 하고 있다. 또한 모든 공공회의나 TV 등의 언론매체 인터뷰에서도 표준어를 사용하도록 하고 있고 공무원들의 진급시험 등에는 표준어 구사능력도 포함시키는 등 가급적 표준어를 바탕으로 전 중국이 소통할 수 있도록 독려하는 것이다.

같은 음과 훈을 다양한 문자와 발음으로 읽고 쓰는 일본어 [16]

언어학자들에 의하면, 일본어와 다른 언어들과의 파생 관계 등은 불분명하다고 한다. 그러나 일본어는 우리말과는 어떤 식으로든 적지 않은 관계를 지녀온 것으로 추정된다. 그래서 그런지 일본어는 조사나 어미를 사용하는 등 우리말과 문법체계가 매우 유사하다. 어순 또한 거의 동일하고 일본어 한자 발음 또한 우리말 발음과 매우 유사해 우리로서는 가장 쉽게 터득할 수 있는 외국어이다. 그렇다고 해서 겁 없이 얕잡아볼 수 있는 언어도 아니다.

일본어는 일본 열도에서 쓰이는 언어이자, 법으로 공용어를 정해두지 않은 일본의 실질적 공용어이다. 사용 인구는 약 1억 2500만 명 정도로 세계에서 아홉 번째로 사용자 수가 많다. 일본에는 중국과 마찬가지로 오키나와어를 비롯한 류큐어와 아이누어 등의 언어가 존재한다. 하지만 중국과는 달리 소수 언어들은 활발하게 사용되지 않는다. 원어민 수가 매우 적어 사라질 위험에 처한 '소멸위기 언어'이기 때문이다.

1868년 메이지 유신 이후 문자 교육과 초등 교육이 급속히 보급된 결과, 도쿄 방언에서 유래한 공통 문어가 확립되었다. 이런 일본어는 기본 92자로 이뤄진 문자인 히라가나와 가타카나, 그리고 한자(漢字, 일본어 발음, 간지)의 세 개 요소로 이뤄진다. 히라가나는 초서체 한자를 단순화하고 유형화하여 만든 것이고, 가타카나는 승려들의 다양한 속기 체계에서 발달했다. 현대 일본어에서 가타카나는 기계로 인쇄되는 전보 및 관공서나 회사의 회보, 또는 외래어·의성어 및 동식물 이름을 표기할 때 쓰인다. 일본어의 어휘는 대부분 고유 어휘어지만, 6~9세기에는 중국어가 언어 발전에 중요한 역할을 했다. 일본어 낱말의 대다수는 차용한 중국어 요소에서 파생했다. 한자는 원래 중국어를 표기하는 데 쓰였지만, 이후 중국어 낱말과 뜻이 비슷한 일본어 낱말을 상징하게 되었다. 이 과정에서 대부분의 한자는 모양과 획이 단순해지고 필기에 적합한 형태로 바뀌었다. 한자는 음독과 훈독의 두 가지 방법으로 읽는다. 아울러, 일본어에는 다섯 개의 모음(a, i, u, e, o)과 열다섯 개의 자음(p, t, k, b, d, g, ts(ch), s(sh), z(j), m, n, r, h, y, w)이 있다.

그런데 모음이 다섯 개로 적고 우리말의 격음이나 경음 등도 없다 보니, 일본어로 표기한 외국어나 일본인들의 외국어 발음은 듣기에 좀 그렇기도 하다. 가령, '아프리카'를 말하고자 할 때, 일본어에 ㅍ발음이

없어 ㅎ발음으로 대체하다 보니 '아흐리카ァフリカ'가 되고 만다. 우리 한 국어를 발음할 때도 마찬가지다. 가령 우리말의 이중모음이나 복합모음 그리고 대부분의 받침 발음이 없으므로 유사한 소리를 차용하게 된다. '김치'와 '서울' 등을 발음하려 할 경우, '김'의 받침 'ㅁ'에 해당하는 기능이 없고 또 '서'자의 모음 'ㅓ'에 해당 하는 발음이 없어 각각의 발음은 기무치ㅋムㅋ와 소우루ソウル가 되고 만다. 아침 인사 '굿 모닝'도 '구또 모닝グットモニング'. '맥도날드 햄버거'의 경우도 '마구도나르도 하므바가マクドナルド ハンバーガー'라는, 원어 발음과는 퍽 동떨어진 발음이 되고 만다.

일본어의 한자 또한 대책이 없기는 중국어와 마찬가지다. 한자 자체가 고약하게 어려운 탓도 있는 데다가 현대의 일본인들도 기본적으로 컴퓨터 등을 사용해 문서를 작성하고 있어 한자를 정확하게 쓰지 못하는 경우가 적지 않다.

다음으로 일본어에는 우리말이나 중국어 혹은 영어 등에는 존재하지 않는 적어도 두 개의 대사전이 있다. 다름 아닌, '인명읽기 대사전'과 '지명읽기 대사전'이다. 이들 사전이 무엇이냐 하면 그 이름에서도 알 수 있듯이 일본인들의 사람 이름 읽기와 일본의 지명 읽기에 관한 것이다. 일본인들의 이름을 읽는 것과 일본의 지명 읽기가 그만큼 쉽지 않은 게다. 이 사전들은 외국인을 위한 친절한 가이드가 아니다. 일본인 자신들이 다른 일본인의 이름이나 일본의 지명을 올바르게 읽기 위해 만든 사전이기 때문이다. 일본어 한자의 발음이 그만큼 많고 또 사람마다 지역마다 다르게 읽히므로 그에 대한 대책을 세울 수밖에 없었던 것이다. 예를 들면, 오사카 우메다 지역에 있는 '十三'라는 지역의 명칭을 보자. 일본어 한자 '十'에는 '쥬', '토', '싯' 등을 비롯한 몇 개의 발음이 있고 '三'이란 한자에도 '산', '미', '밋', '소' 등이 있다. 이 가운데 다른 곳이 아닌, 오사카 우메다 지역의 '十三'의 발음은 '쥬소'이다. '쥬산', '쥬미', '쥬밋' 혹은 '토산', '토미', '싯산', '싯밋' 등이 아니다. 다른 곳에서라면 이 중 하나가 될 수도 있겠지만 여하튼 그곳은 '쥬소'라는 발음으로 불린다. 도대체 동일한 한자를 사용한 인명과 지명이 왜 이렇게 다르게 불리는가? 사람마다 지역마다 멋대로 사용해왔기 때문이다. 그래서 이렇게 다른 발음으로 굳혀진 것이다. 이런 면에서 일본어 또한, 대책이 없기는 매한가지이다. 중국어보다 덜할 뿐이다.

누구보다 한국인에게 유리한 중국어와 일본어 학습

'땅덩어리 엄청나게 넓고 인구 또한 어마무시하게 많은[地大人多]' 중국은 바로 그 때문에 언어 사용 또한 복잡다단하고 애매모호하다. 우리처럼 단일화되고 통일되게 사용하는 명쾌함과 명료함이 없는 것이다. 중국어와 일본어를 공부하다 보면, 새삼 세종 대왕께 감사함을 느끼지 않을 수 없다.

이렇게 어려운 중국어와 일본어지만, 불행히도 '간단하게 포기해버리면 되지' 무시하기도 쉽지 않다. 오늘날 막강한 국력을 자랑하고 있는 G2와 G3 국가의 언어이기 때문이다. 이 두 나라와의 제반 교류나 비즈니스 관계 등을 강화하여 글로벌 사회로 승승장구해나가기 위해서는 이들 언어의 학습이 필수적이라 해도 과언은 아닐 것이다. 하지만 학습하기가 이렇게 어려워서야 어찌해야 한단 말인가!

중국의 시진핑 주석은 2018년 신년사에 "산을 만나면 길을 뚫고, 물을 만나면 다리를 놓아야 한다[逢山開路 遇水架橋, 펑산 카이루 위쉐 찌아치아오]"라고 말했다. 천만다행으로 중일 양국어는 유독 우리에게만은 정복하기 유리한 언어이다. 중국과 일본을 양옆에 두고 있기 때문이다. 이들을 지척에 두고 오랜 기간 다양한 접촉을 해오는 가운데 우리는 이들의 관습과 문화뿐만 아니라 언어에 대해서도 유사한 면을 적잖이 지니게 되었다. 그 결과, 전 세계에서 이들 언어를 학습하기에 선천적으로 가장 유리한 입장에 놓이게 되었다. 실제로 쓰기는커녕 그리기도 쉽지 않다는 양국 언어의 문자인 한자를, 우리는 어느 정도 공유하며 사용하고 있다. 그러다 보니, 양국의 언어를 실제로 학습한 적이 없는 사람들이라도 초중고교에서 배운 한자만으로도 어느 정도 해독하고 이해할 수 있다. 한중일 3국어의 한자 발음 또한 유사한 면이 적지 않아 중국어 및 일본어 발음의 비결을 어느 정도 익히게 되면 다른 발음 또한 어느 정도 유추가능하기도 하다.

개인적인 의견을 하나 보태자면 중국어 발음의 경우, 술 한잔한 뒤 혀가 어느 정도 기분 좋게 꼬인 상태에서 발음하면 더 잘 되는 것 같기도 하다. 예를 들면, 도서관에 해당하는 중국어 발음은 '투슈꽈안[图书馆]'이다. 음주하는 여러분들도 술이 거나한 상태라고 생각하고 한번 발음해보시라. 참 재밌지 않은가. 실제로 내 지인 중국인들 중에는, "교수님은 술 마시면 중국어 발음이 더 좋아져요!"라고 말하는 이들도 있다.

일본어 문법의 경우는 우리말 문법체계와 매우 유사하여 이 또한 우리에게 상당히 유리한 지점이다. 한자 단어들의 뜻 또한 우리말 한자의 뜻과 완전히 동일하거나 유사한 것이 많아 중국어나 일본어를 공부하는 제3의 외국인들이 우리를 부러워하기도 할 정도다. 그러므로 중국어와 일본어의 바다에 한번 풍덩 뛰어들어보는 건 어떨까? 열심히만 공부한다면, 영어 하나를 1년 동안 공부하는 것보다 양국어를 1년 동안 공부하는 것이 실제적인 구사 능력의 면에서 훨씬 뛰어나다는 것을 확인할 수 있게 될 것이다.

PART 3

한국이 주도하는
동북아 전환 시대의 논리

I

해보지 않은 것은 단지 해보지 않은 것일 뿐 못하는 것이 아니다.
이제부터라도 글로벌 세계에서 우리가 얼마나 축복받았고 또 유능한 존재였는지
그 세계에 나가 부딪혀봐야 한다.
'개도 밖에 나가 다녀야지만 막대기에라도 부딪힌다
[犬も歩けば棒に当る, 이누모 아루께바 보니 아따루]'는 일본의 속담처럼
일단 뛰쳐나가봐야 뜻밖의 행운과 기회도 붙잡을 수 있다.

남북중미일, 영원한 적도 없고 영원한 벗도 없다

북향민. '북한에 고향을 둔 사람들'을 줄여서 만든 말이다. 탈북자라는 용어가 내포하고 있는, 차별을 포함한 긍정적이지 않은 이미지를 불식시키기 위해 나오게 된 용어이다. 안타깝게도 대한민국은 차별이 심한 사회이다. 우리보다 경제적으로 다소 결핍한 국가에서 온 사람들과 우리보다 경제적으로 잘나가는 국가에서 온 사람들을 바라보는 시각이 결코 같지 않다. 서구 선진국 일부에서는 아직도 동양인에 대한 차별이 없지 않다. 이에 대해서는 강하게 비난하면서도 정작 우리는 자국 내에서 더한 차별과 홀대를 가하고 있다.

　대륙세력과 해양세력 사이에 낀 우리는 예로부터 외침을 적잖이 받아왔다. 그러다 보니 자연스럽게 뭉치는 경향이 강해졌다. 국난 국면을 맞아 뭉치지 않으면 모두가 힘들어지니 자연스럽게 단결하게 되는 것이다. 해외에 나가 살다 보면 1998년 금융 위기 때의 금 모으기 운동이나 2002년 한일 월드컵 경기 때의 엄청난 규모의 붉은 악마들, 그리고 2016년 광화문 광장에서의 촛불 집회 등이 얼마나 대단한 일인지를 쉽게 느끼게 된다. 이웃 양국은 물론 기타의 다른 나라에서는 상상하기도 쉽지 않은 단결력을 지니고 있는 것이다. 그러나 양이 있으면 음도 있는 법. 엄청난 단결력의 이면에는 타인에 대한 배타적인 자세도 존재한다. 이 또한 내부에 있는 우리 자신은 알기가 어렵다. 많은 외국인들이 우리의 이런 모습을 보며 안타깝게 여긴다. 남북으로 분단되었다고 같은 민족에 대해서도 이렇게 차별하고 홀대하는데 다른 나라, 다른 사람들에게는 얼마나 심할 것인가.

현재 국제사회에서는 우리의 K-POP이 대성황을 이루고 있다. 이러한 기세를 토대로 우리 대한민국이, 더 나아가 우리 한민족이, 김구 선생께서 말씀하신 '문화대국'으로 뻗어나가기 위해서라도 같은 민족뿐 아니라 다른 나라, 다른 민족도 함께 품고 나가는 자세가 필요하다. 한반도 문제를 우리가 주도적으로 이끌어가기 위해서도 다른 이들을 적군으로 돌리기보다는 아군으로 만들어야 한다.

북향민 3만 명. 자신의 의지와 무관하게 북에서 태어난 사람들. 어쩔 수 없이 소중한 고향을 떠나 타향살이 아닌 타향살이를 하고 있는 우리의 소중한 한민족. 필자는 우리 민족이 함께 노력하는 가운데 통일의 토대를 다져나가자는 취지의 가칭 '십이오(10.25)돌격대'를 만들었다. 최초 모임을 10월 25일에 가졌다는 의미에서 붙인 이름이다. 그 자리에 참가한 북향민들은 우리 민족이 다른 건 몰라도 우리말과 글을 함께 쓰는 민족으로 살아가기 위해 남북한이 더 긴밀히 협력해야 한다고 말한다. 그럼에도 정치권은 항상 서로 싸우고만 있으니 아아, 분열과 배척이 우리 한민족의 힘을 갉아 먹고 있는 이 현실이여.

칼자루는 우리 손에 있는가

국제사회는 거대한 역사의 전환기에 놓여 있다. 로마 제국 시대의 '팍스 로마나'가 스페인 이사벨Isabel 여왕의 '팍스 에스파니아'로 변했고, 그것이 19세기 영국의 전성시대인 '팍스 브리태니카'로 변했다가 다시 20세기 미국 주도의 '팍스 아메리카나'로 바뀌었다. 이렇게 변해온 미국의 시대가 지금 또 다시 흔들리고 있다. 안토니우 구테흐스Antonio Guterres 유엔 사무총장은 "미국의 시대는 쇠퇴하고 있다"고 공언하고 있으며 랜들 슈웰러Randall Schweller 미국 오하이오 주립대 교수는 트럼프 대통령의 '미국 제일주의'는 "쇠퇴하는 미국의 국력을 반영한 '현실'의 반증이다"라고 분석하고 있기도 하다. 이와 같은 '권력이동Power Shift'의 전환기에 우리는 어떻게 남북통일과 그를 기반으로 한 한민족의 생존과 번영을 추구해나가야 하는가?

한스 요아힘 모겐소Hans Joachim Morgenthau 교수의 《국가 간의 정치》에 의하면, 대륙세력과 해양세력의 중간에 위치한 한반도의 운명은 이들 강대 세력의 역학관계에 따라 크게 좌우될 것이다. 이른바 '강대국 결정론'이다. 이 시대의 석학 중의 석학이라 불리는 미국의 헨리 키신저Henry

Kissinger 박사 또한 북한 핵 문제의 해결책으로 미중 양국 사이의 '빅딜론'을 주장하는 등 강대국 결정론과 맥을 함께하고 있다. 이에 대해 문정인 교수는, "모겐소의 위 저서는 1948년에 출간된 것으로 당시와 현재의 국제 상황이나 크게 달라진 우리의 국력을 감안할 때 오늘날에는 유효하지 않다"고 반박한다. 나 또한 한반도의 운명이 강대국의 결정에 전적으로 예속되는 듯한 강대국 결정론에는 동의하지 않는다. 영향을 적잖이 받는 것은 맞지만, 영향의 정도 등은 중견강국으로 성장한 우리가 어떻게 하느냐에 따라 크게 좌우될 것이기 때문이다.

트럼프 대통령의 집권과 동시에 굳건했던 한미동맹도 '유리잔'과 같은 상황이 된 것은 부인할 수 없다.[1] 2018년 9월 출간된, 밥 우드워드 Bob Woodward 〈워싱턴포스트〉 부편집인의 저서 《공포—백악관의 트럼프》에 따르면, 트럼프 대통령은 문재인 대통령과의 전화통화에서 "당신들은 우리에게 바가지를 씌우고 있다You guys are ripping us off", "한미 자유무역협정(FTA)을 180일 후에 폐지하겠다"며 으름장을 놓았다고 한다. 그의 으름장에 놀란 문재인 대통령은 "안보와 경제는 얽혀 있는 문제"라며 설득하려 했다. 그러나 트럼프 대통령은 "사드 비용도 한국이 내야 한다"며 더 강하게 나왔다고 한다. 뿐만 아니라 북한에 대한 선제 타격, 주한 미군의 감축 혹은 철수, 주한 미군 가족의 철수령, 한·미 자유무역협정FTA 폐기, 한국에 배치된 사드의 철수 등과 같은 명령을 백악관 및 내각 등에 실제로 내렸다고 트럼프 정부 관계자들의 증언을 인용하며 전했다. 그러면서 저자는 "트럼프 대통령은 한국과 한국의 새로운 리더를 대수롭지 않게 여겼다"고 덧붙였다. 설상가상으로 트럼프 대통령은 그의 참모들에게 "우리가 왜 한국과 친구여야만 하는가?"라고 힐난하듯 물었다고도 한다. 이러한 언급이 과연 얼마나 사실인지는 알 수 없다. 하지만 확실한 한 가지는 트럼프 대통령의 언행 등을 고려할 때, 그에게 있어 한미동맹이나 한국 등의 존재감은 우리가 생각하는 비중보다 훨씬 떨어지는 것 같다는 것이다.

냉철히 생각해볼 때, 트럼프 대통령의 이러한 자세는 어쩌면 전혀 이상한 것이 아닐 수 있다. 그는 대한민국의 대통령이 아니라 미국의 대통령이다. 전 세계를 관장하다시피 하고 있는 미국의 입장에서 볼 때, 태평양을 사이에 두고 저 멀리 동북아시아의 맨 끝 한 구석에 자리하고 있는 한반도가 과연 얼마나 중요하게 여겨질까. 사실, 미국의 국가안보 및 국익이라는 관점에서 고려할 때, 한반도의 비중은 중국이나 러시아, EU나 미국과 국경을 맞대고 있는 캐나다와 멕시코 등보다는 더 떨어지는 것을 부인할 수 없다. 미국의 아시아 지역에 대한 국익 측면으로 국한해 보더라도, 미국에 있어 우리의 비중은, 우리가 긍정하건 부정하건 관계없이, 중국이나 일본, 인도 등보다도 떨어지는 게 사실이다. 1970년대 초의 닉슨–저우언라이 회담에서 '우리 미중 양국이 한반도에서 한민족 때문에 상호 간에 대립하거나 다툴 필요는 없다'고 합의했던 것은, 오늘날을 살아가는 우리가 다시 한번 가슴속 깊이 새겨둘 필요가 있다. 동서고금을 막론하고 자국의 국익추구만큼 중요한 것은 없는 것이다. 그럼에도 불구하고 중견강국으로 발돋움한 우리가 아직도 우리의 명운을 외국에 의존하려 하고 있다는 것은 크나큰 자가당착이다.

한 손으로 위태롭게 잡은 운전대

2018년 평창 겨울올림픽을 계기로 빠르게 진전된 남북문제나 북한 비핵화 관련 사안은, 미국을 비롯한 국제사회가 아닌 우리가 주도적으로 만들어낸 결과물이다. 당시 미국의 트럼프 대통령은 한반도 위기 상황을 대비하여 주한미군 가족의 소개령을 내리려 했고, 영국 정부도 자국민 구출 계획을 세워놓았다고 한다. 이처럼 외국인들은 언제든지 한반도를 떠나면 된다. 하지만 우리는 아니다. 한반도는 우리의 터전이 아닌가. 한반도에 대한 애정이 어떻게 다른 이들과 같을 수 있겠는가. 한반도의 안전과 평화에 대한 관심은 그 누구와도 비교할 수 없는 것이다. 이를 고려하더라도 한반도의 운명 즉, 우리의 운명은 우리가 결정해나가야 한다. 우리는 침략당하고 식민지배 당하며 동족상잔의 비극을 겪은 민족이다. 그 후유증으로 여전히 남북이 분단된 채 대립하고 있다. 하지만 이제부터라도 정신을 바짝 차리고 한반도와 우리 민족의 앞날을 우리 스스로 짊어지고 나가야 한다. 이제 우리의 운명은, 우리 스스로 주도하며 이끌어나가야 마땅하다.

이와 같은 맥락에서 나는 문재인 정부의 '한반도 운전자론'을 지지한다. 이를 토대로 한 외교 또한 아직까지는 잘 해오고 있다고 생각한다. 하지만 '한반도 운전자론'이 방법상 어느 정도 수정이 필요한 노선이라고도 여긴다. 운전을 할 때는 운전대를 양손으로 쥐고 하는 게 상식이다. 그래야 더 안전하고 효율적이다. 그런데 현재 한반도라는 자동차의 운전대는 여전히 미국이라는 한 손에 의지한 채 나아가고 있다. 이로 인해 남북이 노력해서 아무리 좋은 성과와 결실을 전망하게 된다

해도 그 결실은 '한계가 뚜렷한 성과'요, '부분적 성공'에 불과하게 된
다. 미국이 'No' 하면 끝이기 때문이다.

　현재 중국은 미중 대립에서의 열세를 극복하기 위해 안간힘을 쓰고
있다. 이를 위해 북한뿐 아니라 '숙적'으로 여기는 일본과의 관계 개선
에도 적극 나섰다. 중국의 이러한 움직임은 우리에게도 예외는 아니
다. 실제로 중국은 당초 2018년 9월 러시아에서 개최되는 동방경제포
럼에 문재인 대통령이 참가할 것으로 알고, 나에게 한중 정상회담을
통한 한중관계 강화에 대한 조언을 구하며 다양한 '선물'도 준비하려
했다. 우리 대통령의 불참으로 불발되었지만 말이다. 블라디미르 푸틴
러시아 대통령 역시 동아시아 지역 개발 등을 위해 우리와 더 긴밀하
게 협력하기를 원하고 있다. 이처럼 미국뿐만 아니라 다른 강대국들도
한반도 사안을 예의주시하고 있다. 미국은 동북아 역내에 그들의 영토
가 없지만, 다른 강대국들은 한반도 주변에 영토를 지니고 있어 한반
도 사안을 그만큼 더 중시할 수밖에 없는 입장이기도 하다. 이를 고려
하더라도, 우리는 한반도 운전대를 양손으로 안전하게 잘 잡아야 한
다. 미국이라는 오른손과 중국과 러시아라는 왼손으로 운전대를 보다
안전하게 부여잡은 뒤, 다양한 사고를 예방하는 가운데 동북아의 평화
와 번영으로 향하는 험산준령을 지혜롭고 안전하게 헤쳐나가야 하는
것이다.

국제사회에는 영원한 국익 추구만이 있을 뿐이다

"강한 파도가 강한 어부를 만듭니다. 우리는 아무것도 두려워 할 필요가 없습니다. 수천 년 동안 갖은 풍파를 이겨낸 늠름한 우리 한민족이기 때문입니다! 이러한 우리에게 현재 필요한 것은 '적확한 지략'과 '담대한 기개'입니다. 이를 토대로 더 늦기 전에 21세기 우리 한민족의 길을 우리 스스로 다져나가야 합니다! 우리가 저들이 아니고, 저들이 우리가 될 수 없음이 자명한데 언제까지 다른 이들의 손에 우리의 명운을 맡겨야 한다는 것입니까!"

이는 2017년, 중국에서 미중 정상회담을 접하며 필자가 강연을 위해 메모했던 글의 일부다. 당시 우리 정부는 미국에게 중국이 사드 제재 조치를 해제하도록 요청해줄 것을 '간절히' 원하고 있었다. 그러면서 미중 정상회담에 임하는 트럼프 대통령을 '구세주' 바라보듯 하고 있었다. 이에 대해 나는 처음부터 여러 방송 프로그램에 나가 '실현될 수 없는 허망한 기대'라고 말했다. 자신들의 현안만으로도 충분히 골치 아픈 두 나라이다. 게다가 글로벌 관점에서 두 나라가 평행선을 달리고 있는 더 크고 중요한 현안도 적지 않았다. 그런 상황에서 친절하게 우리 문제를 해결하기 위해 적극 나설 리가 만무했기 때문이다. 이러한 말을 하는 나를 바라보는 우리 사회의 곱지 못한 시선을 나는 잘 안다. 하지만 단 한 명이라도 '아닌 것은 아니다'며 나서야 할 것이 아닌가. 이뤄질 수 없는 헛된 기대 속에 우리 모두의 심신만 상하게 할 게 아니라, 차라리 그 시간에 무엇이라도 보다 더 현실적인 노력을 하도록 고언하는 사람도 있어야 하지 않겠는가 말이다. 결국 미중 회담의 결과는 '역시나'였다. 걱정 말라며 '엄지척'을 해보였던 트럼프 대통령은 사드 문제에 대해 언급조차 하지 않았다. 당연한 결과를 두고 허탈해하며 착잡해하던 우리 사회의 모습에서, 정글 속에서 헤매는 어린 사슴 한 마리가 오버랩 되었다. 언제나 그랬듯이….

국제사회에서는 영원한 적도, 영원한 벗도 없다. 다만 영원한 국익 추구만 있을 뿐이다. 영원불변한 대명제가 아닐 수 없다. 그럼에도 우리의 명운을 외세에 의탁하려는 안타까운 상황은 여전히 지속되고 있다. 이쯤 되면 피터팬 증후군일 수도 있다. 건장한 청년이 유소년의 사고에 사로잡혀 있는 격이다. 한반도 역사상 오늘날의 대한민국 시기가 가장 위험하다는 생각을 지울 수 없는 까닭이기도 하다. 더 늦기 전에 우리의 미래는 우리가 중심이 되어 그려가야 한다. '팍스 아메리카나'는 지금 새롭게 바뀌려 하고 있다. 하지만 중국 중심의 시대인 '팍스 시니카'는 중국의 전반적인 국력 등을 고려할 때 아직 시기상조이다. 한중일 3국이 선두가 되어 아시아가 시대를 이끌어 가는 '팍스 아시아나'의 시대가 먼저 도래할 것이라 예상되는 것이다. 이는 곧 중일 양국을 사이에 두고 이들을 중개하고 활용하기에 가장 유리한 우리 한민족의 역할이 그만큼 더 중요해질 수 있음을 의미하는 것이기도 하다. 이를 고려하더라도 우리는 이러한 시대의 흐름을 간파하고 이를 위한 준비에 박차를 가해야 한다. 우리가 가본 적도, 경험한 적도 없는 새로운 길이지만 반드시 가야 할 길이라는 것이 너무나 분명해졌다. 우리의 저력을 믿고 새롭게 다져나가자. 우리가 누구인가. 남달리 진취적이며 뚝심 있는 불굴의 '한반도 DNA'를 계승한 한민족의 후예가 아닌가!

북한사회에 대한
우리의 트라우마

2018년 10월, 평양에서는 2007년 10월 평양에서 개최된 남북 공동선
언 10주년을 기념하기 위한 행사가 개최되었다. 그 자리에 참가한 송
영길 의원을 비롯한 한국 측 방문단에 따르면, 북한 측은 한국 측 참가
자들에게 한국의 제반 사회 문제를 언급하며 그에 대한 해법도 조언했
다고 한다. 뿐만 아니라 한국 정치의 특징이라든가, 한국의 경제가 나
아갈 방향, 그 속에서 남북 관계가 어떤 식으로 전개되는 것이 좋을지
등 우리 사회 구석구석을 꼼꼼히 파악하고 대화했다는 것이다. 참가했
던 한국 정치인들에게 '한국은 여전히 우리 공화국에 대해 반세기 전의
잣대를 들이대 판단하는 것 같다'는 뼈 있는 농담을 던지기도 했다고

한다. 그야말로 북한사회의 엄청난 변화를 실감하게 하는 일화인 동시에 우리가 북한뿐 아니라 국제사회의 변화상에 얼마나 뒤쳐져 있는지를 여실히 보여주는 상징적인 예라 생각된다.

비단 북한뿐 아니라 우리사회가 지닌 폐쇄성과 편협함은 우리와 다른 사회와 종교에 그대로 적용된다. 이슬람 국가에서 돼지고기를 먹지 않는 것을 두고도 '그 맛있는 돼지를 먹지 않는다니 정말 이상한 사람들'이라며 문화적 특수성을 존중하지 않는 것이다. 하지만 돼지고기를 먹지 않는 이슬람 문화권의 인구만 해도 15억이 넘는다. 당장 비행기 타고 서너 시간만 날아가면 마주하는 동남아시아의 이슬람 국가에서도 돼지고기를 먹지 않는다. 우리보다 훨씬 더 많은 인구가 그렇게 하고 있음에도 도무지 수용하려 하지 않는 것이다.

나는 '원래'라는 표현을 '열린 사고의 적'이라 부른다. '저 사람들은 원래 저래', '나는 원래 이래왔어'라는 표현은 더 많은 것을 받아들이고 발전하는 동력을 갉아먹는 표현이다. 자기가 아는 세계로 사고를 한정한 채 새로운 세계를 거부하거나 수용하지 않으려는 자세이기 때문이다. 유감스럽게도 우리 민족은 유독 이 배타적 성향이 강하다. 우리보다 더 강한 나라들을 버텨내야 했기 때문이다. 하지만 21세기 글로벌 사회에서는 우리와 다른 것도, 이질적인 것도 더 많이 수용하고 이를 토대로 우리의 사고와 세계를 넓혀나가야 한다. 나를 계속해서 좁은 세상으로 옭아매는 '나는 원래', '말도 안 돼', '이상하네', '정말 웃기다'와 같은 '닫힌 사고'에서 벗어나, 보다 적극적이고 진취적인 자세로 경험하고 수용하는 '열린 사고'가 필요한 것이다.

닫힌 사회에서 열린 사회로

나는 2006년에 쓴 저서 《21세기 한중일 삼국지》에서 '벌떼 민족주의'라는 표현을 쓴 적이 있다. 10여 년이 지난 지금도 이 표현은, 여전히 유효한 것 같다. 큰 무리를 지어 단일대오로 뭉쳐 살아가는 벌떼들이 잘못된 지도자를 만나 잘못된 방향으로 가게 된다면 어떨까. 유난히 단결력이 강한 우리 민족 또한 지도자를 잘 만나야 생존과 번영을 지속할 수 있다. 그렇지 못한 경우, 불행했던 역사가 반복되지 말라는 보장은 없다. 그러나 다행히 21세기를 살아가는 오늘날의 한민족은 그 어느 때보다도 총명하고 유능하다.

한 가지 아쉬운 점은, 한반도 주변 4강과 우리를 비교할 때 유감스럽게도 우리가 가장 '닫힌 사회Closed Society'가 아닌가 하는 것이다. 한반도를 둘러싼 대륙 세력과 해양 세력에 비해 우리 국력이 비교 열세에 있는 탓에, 생존과 번영을 위한 일치단결에 방해가 될 수 있는 '남다른' 사고나 행동은 설 자리가 적었기 때문이다. 하지만 중견강국으로 성장한 오늘의 대한민국은 우리를 빈번히 침략했던 중국과 일본 등을 '짱깨'나 '쪽바리'라고 비하하며 경원시할 필요가 없다. 그보다는 오히려 적극적으로 다가가서 보다 속속들이 파악하고 주도면밀하게 대처해나갈 필요가 있다. 이를 위해서도 더 열린 사고로 한반도 주변국 및 글로벌 사회를 바라볼 필요가 있다.

우리는 중국을 어떤 시각으로 바라보고 있는가? 긍정적 측면보다는 부정적 측면을 위주로 바라보고 있음을 부정할 수 없을 것이다. 미국의 허드슨연구소 중국센터 마이클 필스버리Michael Pillsbury 소장은, 2015

년에 발간한 저서 《백년의 마라톤》를 통해 '중국은 민주주의를 따르게 될 것이다', '중국은 기반이 약해 한낱 무너지기 쉬운 힘에 불과하다'와 같은 미국의 가설이 잘못되었음을 지적한 바 있다. 그러면서 이와 같은 착오에 대해 "미국 역사상 가장 명백하고 위험한 정보의 실패"라며 자성을 촉구하기도 했다. 자국을 향한 "미국은 중국을 제대로 보고 있지 못하다"는 그의 경종은 중국을 바라보는 우리에게도 유효하다. 중국은 이미 낡고 고루한 과거의 허물에서 벗어나 새로운 모습으로 빠르게 탈바꿈하고 있다. 그런데 우리는 아직도 중국에 대해 부정적 인식 위주의 고정관념과 선입견, 편견에서 벗어나질 못하고 있으니 말이다. 중국에 대해 역지사지易地思之해보면, 중국이 우리에게 얼마나 유용할 수 있는지도 잘 알게 된다.

　일본을 바라보는 시각 또한 마찬가지다. 우리는 일본을 복잡한 심경으로 바라볼 수밖에 없다. 고대시기에는 백제 문화가 일본 열도로 전파되어 일본이 자랑하는 아스카 문화를 꽃피게 하는 등 형제관계에서 '형'과 같은 기분을 누릴 수 있었다. 하지만 이후 일본으로부터 빈번히 침략받고 또 식민지배 받으며 증오감이 생기게 되었다. 설상가상으로 현재의 일본 또한 우리보다 경제적으로 더 잘 나가는 가운데 못된 과거도 부정하며 도발을 일삼고 있다. 이 어찌 곱게 볼 수 있겠는가? 하지만 이런 것에만 집착하면 그것이 바로 닫힌 사고요, 그로 인해 우리의 발전은 더뎌지고 만다. 과거를 가지고 분노한다 한들, 현재와 미래라는 측면에서 좋을 것은 아무것도 없다. '미운 놈에게 떡 하나 더 준다'고 했다. 일본을 초정밀 레이저로 스캐닝하듯 면밀히 파악한 뒤 새롭게 다가가보는 건 어떨까. 과거는 잊지 말고 기억해야 마땅하다. 이제는 피해자의 아량으로 가해자인 일본을 역지사지해보자. 그러면 일본 정부의 행태가 사실은 지은 죄 값이 두려워 아등바등 거리고 있는 것임을 알 수 있을 것이다. 이를 한민족의 관대함으로 오히려 보듬어 보는 것이다. 이를 통해 도둑질한 놈이 오히려 성내는 식으로 잔뜩 움츠린 채 으르렁거리고 있는 저들에게 손내밀어보는 건 어떨까? 싫건 좋건 동북아에서 함께 살아가지 않으면 안 되는 망나니 같은 아우라고 생각하며 말이다.

북한은 우리의 생각보다 훨씬 더 변화했다

북한에는 두 개의 '당'이 존재한다고 한다. 하나는 북한의 집권 '노동당'이고 나머지 하나는 물건을 사고파는 '장마당'이다. 시간의 흐름과 더불어 노동당보다는 장마당의 힘이 점점 더 세지고 있다고 한다. 또한 자녀들에게 과목마다 과외 선생님을 붙여주는 가정도 늘고 있다고 한다. 그 부담이 이만저만이 아니라서 해외에 나가 막노동이라도 해서 돈을 벌지 않으면 안 된다는 것이다. 이런 저런 이유로 중국의 동북 지역은 이미 북한의 노동력이 없으면 공장이 돌아가지 않을 정도가 되었다. 그런데 이처럼 많은 북한의 노동자들이 해외에 나가 바깥세상을 보고 돌아간다는 것은, 북한의 일반인들도 그만큼 국제사회가 돌아가는 모습을 잘 알고 있음을 의미하는 것이다. 게다가 북한에는 현재 약 500만 대의 휴대폰이 사용되고 있다고 한다. 최근에는 고속버스도 생겨 사람들도 과거보다는 좀 더 자유롭게 이동할 수 있다고 한다. 이는 곧 북한 사회 전역이 과거보다는 훨씬 더 큰 폭으로 열리고 있음을 나타내는 것이 아닐 수 없다.

실제로, 2018년 평양에서 개최된 남북정상회담의 특별수행원으로 북한을 방문하고 돌아온 박원순 서울시장은 "북한은 우리가 생각하는 것보다 훨씬 더 많이 변화하고 있다"고 했다. 그에 앞서 김정은 북한 국무위원장이 "서울 방문 때 태극기부대가 반대하는 것 등은 있을 수 있는 거 아닙니까?"라며 보인 여유로운 반응에서도 알 수 있듯이, 북한의 고위급 인사들 또한 우리 한국의 주요 뉴스와 사회 문제 등에 대해 소상히 파악하고 있는 것 같다. 이들은 상대에 대해 적확하게 파악한 뒤 그에 맞게 대처하고 있는 것이다. 누가 보더라도 북한이 우리보다 더 '닫힌 사회'가 아니던가. 우리는 아직도 20세기 냉전시기에서 기인한 선입견과 고정관념의 틀에서 벗어나지 못하고 있다. 이런 우리를 과연 얼마나 '열린 사회'라 할 수 있겠는가? 어떤 면에서 우리는 '고인 사회'라 해도 과언은 아닐 듯하다. 고인 물은 썩기 마련이다. 닫힌 사회 북한도 열리려 하고 있다. 그런데 열린 사회여야 할 한국은 고인채 썩어가고 있다. 이래가지고서야 대북 전략을 비롯한 대중 및 대일 전략이 과연 얼마나 제대로 기능할 것인가.

'무한한 변화 vs 유한한 인식.' 이 또한 내가 《21세기 한중일 삼국지》에서 사용한 글귀이다. 이 역시 오늘날의 우리 사회에 아직도 유효한 것 같다. 국제사회는 무한하게 변화하고 있는데, 우리의 인식은 아직도 유한하기만 한 것 같기 때문이다. 과거에 대한 고정관념과 선입견, 편견 속에서 제대로 된 외교나 교류 혹은 비즈니스가 가능할 것인가. 상대는 우리를 꿰뚫고 있는데 우리는 과거 타령만 하고 있으니 이 어찌 위기의식이 느껴지지 않을 수 있겠는가?《손자병법》에도 이르기를, "전승불복 응형무궁戰勝不復 應形無窮"이라 했다. "전쟁에서 승리는 반복되지 않으니 변화에 유연하게 대응하라"는 것이다. 오호 통재라, 오호 애재라, 그야말로 '각주구검刻舟求劍'이 아닐 수 없다.

우리가 지금보다 더 열린 사회로 가기 위해서는, '제대로 된 지피知彼'와 '제대로 된 지기知己'가 필요하다. 나는 '지피지기 백전백승'이라는 격언에 일부러 '제대로 된'이라는 표현을 덧붙여 강조하고 싶다. 과거의 중국도 중국이고 오늘날의 중국도 중국이다. 그 가운데 어느 시절의 어떤 중국을 바라봐야 할지가 명확해야 한다. 다시 말해 21세기의 대한민국이 주로 상대해야 할 중국은, 과거 우리를 침략했던 당나라나 수나라의 제국주의 중국이 아니다. 또한 청나라 이후 쇠퇴하며 이후 100여 년 동안 암흑기에 놓여 있었던 그 중국도 아니다. 오늘날 우리 옆에 있는 중국은, 강성하게 부상하고 있는 나라이다. 하지만 그 이면을 보면 아직도 가야 할 길이 너무나도 멀고도 험난한 대국병을 앓고 있는 나라이다. 어떤 미래가 펼쳐질지 알 수 없는 질풍노도의 사춘기와 같은 나라인 것이다. 우리는 이러한 21세기의 중국을 상대해야 하기에, 다른 중국이 아닌, 바로 이 중국에 대해 제대로 지피해야 한다.

아울러 '제대로 된' 지기의 입장에서 '제대로' 지피해야 한다. 20세기 과거와 같이 형편없기만 했던 약소국이 아닌 21세기 중견강국으로 부상한 대한민국이라는 오늘날 현재의 입장에서 제대로 대응해야 한다는 게다. 그럴 때만이 비로소, 한반도 관련국들과의 제대로 된 원원전략을 수립하고 전개할 수 있다. 이를 토대로 상대방에 맞는 전략을 도출하고 추진해나간다면, 전 세계인에 제대로 인정받는 대한민국도 머

나먼 미래의 일만은 아닐 것이다.

한국전쟁 당시, 미국의 아이젠하워Dwight Eisenhower 대통령은 휴전 협정을 위해 2년간 무려 160여 번에 걸친 회담을 가졌다. 몇 번이고 포기하고 싶었고 또 치미는 분노로 인해 회담이고 뭐고 차라리 무력으로 끝까지 밀어붙일까 하는 번민도 적지 않았다고 한다. 하지만 지난한 과정을 잘 겪어낸 결과 1953년, 드디어 휴전 협정을 이끌어냈다. 이 과정에서 'Go to Korea!'란 말이 생겼다. 그 뜻은, 다름 아닌, '난제를 정면 돌파하다!'라는 뜻이다. 바로 우리가 그 'Korea'이다. 강자들 사이에서 반만 년 유구한 문화와 전통을 꿋꿋하게 계승해온 우리이다. 이제 우리의 시야를 시시각각 '업데이트'하고 '업그레이드'할 때이다.

북한을 보다 더 제대로 바라보기 위한 제언[2]

현재, 북한 관련 우리의 인식 수준은 대단히 심각하다. 한동안 다양한 출신의 북향민들을 만나면 "현재의 북한에 대해 우리 사회가 주로 무엇을 어떻게 잘못 알고 있는가?"라고 묻곤 했다. 그러면 대부분 "잘못 아는 수준이 아니다. 너무 모르기 때문에 그저 기가 막힐 뿐이다"는 식의 대답만 돌아왔다. 북한의 악명 높은 '아오지 탄광' 부근에서 살다가 탈북한 30대 초의 북향민은, "아오지 탄광이 그런 곳이었는지 한국에 와서 처음 알았다"고 했다. 20세기 중반, 잠시 정치범 수용소 역할을 했었던 것 같지만, 자신이 그 근처에 살 때는 직장으로서 인기가 높았다고 했다. 다른 곳에 비해 처우 수준이 좋아서 서로 들어가려 할 정도였다는 것이다. 또한 북한 인민군 출신에게 "인민군은 10년 동안 복무하므로 그야말로 싸움의 신과도 같겠다" 하고 질문했다. 그랬더니 어이없다는 웃음을 지으며 "현재 북한 인민군은 사실상 군인이 아니라 노동자이다. 경제난으로 인해 기름도 없어 탱크나 기갑차는 물론이고 총을 쏠 일도 없이 허구한 날 동원 나가 삽질이나 하면서 빈둥빈둥 시간 때우는 게 주요 일과다. 이걸 어떻게 군인이라 할 수 있겠는가?"라고 대답했다. 그러면서 북향민들은 거의 한결같이 "한국 사회는 지금의 북한을 몰라도 너무 모른다. 아직도 옛날 6·25때 싸웠던 생각에 사로잡혀 두려워하거나, 막연하게 북한은 공산 사회주의라는 것 때문에 무서워하고 있다. 그것이 문제"라고 했다.

북향민들과 만나보니 북한 주민들 사이에서는, 사실상 주체사상이나 사회주의니 하는 이념 등은 이미 사라진 것 같다. 남아 있는 것이라고는 독재와 세습뿐이다. 그런데도 사람들이 주체사상 운운하는 것은 공포 때문이다. 살기 위해 지배층이 원하는 대로 해주고 있다는 게다. 그런데도 우리 사회에는 그 이념이란 것이 아직도 시뻘겋게 살아 있다. 북한을 둘러싼 '이념 논쟁'이 너무 극렬하다. 아주 그냥 사생결단식이다. 그러다 보니, 우스운 일도 벌어진다. 북향민들이 맨 처음 우리 사회에 오면, 20세기 이념 대결에 한참 열을 올리던 북한의 '옛 모습'이 떠오른다는 것이다.

"한국은 트라우마가 움직이는 사회이다." 눈매가 또렷한 북향민 청년의 말이다. 그는

"한국 사회는 전쟁을 치른 북한에 대한 두려움과 공산사회주의와의 대립 등에서 비롯된 강한 공포의 트라우마를 극복하지 못하고 있다. 그래서 여전히 '이념 대립'이 먹히고 있다"고 분석한다. 북한에 대한 '과한 공포'가 한국 사회를 이념 대립 속에서 빠져 나오지 못하게 하고 있다는 것이다. 그럼 어떻게 해야 우리 사회가 '저 지긋지긋한' 이념 대립에서 벗어날 수 있을까?

우리는 아무래도 '오늘날 북한의 실체'에 대해 너무 모르는 것 같다. 그러다 보니, 옛날을 떠올리며 북한의 공포에 대해 과대평가하는 사람들이 적지 않다. 북한에 대한 공포가 짓누르고 있는 탓에 경제나 사회, 문화 등의 제반 국면에서 훨씬 더 나은 상태에 있는 우리가 북한에 대해 쩔쩔매는 것이다. 이런 이들에게는 북한의 공포를 과소평가하는 게 위험하다고 여겨질 것이다. 그래서 북한을 둘러싸고 이념 대립하며 한반도 주변 4강을 앞에 두고 아군끼리 '자중지란(自中之亂)'도 불사하는 것이다.

이런 안타까운 모습을 해결하기 위해서는 아예 북한의 실체를 있는 그대로 보여주는 것도 좋을 것이다. 다시 말해, 북한에 대해 빗장을 열어 제치는 것이다. 예를 들면, SNS 등을 통해 북한에 언제든지 다가갈 수 있도록 한다. 이를 통해, 있는 그대로의 북한의 모습을 스스로 파악하게 하자. 그리 되면, 현재의 북한은 전쟁할 힘도 없고 사회주의니 주체 사상이니 하는 이념 등에도 관심이 없음을 알게 될 것이다. 이런 식으로 실체를 알아가게 되면, 북한을 둘러싼 이념 대립 등도 자연스럽게 소멸되어 갈 것이다. 물론, 월북자들도 더러 나올 것이다. 하지만, 구더기 무서워 장을 담지 않을 순 없다. 북향민들의 말마따나 '제대로 알게 되면, 제 정신이 있고서야 과연 어느 누가 월북하겠는가? 실체를 알고 나서도 소위 '친북'하거나 '종북'하는 자들이 있다면 그게 어디 온전한 사람이라 하겠는가?'

그러니 북한을 좀 더 자유롭게 접하고 토론하며 논의할 수 있도록 SNS라도 개방해주자. 남북이 체제 대결을 하던 그런 시기도 이미 끝난 마당에 아직도 빗장을 걸어 잠글 필요가 있겠는가? 사실, 북한에 대해 제대로 접하고 올바르게 파악할 기회를 막은 상태에서 북한에 대해 제대로 파악하고 대처하길 바라는 것은 무리일 수 있다. 하지만 우리는 민주주의 열린 사회가 아닌가? 그러므로 북한에 대한 빗장을 열어 제치는 것이다. 이를 통해 북한에 대한 트라우마를 극복해 감과 동시에 우리 사회의 암적 요소와도 같은 이념 대립도 줄여나가도록 하자.

한국인이 유독 중국 창업에
유리한 이유

중국 산동성 칭다오에는 전 세계 백색 가전기업 1위인 하이얼海尔그룹의 본사가 있다. 이곳에는 전 세계 각국 수많은 기업과 정부관계자들의 방문이 끊이질 않는다. 하지만 협력 및 제휴를 원하는 동일한 아이템을 가지고 이곳을 세 번 이상 찾는 기업은 드물다고 한다. 자신들에게 별로 도움이 되지 않는다 싶으면 더 이상 오지 못하도록 거절하기 때문이다. 그런데 2018년 8월의 어느 날, 이곳 1층에 있는 귀빈 회의실에는 50여 명의 사람들이 모인 가운데 한중 합작 기념행사가 개최되었다. 한국의 한 친환경기업이 '헥사스톤HEXASTONE'이라는 신소재를 개발했는데 이 제품이 콧대 높은 하이얼 그룹의 마음을 사로잡았던 것이다. 하이얼 그룹의 최고위 경영자도 참석할 정도였다. 그는 인사말에서 신소재 헥사스톤과 이를 개발한 한국기업에 대한 찬사를 아끼지 않았다. 그러면서 "우리 하이얼 그룹의 매출 규모가 전 세계 최대이므로 우리와의 협력은 다른 어느 가전 기업과의 협력보다도 훨씬 좋을 것이다. 이제 귀사와 우리는 피를 나눈 형제와도 같다"라며 동종 기업인 한국의 S전자와 L전자를 견제하기도 했다. 이로써 한국의 이 회사는, 하이얼의 전 세계 네트워크를 통해 글로벌 시장 구석구석까지 손쉽게 뻗어나갈 수 있게 되었다. 한국의 다른 기업들에게 중국기업 활용을 통한 중국 시장 및 글로벌 시장 진출이라는 또 하나의 멋진 벤치마킹의 사례가 된 것이다.

2000년대 초반, 처음 중국으로 갔을 때 화장을 한 중국 여성들은 그리 많지 않았다. 특히 대학을 다니는 여대생들 가운데 화장을 한 학생들은 거의 찾아보기 힘들었다. 의상이나 헤어스타일 또한 마찬가지였다. '중국의 젊은 세대들은 외모를 가꾸는 데는 관심이 없는 건가?'라며 의아해할 정도였다. 그들의 모습은 80년대 내 대학시절의 모습을 연상시키기에 충분했던 것이다. 비단 젊은 세대들의 모습뿐만은 아니었다. 이후로 십수 년을 지속한 중국 생활의 여기저기에서는, 마치 타임머신을 타고 과거의 우리 속으로 돌아간 듯한 느낌이 들게 하는 모습이 적지 않았다. 나로 하여금 중국에 대해 더 정감을 느끼게 했던 이면에는 바로 이런 이유도 있었을지 모른다. 그 속에서 가끔씩 중국의 가까운 앞날을 예측할 수 있게 되었다. 노스트라다무스는 중국에 대해 어떤 예언을 해서 얼마나 적중시켰는지는 모르겠다. 하지만 나는 우리의 한 화장품 회사에 중국 여성이 어느 때부터 어떤 식으로 화장을 하게 될 것 같다고 일러줘서 대박을 이루는 데 일조했다. 또한 우리의 한 식품 회사에게도 중국인들이 어떤 제품을 대략 어느 때부터 찾게 될지 귀띔했고 이 역시 적중했다. 이런 식으로 '우스트라다무스'의 중국 예언은, '신들린 우 교수'라는 별칭도 지닐 만큼 꽤 영험하다는 소리도 듣게 되었다. 우리의 현재를 통해 예측할 수 있는 중국의 미래를 잘 활용하면, 중국 비즈니스에도 그만큼 도움이 될 것이다.

'중국 시장 맑음'이라는 시그널

중국은 과거 2,000여 년 동안 거의 항상 세계 GDP의 20퍼센트 이상을 차지해온 세계 최대의 경제대국이다. 영국 옥스퍼드 대학의 앵거스 메디슨Angus Maddison 교수는 유럽에서 산업혁명이 절정에 달했던 1820년대에도 중국의 GDP는 세계 33퍼센트 정도였다고 추정했다. 1840년의 아편전쟁 이전 시기부터 1978년 덩샤오핑의 개혁개방에 이르기까지 약 150년간의 정체기가 있었고, 이 시기를 중국인들은 '수모의 세기'라고 부른다. 이런 시기도 있었지만, 이후 중국은 다시 거침없이 성장하며 오늘에 이르고 있다.[3] 《메가트렌드 차이나》, 《힘의 이동》이라는 저서로 잘 알려진 미래학자 존 나이스비트John Naisbitt는 "서구의 패권주의는 종식될 것이며 세계경제 성장의 견인차 구실은 중국이 할 것이다. 그러므로 한국은 중국이라는 용과 싸우려 하지 말고 중국과 함께 가야 한다"고 조언했다.[4]

중국은 하나하나 뜯어보면 뜯어볼수록 우리에겐 기회의 측면이 훨씬 많은 나라이다. 예를 들면 중국은 아직도 짝퉁 천국, 불량식품 대국의 오명에서 자유롭지 못하다. 이에 대해 우리는 손가락질하고 비난하기에 여념이 없다. 한번 냉정히 생각해보자. 우리가 중국에 대해 손가락질하고 비난한다고 해서 과연 중국이 바뀔까? 아니다. 중국은 쉽게 바뀌지 않는다. 그럼에도 불구하고 계속 부정적 시선으로 바라보고 비난한들 과연 우리에게 무엇이 도움이 될까? 그럴 바엔 차라리 중국의 부정적인 측면을 오히려 우리의 기회로 인식하며 다각적으로 활용해 나가는 것이다.

예를 들면, 중국에는 아직도 짝퉁이나 불량식품을 만들 뿐 아니라 눈 가리고 아웅하는 격의 속임수 등을 아무렇지도 않게 하는 중국 기업이 적지 않은 게 현실이다. 그러다 보니 중국 소비자들은 외국 제품을 더 선호하게 된다. 우리 제품 또한 중국인들에게 그만큼 더 쉽게 다가가게 된다. 특히 화장품이나 식료품, 의류제품 등과 같은 일상 소비 제품의 경우, 유교라는 중국 사회의 근원 문화를 공유하고 있고 또 바로 옆에 위치한 이웃 나라이기 때문에, 중국 소비자들 입장에서는 아무래도 더 친근감 있게 여겨진다. 특히, 가족이나 친족들과 같이 매우 소중한 사람들이 소비할 제품의 경우에는 우리 제품을 찾는 경우가 더 눈에 띈다. 이 가운데 신선도가 관건인 다양한 신선식품류는 서구 선진국 제품보다 우리 제품을 훨씬 더 많이 찾는다. 바로 옆에서 짧은 시간에 수입하는 것과 저 멀리서 오랜 시간이 걸려 수입해오는 것 사이에는 신선도가 그만큼 차이날 수밖에 없기 때문이다. 이처럼 중국에서 터져나오는 중국 제품에 대한 부정적 뉴스는 곧, 우리 제품에 대해 '중국 시장 맑음!' 혹은 '중국 시장은 여전히 한국 기업과 제품을 환영합니다!'라는 긍정적 시그널이기도 한 것이다. 그러므로 중국에서 중국 제품에 대한 이미지가 개선되기 전에 우리는 이 기회 또한 적극 활용해야 한다. 더욱 많은 우리 제품이 중국인들의 일상 속으로 깊이 들어가게 되면, 중차대한 부정적 변수가 발생하지 않는 한 계속해서 우리 제품을 쓰게 될 것이다. 그렇게 되도록 중국 제품의 부정적 이미지를 적극 활용할 필요가 있는 것이다.

중국의 부족함을 기회로 삼는 발상의 전환

아울러 현재 중국 기업들이 전 세계에서 잘 나간다고는 하지만 아직도 전반적으로는 기술 수준이 최고라 할 수 없다. 선진적 외국 기업들과의 제휴 및 협력 등이 필요할 수밖에 없다. 이로 인해 그동안 미일 양국 기업들과도 다각적인 협력관계를 지녀왔다. 하지만 미일 양국의 중국에 대한 견제가 강화될수록 중국에서는 이른바 '애국 소비' 현상이 강화되어왔다. 기술력이 떨어지는 중국 기업의 입장에서 볼 때, '우리는 너희 미일 양국 기업에게 많은 비용을 지불하며 기술 제휴를 하고 또 중국 시장 진출도 협력해왔는데 너희는 왜 우리 중국을 점점 더 심하게 괴롭히기만 하는가? 그렇다면 우리도 너희와 더 이상 협력할 수 없다'는 노선을 견지하게 되는 것이다. 바로 이러한 상황 또한 중국에서 우리 기업이 더 잘 나가는 또 다른 요인이기도 하다.

이와 관련해 한 중국 기업의 애니메이션 제작 프로젝트를 예로 들 수 있다. 중국에는 중국인들이라면 모두 알고 좋아하는 '호로형제'라는 전래동화가 있다. 우리나라의 심청전이나 콩쥐팥쥐전 같은 독보적인 중국의 '국민 전래동화'라 할 것이다. 이에 대해 법적 소유권을 쥔 중국 기업이 이를 가지고 최첨단 기법에 의한 TV용과 극장용 애니메이션 등을 제작하기로 했다. 일차적으로 TV용 만화영화 제작비용만 우리 돈으로 수백억 원이 투입되는 거대 프로젝트였다. 그런데 중국의 애니메이션 제작 기법은 아직 최첨단이라 할 수 없는 상황. 이에 그 기업은 미국의 디즈니 애니메이션 회사와 협력하여 그들에게 제작을 맡기려 했다. 그러던 찰나에 나를 만나게 된 것이다. 이에 나는 우리의 '뽀로로'를 들고 나섰다. '뽀로로' 제작 기술 또한 전 세계에서 최첨단을 달리고 있다. 결코 디즈니에 뒤지지 않는다. 게다가 디즈니는 미국 기업이 아닌가. 그 미국이 지금 중국에게 어떻게 하고 있는지 모르는가'라는 식으로 그들을 설득하기 시작했다. 이후에도 몇 번에 걸쳐 집요하리만큼 '작업'하고 또 작업했다. 그 결과는? 우리의 자랑스런 뽀로로 기술은, 2021년 경 중국 TV를 통해 중국 사람들을 온통 매료시킬 것이라 확신한다. 이 글을 쓰면서도 또 다시 가슴이 벅차오르며 눈가가 뜨거워진다.

이처럼, 중국 기업과 중국 제품에 대한 부정적 이미지는 우리 기업과 제품에는 오히려 좋은 기회일 수 있다. 그런데 우리는 이러한 호기를 얼마나 제대로 활용하고 있는가? 중국은 우리를 원한다고 시그널을 보내오고 있는데 우리는 그것조차 알아차리지 못하고 오히려 손가락질하고 비웃고 있다. 이런 내막을 알고 있는 입장에서 얼마나 안타까운지 모른다. 현재 우리의 경제 상황은 좋지 않다. 하지만 경기가 나쁘다고 고개만 떨굴 일이 아니다. 전 세계가 뛰어들고 있는 거대한 중국

시장에 우리만의 호기를 보다 잘 활용할 수 있도록 스마트하게 다가갈 필요가 있는 것이다.

공자는 '셋이 가면 그중에는 반드시 나의 스승이 될 만한 사람이 있다三人行 必有我師焉'라고 했다. 나는 이를, '셋이 가면 셋 모두, 다섯이 가면 다섯 모두 나의 스승이 될 수 있다'고 바꿔 말한다. 정면교사의 측면이건, 반면교사의 측면이건 스스로 배우고자 한다면 모든 사람이 다 스승이 될 수 있기 때문이다. 중국이 지닌 안타까운 모습들 또한 마찬가지다. 생각하기에 따라서는, '그렇게 부족하기 때문에 우리에게 유리하거나 도움이 되는 부분' 등도 적지 않기 때문이다. 한 예를 들면, 중국은 사회주의 및 중국 공산당의 집권을 정당화하기 위한 획일화된 사상교육을 하고 있다. 이는 창의력 등이 중요한 현재와 같은 글로벌 경쟁 시대에는 적잖이 불리할 수밖에 없다. 그러다 보니 중국 정부는 '한중 청년 공동창업' 등의 형식으로 중국 청년들의 부족한 창의력을 우리 청년들과 더불어 보완해나가도록 우리에게 다양한 '메리트'를 주며 다가오기도 한다. 우리 청년들의 중국 창업이 타국 청년들보다 그만큼 더 유리한 이유이기도 한 것이다.

이처럼 중국의 획일적 사상교육으로 인해 우리는 뜻하지 않은 '덕'을 보고 있기도 하다. 이를 고려하더라도, 우리는 '발상의 전환'을 통해 중국의 부정적 측면 또한 우리를 위한 호기로써 다각적으로 활용해나가야 하는 것이다.

글로벌 시장 진출을 위한 요긴한 앞마당

'두 호랑이가 싸우면 한 마리는 반드시 다치게 되어 있다[二虎相斗, 必有一伤, 얼후 샹또 삐요이샹]'. 이는 현재, 미국을 바라보는 중국의 기본 시각이다. 이로 인해 중국은 '바람에 흔들리는 버드나무[風に柳, 가제니 야나기] 전략' 즉, 적절히 응대하여 거스르지 않는다는 전략으로 대처하고 있다. 그러면서 내재적으로 힘을 키우고 있다. 중국은 일본에 대해서는 '족제비가 닭에게 새해 인사하듯[黄鼠狼给鸡拜年, 황수랑 께이 찌 빠이니엔]' 바라보고 있다. 일본이 하는 대부분의 행위가 '불순한 의도'에서 비롯되어 전혀 신뢰할 수 없다는 것이다. 중국은 미중 양국에 대해 이 정도로 적대적으로 경계하고 있다.

아직도 우리나라 사람들의 상당수가 중국에 대해 뿌리 깊은 우려의 감정을 가지고 있다. 한반도는 중국으로부터 천 번 정도 침략받은 아픈 역사도 지니고 있어 더 그렇다. 이를 고려할 때, 이런 우려는 충분히 있을 수 있다. 하지만 21세기를 살아가는 우리로서는 수백 년 전 과거와 같은 전면적 군사 충돌을 떠올리며 과도하게 경계할 필요는 없다. 우리가 살고 있는 21세기는 과거와 매우 다르게 바뀌었기 때문이다.

물론, 한중 양국은 지리적으로 이웃 나라라는 사실에는 변함이 없다. 게다가 중국의 종합국력이 우리보다 훨씬 강하다는 것도 변함이 없다. 하지만 과거와 달라진 중요한 한 가지는, 21세기 현재는 '최첨단 무기'의 시대라는 점이다. 우리는 비록 핵무기를 갖고 있지 않지만, 한중 양국이, 최악의 경우 군사적 전면 충돌을 하더라도 우리가 일방적으로 당하지는 않을 것이다. 과거에는 100만 대군 200만 대군이 칼과 활 그리고 창이라는 '재래식 무기'를 들고 직접 쳐들어왔다. 이에 대해 우리는 10만 혹은 20만으로 대적하기가 쉽지 않았다. 그야말로 중과부적이었다. 하지만 현재는 군사 수가 그렇게 중요한 시대는 아니다. 우리도 최첨단 미사일이나 로켓 등으로 주요 대도시가 밀집돼 있는 중국의 동부지역을 반격하여 엄청난 피해를 입힐 수 있기 때문이다. 기원전 3세기 그리스 북부 에피루스의 왕 피로스는 로마와의 전쟁에서 여러 번 승리했지만 자신들의 희생도 로마 못지않게 크자 "이런 승리를 또 거두었다간 우리가 망할 것이다"고 탄식했다. 이후, 패배나 다름없는 승리를 흔히 '피로스의 승리'라고 부르게 되었다. 동북아의 이웃 나라들도 마찬가지다. 우리가 살고 있는 이 시대는 최첨단 무기의 공포로 인해 거리적으로 더 가까운 나라일수록 상호 간에 전면적 무력충돌이 발생하기 쉽지 않게 되었다. 역설적이지만, 그야말로 최첨단 무기에 의해 이웃 나라끼리는 '공포속의 안정'을 유지할 수 있게 된 것이다. 이렇게 볼 때, 중국에 대한 과거 침략의 기억에서 벗어나 과도한 경계나 우려는 잠재울 필요도 있지 않을까.

미일에 대해 경계의 끈을 강화하고 있는 중국이지만 우리에 대해서는 우호적이다. 그도 그럴 만하다. 첫째, 우리는 일본처럼 중국을 침략한 적이 없다. 또한 미국처럼 중국을 사사건건 괴롭히거나 견제하고 있지도 않다. 다음으로, 우리가 미일 양국을 중심으로 한 대중 봉쇄전선에 더 가까이 다가간다면 중국으로서는 좋을 게 하나도 없다. 우리는 자기들의 안보에 치명적인 이웃 나라요, 중견강국이기 때문이다. 그래서 한국이 필요로 하는 경제적 측면에서 우리에게 더 많은 '선물'을 주며 '잘 보이려' 하기도 한다. 우리 사회에는 이런 '팩트'가 있는 그대로 잘 전달이 안 돼서 그렇지만, 이것이야말로 중국이 우리를 바라보는 기본자세 중 하나이다. 중국의 이런 모습을 우리가 있는 그대로 잘 인지한다면, 앞에서 언급한 신소재 '헥사스톤 기업'처럼, 중국은 우리의 글로벌 시장 진출 등에 있어서도 매우 요긴한 앞마당이 될 수 있다. 우리는 이를 활용하기는커녕, 제대로 깨닫지도 못하고 있는 것이다.

모순 속의 가장 큰 가능성, 일본

현재 우리 사회를 보노라면 문득 1990년대 중반부터 시작하여 7년 정도 지속했던 일본 유학 당시의 모습들이 떠오른다. 그중 하나가 나와 같은 연령대의 일본인들의 모습이다. 당시 나는 20대 후반의 청년이었다. 일본 유학을 떠난 것은 더 나은 미래를 위한 투자의 일환이었음은 두말할 나위 없는 일. 당시 우리나라의 청년 세대에게는, 미래를 위해 현재의 즐거움을 '희생'하는 것은 당연하다시피 했다. 그런데 일본 청년들은 우리와 좀 달랐다. 좋은 직장에 들어가 더 나은 미래를 살고자 노력하는 청년들이 주류였지만, 한편에서는 그렇지 않은 청년들도 적지 않았다. '미래도 중요하지만 현재의 내 삶도 중요하다. 미래를 위해 노력만 할 게 아니라 현재의 나를 위한 행복도 소홀히 할 수 없다', '지금의 행복만으로도 만족한다'는 사람들도 많았던 것이다. 그야말로 '만족함을 알면 항상 즐겁다(知足常乐, 쯔주 창러)'는 생각이었다. 그들은 더 좋은 직장은 개의치 않았다. 아르바이트만 해도 먹고 살 수 있으니 그것으로 만족했다. 당시 일본에는 해외여행 붐이 일고 있었는데, 그들은 알바를 하고 돈이 모이면 해외여행길에 나섰다. 돌아와서는 알바를 찾아 일하며 돈을 모아 또 다른 여행을 떠나는 식의 삶을 살았던 것이다. 당시 그런 모습을 처음 접했을 때, 오로지 미래를 위해 '열심히' 살아가던 나는 적잖은 충격을 받았다. 같은 연령대지만, 다른 세계를 접하는 듯한 생경함도 적잖이 느껴졌다. 그들은 그 당시에 이미, 당장의 자신에게도 더 행복하고 여유로운 삶, 다시 말해 오늘날 우리 사회의 '소확행(작지만 확실하게 느낄 수 있는 행복)'을 누리고 있었던 것이다.

〈니혼게이자이〉 신문 2018년 10월 9일자는 '한국 젊은 층의 일류(日流)조짐'이라는 기사에서 한국의 젊은 층을 중심으로 일본 문화에 관심이 높아지고 있다고 보도했다.[5] 방일 한국인이 급증하며 2018년은 방일 관광객 수에서 중국을 제치고 1위가 될 것이란 전망도 했다. 일본 관광국에 따르면 2017년 방일 한국인은 714만 명으로 전년 대비 40퍼센트 정도 증가했다. 최다 방문객인 중국인(735만 명)과 큰 차이가 없다. 또 일본 애니메이션 등을 보고 자란 세대를 중심으로 일본어를 배우는 인구도 늘고 있다고 보도했다. 이런 모습을 보며 다음처럼 기대해보기도 한다. 양국 간 다각적인 교류가 보다 더 많아지고 그를 통해 상호이해의 폭 또한 더 깊어지면 양국 관계에 대한 긍정 평가 또한 그만큼 더 높아져 갈 거라고.

아베가 일본을 대변하지 않는다

한일 관계는 모순된다. 가까이 위치해 있으면서도 서로에게 '가까이 하기엔 너무 먼 당신'으로 여겨지고 있으니 말이다. 하지만 가까이하기 쉽지 않은 분야에 가로막혀 가까이 하기에 쉬운 분야까지 가깝지 못한 것은 더 안타깝다. 일본은 우리가 다각도로 활용하며 윈윈하기 좋은 면을 적지 않게 갖고 있기에 더욱 그렇다. 그렇다면, 우리는 일본을 어떻게 활용하면 좋을까?

먼저 한일의 정치 외교와 관련, 재일 코리안인 배훈 변호사의 다음과 같은 고언은 우리가 가슴 깊이 새겨둘 필요가 있다.[6] 그는 "일본 정부 관계자나 일본 정치인의 부적절한 역사 인식에 바탕을 둔 발언에 한국 국민과 언론이 강하게 반발하는 소식을 일본 언론에서 자주 접한다. 하지만 그런 발언은 일본인 전체의 논의와 합의에 기초한 역사 인식에서 나온 것이 아니다. 발언들이 가볍고 쉽게 변하는 것만 봐도 알 수 있다. 따라서 한국인들이 이런 일본인들의 발언에 하나하나 반응할 필요가 없다"고 했다. 그러면서 '적을 알고 나를 알면 백 번 싸워도 위태롭지 않고, 적을 모르고 나만 알면 한 번 이기고 한 번 질 것이며, 적을 모르고 나도 모르면 싸울 때마다 위태롭다'는 〈손자병법〉을 인용, 다음과 같이 덧붙였다. "일본을 알지 못하고 내놓는 한국인의 항의와 비판은 별다른 효과도 없을뿐더러 일본에서 반한파만 키울 뿐이다. 이제부터라도 한국은 일본을 깊이 연구하고 분석해 장기적인 대책을 세울 필요가 있다."

이웃 나라 사이에는 크고 작은 문제들이 있기 마련이다. 가까이서

서로 주고받는 역사가 많은 만큼 이면에서의 부작용도 그만큼 많을 것이기 때문이다. 현재는 '아베류'의 구태의연한 세력들이 양국 관계를 불편하게 하고 있다. 하지만 그들은 일본 사회에서 다수파는 아니다. 자민당 내 우익 정치인들은, 과거사 인식을 기준으로 아베 총리와 같이 과거의 침략사를 부정하는 '극우파'와 일본의 잘못을 반성하고 주변국과의 선린우호외교를 해야 한다는 '온건파'가 대립하고 있다. 이런 상태에서 일본 보수의 대부로 꼽혔던 나카소네 야스히로中曽根 康弘 전 총리는 아베 총리를 향해 "하나의 민족이 겪은 상처는 3대의 100여 년 동안 잊혀지지 않는다. 이를 고려하더라도 일본은 주변국들과 안정된 관계를 위해 끊임없이 노력해야 한다"고 말했을 정도로 아베류는 지독히도 평범하지 않은 극우 중의 극극우인 것이다. 그런 극우들이 활개칠수록 일본 내 양식파들도 이를 더더욱 심각하게 인식한다. 우리는 바로 이들과 함께 더 폭넓고 깊이 있게 협력해야 한다. 일본 사회를 잘 아는 그들의 견해와 제안 등도 더 적극 참고해야 한다. 그를 통해 일반 일본 국민들의 반발과 반감을 최소화하고 효율과 효과를 극대화해나가야 한다. 저들이 발호할수록 한일 민초들의 '키즈나(絆, 유대)'도 그만큼 더 강화해나가야 한다. 이를 통해 한일 관계뿐 아니라 소중한 이웃나라 일본을 위해서도 좀비 정치인들을 제거해나가야 한다.

한일 간의 '시차(時差)'를 활용한 비즈니스 기회

일본은 1964년 도쿄 하계 올림픽과 1998년 나가노 동계 올림픽을,

한국은 1988년 서울 하계 올림픽과 2018년 평창 동계 올림픽을 치렀다. 일본은 1991년 버블이 붕괴돼 20년간 장기불황을 겪었다.[7] 한국은 1997년 외환위기를 거치며 아직도 불황의 터널에 놓여 있다. 일본은 1946년에서 1949년에 태어난 단카이 세대가, 한국은 1958년에서 1963년까지 베이비붐 세대가 700만 명을 넘어섰다. 이처럼 한국과 일본은, 물론 서로 다른 점도 적지 않지만, 거의 10여 년의 시차를 두고 비슷한 산업 구조와 인구 분포 등을 지니고 있다. 현재의 일본을 보면 얼마 후의 우리 사회 및 경제 등을 어느 정도 예측할 수 있는 것이다. 이와 관련 먼저 한일 간의 '시차時差'를 잘 활용하여 비즈니스를 전개하고 있는 기업을 한번 보자.

롯데 그룹은 한일 양국의 어느 정도의 '시차'를 둔 사회 현상을 비즈니스의 토대로 잘 활용해왔다.[8] 롯데 그룹의 창시자인 신격호 회장은 어린 시절 일본으로 건너가게 되었다. 그곳에서 다양한 일을 경험하다가 문득 일본 사회에서 유행하는 상품을 한국으로 가져가보기로 했다. 그는 당시 일본에서는 유행했지만 한국에서는 아직 채 알려지지 않은 '껌'이란 제품을 한국으로 수입했다. 이것이 대박을 터트렸다. 이후 롯데는, '빼빼로' 등 일본에서 성공한 제품을 한국으로 더 많이 수입해 판매하는 형식으로 점점 더 큰 재미를 보며 본격 성장세를 타게 되었다. 롯데 그룹의 시차를 활용한 비즈니스 방법은 아직도 유효하다. 예를 들면, 롯데슈퍼도 2018년 슈퍼마켓과 헬스앤뷰티(H&B) 스토어 롭스 LOHB's의 장점을 결합한 신개념 매장 '롯데슈퍼 with 롭스'를 새롭게 선보였다. 슈퍼마켓과 H&B 스토어의 강점을 결합한 새로운 형태의 유통매장으로 롯데슈퍼의 기본 골격에, 화장품 등을 판매하는 H&B 스토어인 롭스의 노하우를 더했다. 이 매장은 신동빈 롯데그룹 회장이 '일본 코스모스'를 벤치마킹하여 '한국판 코스모스' 매장을 만들어볼 것을 주문하면서 시작됐다.

현재는 우리나라의 다른 기업들도 이런 시차 비즈니스에 적극 뛰어들고 있다. 가전유통업체 롯데하이마트도 책과 가전제품, 잡화 등을 함께 판매하는 일본의 '츠타야 서점'과 비슷한 하이마트 옴니스토어를 2018년 개점했다. 남양유업의 차 음료 '17차(2005년 출시)'는 일본 아사히 음료의 '16차(1993년 출시)'를 모방했다는 평가가 있고, 2018년 초 오리온이 출시한 프리미엄 냉동 디저트 '마켓오 생초콜릿'은 일본의 유명 생초콜릿 '로이스 생초콜릿'과 흡사하다는 지적도 받았다. 이에 대해 유통업계 관계자는 "일본이 유통·식품업에서 역사가 길고 선진화된 것이 많다 보니 아무래도 우리가 벤치마킹하는 경우가 많다"고 말했다.

최근 국내에는 일본식 작은 식당도 증가하고 있다.[9] 실제로 우리 사회 청년 트렌드의 바로미터로 손꼽히는 홍대나 합정 상권에는 '일본 열풍'이 불고 있다. 특이한 점이라면 과거 대형 이자카야가 일식 창업의 중심이었다면 최근엔 테이블 10개 안팎의 소규모 음식점이 붐이라는 점이다. 일본에서 1990년대 중반부터 2000년대 초까지 유학생활을 한 나로서는, 단지 시간문제였을 뿐, 우리 사회에도 이런 모습이 나타날 것이라고 예측하고 있었다. 그 이유로는, 1990년대 후반에 이미 청년실업 문제와 이로 인한 1인 가구 증가 등을 겪은 일본의 모습이 현재 우리의 모습과 매우 유사했기 때문이다. 일본은 1990년대 경기침체가 본격화되면서 1인 가구가 급증했다. 1인 가구 비중이 전체의 34.5퍼센트(2015년)에 달할 정도이다. 현재 우리 또한 일본처럼 1인 가구 비중이 급증하고 있다. 그 속에서 일본에서 일상화된 '혼밥'과 '혼술'이나 편의점 도시락과 소포장 상품 등 일본식 소비 트렌드가 우리 사회로 속속 유입되고 있는 것이다.

일본이 겪은, 혹은 겪고 있는 사회 문제를 알고 나면 이후 닥칠 우리 사회의 모습도 어느 정도 예측이 가능하다. 예를 들면, 일본의 1993년 ~2013년, 즉 이른바 '잃어버린 20년'이 초래한 일본 사회의 변화 가운데 '아라포 세대'와 관련된 사회문제도 그 하나다.[10] 장기 불황이 양산한 '중년 독신층'을 일본에선 '아라포 세대'라고 부른다. '어라운드 포티 around 40'라는 영어를 줄인 말이다. 원래는 단순히 마흔 전후 남녀를 가리키는 말이었지만, '잃어버린 20년' 때 대학을 졸업한 이들을 가리키는 말이 됐다. 이들은 '취업 빙하기'에 사회에 나와 아르바이트나 비정규직을 전전했다. 또한, 이 세대는 한창 결혼할 나이에 안정된 직업이 없어 결혼을 안 하거나 못한 사람이 많다. 그로부터 십수 년이 지난 2010년 무렵에 한국에서도 이들과 비슷한 사람들이 나타났다. 취업난 등에 치여 연애, 결혼, 출산을 포기한 이른바 '삼포세대'들이다. 일본의 아라포 세대가 어느 정도 시간이 흐른 뒤 한국에 삼포 세대로 나타난 것이다. 아라포 세대가 일본 사회에 초래하고 있는 문제는, 중년 독신층들로 인한 저출산 등 실로 적지 않다. 그런데 이미 저출산이 사회 문제가 되고 있는 우리 사회에 아라포 세대 문제마저 더해지면 어떻게 될까.

일본의 신도시 정책과 일본의 수도인 도쿄 도심 재개발 규제 완화 또한 우리가 참고할 부분이 있다. 우리의 신도시는 일본의 신도시 정책을 토대로 나온 것이기 때문이다.[11] 이와 같은 맥락에서 일본의 대표

적인 신도시인 다마신도시가 유령도시로 추락하게 된 원인 등을 들여
다보는 것도 큰 의미가 있을 것이다. 다마신도시는 일본의 수도인 도
쿄 도심에서 서쪽으로 30~40킬로미터 떨어진 위성도시다. 조성 초
기 유입인구는 빠르게 증가했다. 도쿄 접근성이 뛰어난 데다 도로나
학교, 공원 등 각종 기반시설이 완비됐기 때문이다. 하지만 지금은
20~30대 젊은 연령층들이 일자리를 찾아 더 큰 도시로 떠나고 거리에
는 노인들만 남은 유령도시로 전락했다. 2030세대들이 이들 신도시를
외면하고 있는 것이다.

　이러한 현상을 야기한 원인 중의 하나로는, '도심 회귀현상'을 들 수
있다. 이들 신도시 개발정책 뒤에 나타난 도쿄 재개발사업 등이 일본
의 신도시 정책을 망치게 만든 것이다. 일본의 고이즈미 전 총리는 선
진국형 도시계획 모델인 '콤팩트시티'를 내세워 도심재생사업을 활발
히 진행했다. 콤팩트시티는 한정된 부지에 고밀도로 개발하는 압축도
시로, 주거 · 상업 · 업무 · 문화 · 교육시설 등을 복합적으로 갖춘 시설
이다. 이는 결과적으로 베드타운 기능만 하던 신도시의 핵심 인력 청
장년층을 다시 도쿄로 끌어들이는 효과를 발휘했다. 이들은 출퇴근 비
용과 주거 비용, 기회 비용 등을 따졌을 때 도쿄에 주택을 얻는 것이
더 이득이라고 여겼다. 이로 인해 도쿄 주변의 신도시로 거주지를 옮
겼던 노동 연령층이 대거 도쿄로 회귀하면서 일본 신도시들이 몰락하
게 되었던 것이다. 일본 사회의 이와 같은 모습은, 서울 주변에 다양한
신도시 및 그와 유사한 새로운 주택 공급 정책을 추진하면서도 다시
서울 도심의 재건축이나 재개발 시업을 진행하는 우리에게도 시사하
는 바가 적지 않을 것 같다.

한편, 일본이 초고령사회를 지혜롭게 받아들이며 활용하는 다음과 같은 모습은 우리 사회가 적극 참고했으면 한다.[12] 초고령사회인 일본은 세대 교류를 생활공간에 심으려는 모습이 적지 않다. 일본 정부는 유아 · 노인 일체 사업이라고 해서 보육원 · 유치원을 고령자 거주 시설과 나란히 짓도록 하고 예산을 지원한다. 종이 접기, 찰흙 빚기, 화초 심기 등 아이들과 시니어 모두에게 필요한 놀이들이 많다. 이를 같이 즐기게 하니, 누구에게 더 좋은 건지 모를 정도로 조화롭다는 평가이다. 이와 같은 세대 교류와 고령 친화 노력 등을 통해 초고령사회로 인해 초래될 수 있는 문제점들도 최소화할뿐더러, 사회를 더 부드럽고 조화롭게 만들어나가는 모습 또한 눈여겨볼 지점이다.

한일 협력이야말로 동북아의 가장 큰 변수

역사를 잊은 민족에게 미래는 없다고 했다. 확실히 우리는 역사를 잊고 있지는 않다. 하지만 불행했던 역사가 되풀이되지 않도록 어떤 노력을 얼마나 하고 있는가. 혹여 그 불행한 역사에 가로 막혀 앞으로 나아가야 할 역사 또한 나아가질 못하고 있지는 않은가.

비록 현재는 일본과의 관계가 좋지 못해서 그렇지만, 동북아의 역학관계를 고려할 때, 우리가 가장 공들여 함께해야 할 상대는 어쩌면 일본일지도 모른다. 그 이유를 다음과 같은 식으로도 간단히 설명할 수 있다.

예를 들면, 한반도를 둘러싼 동북아 4강의 국력[주로 정치 및 군사력]을, 이것저것 묻고 따지지 말고 단순하게 수치로 환산해보자. 미국이 2.0이라면 중국은 1.75, 러시아는 1.5 정도요, 일본은 1.25에 우리는 1.0 정도라는 식으로 말이다. 이렇게 볼 때, 우리가 4강을 단독으로 상대한다는 것은 쉽지 않다. 우리보다는 좀 더 낫지만 일본의 상황도 오십보백보다. 하지만 한일 양국이 서로 굳건히 힘을 합친다면! 때에 따라서는 미국도 중국도 함부로 할 수 없는 상황이 될 수 있다. 물론 나는 플라톤식의 이상주의나 헤겔(Hegel)식의 독일 관념론 등과 항상 궤를 함께하지는 않는다. 그러나 비관론자는 모든 기회 가운데 어려움을 찾아내고 낙관론자는 모든 어려움 가운데 기회를 찾아낸다고 했다. 당장은 여러 현실적 요인으로 인해 갈등 관계에서 벗어나지 못하고 있지만, 또 다른 더 중차대한 요인이 불거져서 한일 양국이 그 필요성을 느끼면, 협력 관계로 근접해갈 수도 있는 것이다.

세종대왕은 명나라에 대해 철저히 사대외교를 전개했다. 이를 두고 굴욕적이라는 평가가 나오기도 한다. 하지만, 이는 주도면밀하게 고려된 고도의 외교 전략이라 할 것이다. 명나라를 속속들이 파악한 뒤, 고개를 숙여주는 척하면서 백두산을 되찾은 한편, 다른 한편으로는 여진족도 몰아내는 등 운신의 폭이 넓어져서 더 많은 다양한 일을 할 수 있었기 때문이다.

'성공은 그만두지 않는 것에 있다[功在不舍, 꽁짜이 뿌셔]'라고 한다. 그 출처인 《순자

〔荀子〕》에는 다음과 같이 기술되어 있다. "천리마도 한 번 뛰어가지고는 십 보를 갈 수 없고 아무리 굼뜬 말이라도 열흘을 가면 먼 곳까지 갈 수 있다. 성공이란 지속하는 것에 있음이라〔騏驥一躍 不能十步 駑馬十駕 則亦及之 功在不舍〕."

한일 관계, 세종대왕의 지략을 교훈 삼아 쉽게 가까이 다가갈 수 있는 분야에서부터 한 발 한 발 새롭게 다져보는 건 어떨까.

21세기 한반도에는 21세기의 담론이 필요하다

세상에서 국가간 통화료가 가장 비싼 곳은 어디일까? 바로 우리 남과 북이다. 한국에 와 있는 북향민 청년들은 3~4개월에 한 번씩 북에 있는 부모에게 전화를 한다고 한다. 남에서 북으로의 직접 전화는 되지 않다 보니 몇 단계의 브로커를 통해야만 부모의 목소리를 들을 수 있다. 중국에서 가져간 중국 전화번호를 이용하기 때문에 북한 내륙에 있는 부모님이 중국 전파가 잡히는 국경 지역까지 이동해야 한다. 그 마저도 약속한 시간에 맞춰 이동하는 일이 쉽지는 않다고 한다. 이동의 자유가 없는 북한인지라 당국의 눈을 피해야 하고 또 교통수단도 여의치 않기 때문이다.

통화시간에 맞춰 통화를 한다고 해도 5분 이내에 마쳐야 한다. 5분이 넘어가면 탐지에 걸리기 때문이다. 이렇게 어렵사리 한 5분 남짓의 통화에 들어가는 비용은 우리 돈으로 무려 100만 원에 달한다. 이 청년은 100만 원이라는 엄청난 금액을 부모님께 안부를 전해드리기 위해 지불한다. 청년은 이 통화를 위해서 열심히 알바를 하고 먹을 것도 줄여가면서 돈을 모은다. 방학 때는 힘든 육체노동도 마다하지 않는다.

세상에 이렇게 소중하고 가치 있는 통화가 또 어디 있을까? 서로 맞닿아 있는 남과 북, 대한민국의 전신·전화 관련 기술은 세계 최고를 자랑함에도 불구하고 우리 민족은 언제까지 이렇게 값비싼 통화료를 지불해야 할까. 이 글을 쓰는 이 순간에도 그 청년과 우리 민족의 서러운 현실이 떠올라 먹먹한 가슴을 주체할 수 없다.

우리나라는 다른 나라에 비해 '정치 갈등으로 인한 사회 분열' 양상이 훨씬 높은 나라다.[13] 영국의 BBC가 여론조사기관 입소스에 의뢰해 2018년 1~2월 전 세계 27개국을 대상으로 한 조사 결과에 의하면, 한국 사회를 분열시키는 가장 큰 갈등요인은 '정치적 견해를 달리하는 사람 간의 갈등'(61%)으로 조사됐다. 같은 질문에 대해 연정聯政과 협치協治의 정치문화가 자리 잡은 유럽 선진국들의 경우 20퍼센트대라는 점에서 한국의 정치 갈등 수준은 매우 심각하다. 또 정치적으로 견해를 달리하는 사람에 대한 불신 정도는 27개국 중 단연 1위였다. 한국민의 35퍼센트는 가장 신뢰할 수 없는 집단으로 '정치적 관점이 다른 집단'을 꼽았다. 프랑스(7%)의 다섯 배에 이른다. 사정이 이런데도 정작 정치 갈등을 조정하고 완화해야 할 국회는 오히려 갈등을 부추기고 있다.

철 지난 이념에 머무르는 좀비 정치의 폐해

2018년 한국보건사회연구원의 〈사회통합 실태 진단 및 대응방안 (Ⅳ)-사회문제와 사회통합〉 보고서에 의하면, 우리나라 국민 열 명 가운데 여덟 명은 우리 사회의 갈등이 극심하다고 여기고 있다.[14] 한국보건사회연구원이 2017년에 전국의 만 19세 이상~75세 이하 남녀 3,839명을 상대로 사회갈등에 대한 인식을 조사한 바에 따르면, 우리나라의 전반적인 갈등 수준에 대해 '매우 심하다'고 응답한 사람이 8.5퍼센트, '대체로 심하다'고 응답한 사람이 71.8퍼센트 등 응답자의 80퍼센트 이상이 우리 사회를 갈등이 심한 사회라고 생각했다. 의미 있는 것은 갈등 유형 중에서 가장 도드라지는 것이 진보와 보수 간의 이념 갈등으로, 응답자의 85.2퍼센트가 '매우 심하다'(40.8%) 또는 '대체로 심하다'(44.4%)고 생각했다는 점이다. 특히 진보와 보수 간의 이념갈등은 2014년 80퍼센트에서 2016년 79.5퍼센트로 줄었다가 2017년 조사에서 85.2퍼센트로 큰 폭으로 올랐다. 이에 대해 보고서는 "이념 갈등은 어느 사회에서나 존재하는 것으로 건전한 정치발전의 계기로 작동할 수 있다. 하지만, 우리 사회는 일상의 사소한 갈등이 불필요하게 이념갈등으로 증폭됨으로써 상당한 사회적 비용을 유발하고 있다"고 했다.

나는 1995년부터 한국을 떠나 일본 유학과 미국 유학, 그리고 중국 유학 등을 거쳐 중국에서 박사 학위를 취득한 뒤 중국 상하이의 국립 동화대학에서 한국인 교수로 재직해왔다. 20년이 넘는 다양한 해외 생활을 통해 '외국에서 생활하다 보면 애국자가 된다'는 말을 절감했다. 아무리 오랜 시간 고국을 떠나 있어도 '태극기만 보아도 가슴이 뭉클해지며 애국가나 아리랑 자락만 들어도 눈시울이 붉어질 정도'로 뼛속 깊은 '대한민국 사람'의 정서는 사라지지 않는 것이다. 이런 내가 판단할 때에 우리 사회에는 '좀비들'이 적잖아 보인다. 우리 사회에는 고장 난 괘종시계마냥 냉전만 우려먹고 사는 좀비들이 기생하고 있다. 그들의 두뇌는 이미 20세기 냉전 상태에서 기능을 멈췄다. 하지만 몸은 여전히 기형적으로 움직이며 21세기 대한민국이 나아가야 할 길을 20세기 과거적 사고를 들이대며 이리저리 방해하는 것이다.

20년 이상을 해외에서 '동북아와 한반도'라는 국제 정치 분야에 집중해온 나는, 국내 정치 분야에 대해 언급하기가 조심스럽다. 하지만 양심을 걸고 좌파나 우파의 정파적 이익을 떠나 오로지 대한민국의 국익이라는 관점에서 소신껏 말하고자 한다. 우리 사회 일부 정치인들은, 동북아 지역의 국제 관계에 관한 한, 진정으로 무지하기 때문인지 혹은 의도를 가졌기 때문인지 너무나도 구태의연하고 오류투성이다. 그런 이들이 '정치 지도자'이다 보니, 그들의 무책임한 목소리가 동북아 의제의 프레임을 좌우할 수밖에 없다. 바깥세상은 변화무쌍한데 우리의 변함없는 프리즘, 그로 인한 시대착오적 인식은 바로 이런 좀비 정치인들이 빚어낸 폐해가 아닐 수 없다. 동북아 각국의 있는 그대로의 모습을 보지 못하고 있는 국민들 또한 희생양일 수밖에 없는 것이다.

2018년 9월 평양에서의 남북정상회담 결과에 우리 사회는 물론 전 세계가 뜨겁게 기뻐했다. 우리 사회의 대표적 보수단체인 자유총연맹 또한 '평화를 위한 정상회담을 지지합니다'라는 현수막을 걸고 환영 집회를 열었다. 한반도 전망에 대해 냉랭한 평가로 유명한 독일 언론 또한 '남북이 공동으로 견인하는 한반도 평화 프로세스'라고 긍정적으로 평가했다. 공영방송인 〈도이체벨레〉와 〈프랑크푸르터 알게마이네 차이퉁〉은 북한에 대해 각각 "영변 핵시설의 폐기 제안에 상응하는 대가가 무엇인지 언급했으니 이제 공은 미국 쪽으로 넘어간 것", "김 국무위원장은 북한의 '안전'이 위태로워지지 않도록 격할 정도로 노력하고 있다"고 높게 평가했다.[15]

그럼에도 불구하고, 우리 사회의 좀비 정치인들과 그 추종 세력들은 요지부동이다. 가파른 변화상 속에서도 '우리 국방의 눈을 빼버리는 합의'라며 철지난 이념을 신줏단지 모시듯 하고 있다. 지방선거 패배 후에 야권이 보였던 '냉전과 반공주의 노선을 포기하겠다'던 자성도 야권을 좀먹는 이들 좀비 정치인들에 의해 물거품이 되고 말았다. 그들은 보수라 '자칭'하지만 그건 '사칭'이다. 보수도 아닌, 오히려 정통 보수와 건전한 보수 세력을 욕 먹이는 좀비 정치인들의 모습은 우리 모두의 앞날을 위해서도 결코 바람직하지 않다. 훗날 우리 한민족의 후예들은 21세기 대한민국 정치권에 잔존하는 좀비 정치인들에 대해 과연 어떻게 기록할까. 아, 착각하지 마시라! 좀비 정치인은 현재의 야권뿐만 아니라 여권에도 존재한다. 어쩌면 드러나기 쉽지 않은 여권 속의 그들이 더 위험할지 모른다.

'쌈박질 공화국'을 벗어나서

여러분들은 우리 역사 속의 왕조들이 왜 붕괴되어 갔는지 알고 있는가? 간단하게 요약하자면, 고조선은 신하들이 왕을 죽이고, 기득권을 지키려는 왕자가 고조선의 도읍지였던 왕검성을 사수하려는 충신 성기成己 장군을 살해하여 중국의 한나라로 넘어갔다. 강성했던 고구려도 지배층 내분과 권력 투쟁으로 나당 연합군이라는 외세의 공격을 자초하며 멸망했다. 발해는 또 어떠했나? 한반도 북부 만주·연해주, 즉 고구려 땅에 위치한 강대했던 발해 또한 거란족 침략으로 며칠 만에 항복했다. 이에 대한 거란족의 역사서에 의하면, "발해의 국내가 서로 뜻이 맞지 않아 싸우는 틈을 타서 공격하여 채 싸우지도 않고 이겼다"는 것이다. 신라와 고려 그리고 조선 또한 지배층의 권력투쟁과 부정부패가 썩을 대로 썩어 내우외환을 초래하며 멸망한 것 또한 크게 다를 바 없지 않았던가. 이처럼 우리 역사를 보면 역대 왕조들이 사라져 간 주요 원인 중 하나에는 어김없이 위정자들, 즉 정치인들의 무사안일과 무능력 그리고 부정부패와 권력투쟁이 자리하고 있다. 그들이 초래한 국난의 위기는 일반 백성들이 목숨을 걸고 나서서 수습하기를 반복했다. 이처럼 암울했던 역사의 모습은 오늘날의 정치권과 무관하지 않다.

의병義兵과 외적의 침입 등으로 조국의 안녕이 위급할 때 구국을 위해 자발적으로 들고 일어나 항쟁하던 민초들에 의한 민병대. 역사적으로 수많은 침략을 받아온 우리 한반도에는 외침이 있을 때마다 조국의 부흥을 위해 결연히 들고 일어선, 고구려와 백제의 유민遺民들에 의한 의병 항거에서부터 근현대사 초입의 항일의병 투쟁까지 실로 다양한 의병 운동들이 있었다. 이에 대해 당시의 정치권, 위정자들은 과연 어떠했는가? 고려의 무신정권기에 몽고의 간섭에 항거하며 촉발된 삼별초의 난 당시, 국왕과 그 주위의 위정자들은 이들을 도와 항거하기는커녕, 오히려 조국의 예속화를 감수하면서도 기득권 보호에 급급하며 오히려 몽고의 군사적 원조를 받아 이들을 토벌하며 나서지 않았던가. 외침 소식에 자신들 먼저 살겠다며 피난길에 나섰던 임진왜란 당시의 선조와 권세가들. 그런데, 국난의 대혼란 속에 무책임하고 비겁했던 위정자들이 과연 이들에게만 예외적으로 국한되었던 일이었던가? 과연 무엇 때문에 유관순 열사가 "내 손톱이 빠져나가고, 내 귀와 코가 잘리고, 내 손과 다리가 부러져도 그 고통은 이길 수 있사오나 나라를 잃어버린 그 고통만은 견딜 수가 없습니다"며 꽃다운 나이에 스러져가야 했는가. 국난은 위정자들이 초래했고 그 뒷수습은 성실히 살아가던 민초들이 목숨 걸고 나서서 감당했다. 민중들이 위기를 수습하면 호통하듯이 '천한 것들이 어디서 감히!' 하며 또 다시 전면에 나서는 뻔뻔한 그들.

나에게는 한반도 역사상, 오늘날 우리 대한민국의 시기가 가장 위태로운 시기 중 하나라고 여겨진다. 고려시대 때나 조선시대 때는 그래도 분단되지는 않았었다. 그럼에도 불구하고 빈번히 침략당하고 식민 지배당하지 않았던가? 하물며 현재의 우리는 분단 상태에 놓여 있다. 남북이 힘을 합쳐도 주변의 대국들에 대처하기 쉽지 않거늘, 분단된 상태에서 남한은 또 아직도 철지난 이념을 토대로 강경 대립하고 있지 않은가? 설상가상으로 여권은 여권대로, 야권은 야권대로 그 안에서 또 분파로 나뉜 채 치고받고 있지 않는가. 미국과 중국 등은 워낙 커서 분열이 이상하지만은 않다. 하지만 우리는 절대 안 된다! 한반도 주변 4강과 비교할 때, 가장 작은 우리가 내부적으로도 이리저리 찢기면 이는 곧 무엇을 의미하겠는가? 이 모습을 과연 주변 4강은 어떻게 바라볼까? 이는 곧 저들에게 '우리는 과거보다 더 침략당할 준비가 잘 되어 있으니 언제든지 밀고 들어오라'는 신호가 되는 것은 아닐까. 훗날, 우리 후손들은 대한민국 시기를 '대한민국은 쌈박질 공화국이었다', '대한민국은 분열 공화국이었다' 그리고 '대한민국은 좀비 정치인들로 인해 망했다!'고 기록할지도 모른다. 그 주역으로 좀비 정치인들의 그 자랑스런 이름들을 기록할지도 모른다. 을사오적 이상으로 말이다.

이들이 유발하는 문제는 우리 국익에 매우 치명적일 수 있다. 당장 북한이라는 지하자원의 보고와 양질의 노동력 시장 등은 우리 경제의 큰 활로가 될 터이다. 하지만 좀비 정치인들로 인해 남북 협력 등이 발목 잡히면 북한이라는 과실은 다른 나라들이 모두 챙겨갈 수 있다. 뼛속부터 '장사꾼'인 미국의 트럼프 대통령은 어쩌면 이미 북한에 대한 전반적인 손익계산을 마친 상태에서 대북 우호 제스처를 취하고 있는 것일지도 모른다. 북한과의 관계가 좋아지면 미국의 군수산업은 수익이 줄어들 수 있다. 하지만 기타 더 많은 분야의 산업들에서 훨씬 더 큰 이익을 취할 수 있어 전체적으로 더 좋을 수 있기 때문이다. 이런 사정은 중국도 마찬가지이다. 중국 또한 일대일로 구상 속에 북한과의 경제협력도 포함하고 있고 이를 위해 부단히 북한과의 물밑 작업을 전개하고 있다. 이러한 상황에서 좀비 정치인들로 인해 북한과의 전방위적 협력이 사사건건 방해받고 있는 것이다.

국가의 위기 국면이 돌이킬 수 없게 되기 전에, 대한민국 국민들이 다시 의병처럼 되어 분연히 일어나기 전에, 좀비 정치인들은 역사 속으로 들어가야 한다. 하지만 제자리로 돌아가기는커녕, 정작 자신이 좀비 정치인인 줄도 모르고, 설상가상으로 국가와 민족을 위해 제대로 일하고 있다고 착각하고 있다. 그러니 이를 어떻게 해야 좋단 말인가? 그렇다고 우리 민족이 계속해서 '서서히 더워지는 냄비 속의 개구리'와 같이 될 수는 없다. 대한민국은, 우리 한민족은 앞으로도 대대손손 번성해나가야 하기 때문이다! 혼자 아무리 고민한들 달라질 건 아무것도 없음을 잘 안다. 하지만 오늘도 이렇게 마음 조이며 새벽 해를 맞이하고 말았다. 역사가 왜 반복되냐고? 반복되게 하니까 반복되는 것이 아닌가. 오늘날 대한민국의 좀비 정치인들이 반복시키려 하고 있는 것처럼.

아아, 대한민국大韓民國이 형편없는 정치로 인해 '대한민궁大韓民窮'으로 전락하고 있는 이 현실이여. 밖에서는 이런 위기가 정말 여실히 보이는데!

무능한 역사로 인해 스러지는 소중한 유산

서울 용산의 국립중앙박물관 실내 복도에는 아파트 4층짜리 높이의 웅장한 석탑이 한 눈에 들어온다. 국보 86호인 고려의 '경천사지 십층석탑'이 그 화려한 자태를 드러내고 있는 것이다. 우리 선조들이 창조하신 석탑의 자태는 당당하다. 하지만 그 후손들은 당당하지 못하다. 아니, 석탑 앞에 고개 숙여 속죄해야 마땅하다. 석탑은 못난 우리 후손들 때문에 서글픈 시련을 겪어야 했고, 사실 지금도 타향살이를 하고 있기 때문이다.

이 석탑은 본래 지금의 개성 인근이었던 경기도 개풍군 부소산에 있던 경천사에 있었다. 조선시대의 그 수많은 외침도 겪어내는가 싶더니, 아뿔사, 결국 일제 강점기인 1905년, 탐욕스런 그들에 의해 조국을 떠나야 했다. 그런데 다행히 이 소식이 국제사회에 알려지는 바람에 1918년에 타국살이를 마칠 수 있었다. 하지만 당시 일제 강점기에 놓여 있었던 터라 석탑은 본디 자리가 아닌 조선총독부 경내에 자리 잡게 되었다. 오매불망 그리던 귀국이었지만 또다시 일제의 탐욕 하에 놓이게 된 것이었다.

게다가, 해체되어 떠났다가 해체되어 돌아와 여기저기에 손상이 많이 생겼다. 그러나 관리는커녕, 온전히 다시 세우기도 쉽지 않아 결국 웅장했던 자태는 사라진 채 해체된 그대로 수 십 년간 한 구석에 방치되기에 이르렀다. 그러다가 1959년이 되어서야 어렵사리 다시 서게 되었다. 그러나 예전의 그 곱고 섬세했던 자태에 시멘트가 덕지덕지 엉성하게 덮여지게 되었으니 다시 일어섰다지만 사실은 처참하게 또다시 쓰러진 것이 아니고 무엇이겠는가.

1995년, 경천사지 십층석탑은 엉성하게 덧대어진 시멘트의 후유증 등으로 인해 다시 해체된다. 그리고 10여 년 세월동안 보존처리라는 대수술을 받는다. 그러다가 2005년, 드디어 국립중앙박물관에 터전을 마련하며 오늘에 이르렀다. 물론 가장 좋은 것은 본래의 경천사로 가는 것이다. 하지만, 무능한 후손들로 말미암은 분단이라는 또 다른 암울한 역사로 인해 아직 이뤄지지 못하고 있다.

이처럼 한반도의 불행한 역사를 오롯이 겪어온 석탑을, 그 옛날 한 땀 두 땀 정성껏 수놓

듯이 만드신 고려시대의 조상님들이 보시면 얼마나 속상하실까. 아니다. 속상하실 일은 없을 수도 있다. 훼손이 심했던 부분은 복원하지 못해 당시의 모습과는 상당히 달라져 차마 알아보시지 못할 수도 있기 때문이다.

무능한 우리 후손들 때문에 한반도의 불행한 역사를 온 몸으로 겪어야 했던 문화재가 이 석탑뿐이었겠는가. 국외소재문화재재단에 의하면, 물론 모두가 다 불법 반출된 것은 아니지만, 우리의 얼과 삶이 담긴 소중한 우리 문화재 약 17만 2,316점이 아직도 조국을 떠나 있다고 한다. 위정자라는 자들이여, 그래도 싸움질만 할 것인가.

어떻게 들릴진 모르겠지만, 나에게 있어 가장 큰 고민이요 스트레스는 바로 우리나라 대한민국과 우리 한민족이 되고 말았다. 그런데도 설상가상으로, 이제는 '그래도 한국이 망하지 않는 게 이상하다'는 소리까지 들을 지경에 이르고 말았다. 하늘이시여, 동해 물과 백두산이 마르고 닳도록 우리나라를, 우리 민족을 보우하소서!

'딱지 발행소'가 되어버린 언론 유감

나에게는 아들이 한 명 있다. 나랑 똑같이 생겼다(무지 걱정된다). 이 녀석은 중국에서 생활할 때, 아직 유치원에 입교하기 전부터도 외국인 아이들과 잘 어울렸다. 어느 날은 일본인 애들과 놀다 왔는지 "아리가또!"를 연발하며 일본인 친구들이 너무 좋다고 했다. 그런데 유치원에 들어간 뒤, 시무룩해져 돌아와서는 "아빠 일본 사람들은 다 나쁜 거야? 일본 애들하고는 잘 놀면 안 되는 거야?"라며 눈물을 흘릴 듯 물었다. 왜 그런가 알고 봤더니, 한국 유치원에 다니던 녀석이 이른바 '한일의 과거'에 대해 들었고 또 그 과정에서 '일본인들은 나쁘다'는 식의 인식을 접했던 것 같았다. 그러면서 자못 심각하게, "그럼 나는 일본인 친구들하고는 어떻게 해야 돼?"라며 닭똥 같은 눈물을 뚝뚝 떨구고 말았다.

귀국한 뒤 중학교를 다니는 아들 녀석. 중국에서 오랜 기간 생활했던 아들에게는 중국에 대한 이미지가 나쁘지는 않았던 것 같다. 아들은 학교 친구들에게 중국에 대해 이야기도 많이 들려주고 중국을 '이상하게' 생각하는 친구들에게는 '그렇지 않다'며 수정해주는 등 스스로 중국 홍보대사와도 같은 역할을 했다. 그러던 어느 날, 방과 후 돌아와 짜증 나듯 묻는다. "아빠, 우리가 중국에서 직접 접했던 것이 중국 맞아? 아니면 애들이 말하는 게 진짜 중국이야?" 아이들이 말하는 이야기는 직접 중국에서 느낀 것과는 너무 다르다는 것이다. 그래서 선생님한테 물어봐도 애들과 비슷한 대답을 하니, 너무 답답하다고 했다.

참 기가 막힌 현실이다. 아들은 중국에서 생활하는 가운데 자기 몸으로 직접 중국을 느끼고 인식했다. 그 결과, 중국의 부정적 측면도 잘 알지만, 궁극적으로는 긍정적 이미지를 더 많이 가지게 되었다. 반면에 친구들은 한국에서 주로 우리의 언론을 통해 간접적으로 중국을 인식했다. 그 결과, 궁극적으로는 부정적 이미지를 더 많이 가지게 되었다. 동일한 한국인이지만 직접 체험한 중국과 간접 체험한 중국의 이미지 사이에 큰 '차이'가 '나'는 '차이나 현상'이 존재한다. 이처럼 우리 사회에는 중국 현지에서 직접적으로 알게 된 중국과, 한국 언론을 통해 간접적으로 알게 된 '두 개의 중국'이 있는 것이다.

나는 녀석에게 가끔 묻는다. "요즘도 학교 친구들하고 중국 이야기 좀 하니?" 그러면 이 녀석, 시큰둥하게 타이르듯 대답한다. "아빠, 애들한테는 중국에 대한 이야기가 전혀 안 통해! 아무리 해도 나만 바보

되는 걸 뭘 말하냐구!"

이제 이 녀석은 일본에 대해서도 주로 부정적 인식을 지니게 된 것 같다. 그나마 다행인 것은 "일본에도 좋은 사람은 많은데 일본 정부는 싫어"라고 나름 구분한다는 점이라고 할까.

이런 모습이 오직 내 아들과 그 친구들한테만 국한된 것일까? 중국과 일본에 대해 보도하는 우리 사회의 언론매체를 보게 되면 이들과 거의 유사하게 되지 않을까? 한민족의 앞날을 짊어지고 나가야 할 어린 후예들에게도 굳이 반중 및 반일 감정을 지니게 해서 우리에게 도움이 되는 것은 과연 무엇일까? 견강부회牽强附會, 침소봉대針小棒大와 같은 우리 언론의 부정적으로 확연히 치우친 보도자세는 과연 얼마나 바람직하다 할 수 있을까.

일본은 보도, 한국은 언론, 중국은 매체

캐스 선스타인Cass Sunstein 미국 하버드대 교수는 저서 《우리는 왜 극단에 끌리는가》를 통해 "사람들은 생각이 같은 집단 속에 들어가면 극단으로 흐를 가능성이 높아진다"며 집단적 사고의 위험성에 대해 경고했다. 그러면서 "어떤 집단을 극단적이고 광신적 집단으로 만드는 쉬운 방법은 그 구성원들을 다른 사람들로부터 격리시키는 것"이라고 했다. 그리되면, 그 사람들은 시간이 지나면서 외부 정보를 점점 더 불신하게 된다. 그 속에서 고작 몇 개의 마음에 드는 정보를 토대로 의견을 주고받으므로, 점점 더 보고 싶은 것만 보고 듣고 싶은 것만 듣고 또

믿고 싶은 것만 믿게 된다. 이런 식으로 그들은 점점 더 자기들 안으로 갇히게 된다는 것이다.

한중일 3국의 신문기사의 특성에 대해 '일본은 보도報道, 한국은 언론言論, 중국은 매체媒體'라고 비교 분석하기도 한다.[16] 보도는 '새로운 소식을 알리는 것'이요, 언론은 '말이나 글로써 자기 의사를 발표하는 것'을 말한다. 팩트와 사실 보도에 충실한 일본 언론과 당의적 주장과 명분에 비교적 높은 가치를 두는 한국 언론의 특성을 잘 분석한 것이다. 반면에 중국의 매체란, '한쪽에서 다른 쪽으로 전달하는 역할'을 의미한다. 당과 정부 지침을 받아 가이드라인에 맞춰 내용을 전달하는 중국의 상황을 잘 지적한 것이다. 나는 한중일 3국의 '언론'에 대한 이 분석에 상당 부분 공감한다. 그러나 한국 언론의 '말이나 글로써 자기 의사를 발표하는 것'에 대해 약간의 아쉬움도 없지 않다. 어떤 특정 사안에 대해 자신의 견해나 관점을 언급하는 것이 나쁘다고는 할 수 없다. 하지만 언론이라면, 그것 못지않게 그 사안의 '사실관계(fact)'를 틀리지 않게 전해주는 것도 매우 중요하다. 아니, 사실 제대로 된 언론이라면, 팩트 그대로를 적확하게 파악하고 전달하는 것이 본령이요 가장 중요한 역할일 것이다. 그런데 유감스럽게도 우리 언론의 보도는, 다른 분야는 잘 몰라도 이 책의 주된 관심사인 중국 및 일본 등과 관련해서는 사실 및 현실 등과 다르거나 맞지 않는 내용이 적지 않다. 부정확하거나 과장된 혹은 너무 치우친 내용을 전달하면서 설상가상으로 거기에 자신들의 의도된 '의사'를 덧붙이기도 한다. 이를 읽는 독자들의 해당 사안에 대한 이해도 및 인식 등은 과연 어떻겠는가.

우리 언론은 정론직필 하고 있는가

우리 사회에는 유감스럽게도, '좀비 언론'도 있는 것 같다. 과거의 암울했던 역사에서 비롯된 고정관념과 냉전시대의 잣대를 토대로 '보도지침'을 정해 독자들을 편향되게 혹세무민하고 있는 것이다. 한 예를 들어보자.

2017년 12월 문재인 대통령은 취임 후 처음으로 중국을 방문했다. 당시 한중관계는 사드 문제로 인해 냉랭함을 유지하고 있었다. 이로 인해 중국은, 우리에 대해 대외적으로는 강경한 모습을 보였다. 하지만, 자신들의 최대 적국인 미국이 한중 양국 관계를 더더욱 이간질시킬 우려가 있는 등 여러 이유로 인해 우리와의 관계 개선이 시급했다. 이에 따라 중국에서 한중 정상회담 개최를 원하는 한국 측의 요구를 받아들였다. 중국 베이징에서 문재인 대통령을 맞이한 것이다. 이렇게 성사된 우리 대통령의 방중을 둘러싸고 우리 사회 대부분의 언론은 '문재인 홀대'라며 벌집 쑤셔 놓은 듯 중국을 성토했다. 그러면서 홀대인 이유라는 걸 하나둘씩 들려주는데 정말 가관이었다. 그들이 들고 있는 이유라는 게 실상은 그렇지 않았다. 그럼에도 불구하고 '중국이 문재인 대통령을 홀대했다'는 보도 잣대에 끼워 맞추기 위해 중국 때리기와 초라한 대통령 만들기에 몰두했다.

그러면 중국은 과연 우리 대통령을 홀대했는가? 아니다. 이는 아주 간단하게, 하나의 이유만으로도 잘 알 수 있다. 무엇보다도 중국의 의전규범에는 외국 국가원수를 맞이함에 있어 사적 방문, 실무 방문, 공식 방문 및 국빈 방문 등과 같은 몇 단계의 레벨이 있다. 전 세계를 상대로 외교를 전개하는 중국이지만, 정상방문으로서는 최고의 예우에 해당하는 '국빈 방문'은 연간 10여 개국의 국가원수에게만 베풀 정도로 적게 하며 그 품격을 유지하고 있다. 그런데 당시 한중 양국은 사드 배치 문제로 최악의 국면에 놓여 있었다. 이에 대해 중국의 입장에서 역지사지해보면, 자국의 안보에 위협이 되는 사드를 배치한 한국이 좋을 리가 만무했다. 그런데도 중국은 우리 대통령을 국빈 방문으로 맞이하기로 결정, 우리 측과 대통령의 도착부터 귀국까지를 세세하게 협의했다.

만약 중국이 홀대할 작정이라면, 중국 스타일을 고려할 때 첫째, 우리 대통령을 초청하지도 않았을 것이다. 둘째, 초청한다하더라도 국빈 방문으로 하지는 않았을 것이다. 그런데 연간 몇 차례밖에 사용하지 않는 국빈 방문으로 초청하고 홀대한다고?! 이런 방식은, 다른 나라는 어떨지 모르지만, 중국으로서는 상상하기도 쉽지 않다. 체면을 매우 중시하는 중국이 이런 식으로 다른 나라의, 그것도 그 나라의 최고 지도자를 의도적으로 망신준다는 것은 있을 수 없다. 더욱이 어떤 행위에 대한 보복 등도 사전에 면밀히 고려하며 행동하는 중국인들이 이런 식으로, 그것도 중국의 바로 옆에 있는 중견국가의 국가 원수를 망신준다 함은, 그 후과後果를 고려한다 해도 도저히 생각할 수 없는 일인 것이다.

당시 나는 TV와 라디오의 시사 프로그램 등에 출연하여 "전혀 그렇지 않다. 우리 언론이 잘못 알고 있다"며 그와 관련한 '팩트'와 증거 등을 하나둘씩 들려주었다. 이에 대해, '몰랐다!'는 식으로 순순히 수용하는 곳이 있는가 하면, 일부 언론들은 이러한 나에게 오히려 더 곱지 못

한국이 주도하는 동북아 전환 시대의 논리

한 시선을 여과 없이 노출했다. 자신들은 이러이러한 식으로 방송하기로 했으니 거기에 맞춰서 얘기해달라, 아니면 방송 출연이 힘들 수 있다던가, 급기야 어떤 방송은, 아예 나랑 사전에 녹화한 프로그램을 '올킬All Kill'하기도 했다! 사회주의 중국도 그렇게까지 하지는 않는데 말이다. 본 방송 불과 50여 분 전에 녹화를 마친 프로그램이었는데 녹화할 때부터 나에 대한 진행자의 심기가 좋지 못했던 것 같았다. 조목조목 증거를 들어가며 홀대가 아니라고 반론했던 것이 몹시도 언짢았던 것 같았기 때문이다. 하지만, 아무리 그래도, 어떻게 녹화 종료된 것을 사전 양해도 없이 부랴부랴 다른 전문가로 대체해 내보낸단 말인가? 물론 그 전문가는 그들이 원하는 대로 '엄청난 홀대였다!'며 열심히 맞장구를 쳐주었다. '내로남불(내가 하면 로맨스, 남이 하면 불륜)'이 따로 없다. 그러면서 검열하고 편집한다며 중국을 비난할 자격이 있는지 모르겠다. 자신들의 입맛에 맞지 않으면 답변을 바꿔달라고 하고, 안 되면 출연 정지 등으로 협박하거나 그도 안 되면 통편집 등으로 발언을 묵살한다. 틀린 것을 맞게 수정하고 편집하는 것이 아니라, 맞는 것을 굳이 틀리게 하고 또 이상하게 비틀어서 전하는 것이 과연 정론직필正論直筆해야 할 언론의 참모습이란 말인가. 씁쓸하지만, 실로 기가 막힌 '민주주의' 국가 대한민국 언론의 현실이기도 한 것이다.

아직도 대부분의 우리 언론들은 중국의 〈환구시보〉를 관영 언론이라 소개하며 인용한다. 겉으로는 관영지의 형식을 취하고 있지만, 완전 민간상업지인 〈환구시보〉를 자기들 멋대로 관영 언론이라 하고 있는 것이다. 이쯤 되면, 중국에 대한 기본적인 판단 근거조차 제대로 갖추고 있지 못하다는 것을 스스로 자인하는 셈이라 할 것이다. 그러면서 중국 사회에서도 과격한 표현 등의 이유로 경원시당하고 있는 〈환구시보〉의 한반도와 관련된 저급한 표현과 논조 등을 "중국 관영 언론 〈환구시보〉에 의하면"이라며 즐겨 인용한다. 이를 접한 우리 국민들은 자연히 반중 정서가 그만큼 더 강해질 수밖에 없다. 그러니, 한국 언론계의 이러한 '수준'에 대해 중국에서는 어떻게 생각할까?

이런 상황은 '영원히 쪽바리 취급을 해야 할' 일본에 대해서도 대동소이하다. 하나만 이야기해보자. 일단 우리 언론을 보면 일본 사회는 대부분 극우주의자인 아베 총리를 지지하는 것처럼 여겨지기 쉽다. 대다수의 일본인들도 우경화를 지지하며, 또 이에 반대하는 우리 한국에 대해서도 좋지 않게 여길 것이라고 생각하기 십상이다. 하지만 과연 그럴까? 경제 활황을 가져온 아베 총리는 지지해도 이웃 나라와의 불화나 평화헌법을 수정하려는 부분은 지지하지 않는 사람들도 매우 많다는 것을 과연 얼마나 알까? 어떤 외국 언론들이 우리나라의 극우세력만 계속 보여주며 '이것이 한국 사회다!'라는 식으로 보도한다면, 그 나라 사람들은 우리에 대해 과연 어떻게 인식하게 될까? 그야말로 '기가 막혀 입이 다물어지지 않는(あきれて口がつぐまれ, 아끼레떼 구치가 쯔그마레)' 일인 것이다.

이처럼, 우리 사회 일부 언론에 있어 중국과 일본은 다름 아닌 '비난하고 폄훼해야 할' 대상에 불과하니, 우리 국민들이 '있는 그대로의' 사실을 접하기란 쉽지 않다. 이로 인해, 상대는 저 만치 앞서서 열심히 뛰어가고 있는데 우리는 고리타분한 선입견과 성토에 사로잡힌 채 더더욱 뒤처질 수밖에 없는 것이다. 차마 외면해버릴 수도 없는 이 참담한 현실 덕분에 머리가 다 아플 지경이다. 오죽하면 이 책을 쓰는 내내

아내가 수시로 내 방문을 열고 아직 살아 있나 확인해야 했을 정도다. 우리 한민족을 갈라파고스로 만드는 일부 언론, 정말이지 그 문제가 너무나도 심각하다.

존 스튜어트 밀John Stuart Mill은 《자유론》에서 자유 중에서도 가장 기본적 자유는 '생각과 토론의 자유'라고 했다. 그러면서 "다수가 억누른 소수 의견이 나중에 진리로 밝혀질 수 있다. 그 억압된 의견이 옳았다면 잘못을 드러내고 진리를 찾을 기회를 잃게 된다. 권력이 막강하거나 특정 이념 등에 치우친 사람들은 자신들의 주의나 주장이 옳다는 오류에 빠지기 쉽다"고 했다. 이른바 '여론'이라는 미명 하에 행해지는 집단주의나 획일주의의 위험성을 경고하고 있는 것이다. 자신들의 생각과 다르면 신문 칼럼도 제한하고 방송 출연 등도 정지시켜버리며, 유사하거나 동일한 사고만 주입시키다시피 하는 일부 언론들. 무소불위와 같은 '언론 권력'으로 군림하고 있는 그들로 인해 이웃 나라들에 대해서조차 제대로 파악하지 못한 채 편향적으로 오해하고 있는 우리 국민들이 너무나 안쓰럽다. 무책임한 일부 언론에 의해 '가깝기에 더 가까운' 관계가 될 수 있는 이웃 나라들에 대해 '가깝기엔 너무 먼' 관계로 느끼며 마음의 벽만 더 쌓아올리는 우리 사회. 이 속에서 이들을 활용하기에 그 누구보다도 좋은 여건 속에 놓여 있는 우리들이 기회를 오히려위기로 전락시키곤 하는 이 현실이 너무나도 속상하다. 일부 나쁜 언론들로 인해 우리 사회와 국민이 얼마나 피해를 보고 있는지, 또 그들로 인해 우리 조국과 민족의 앞날이 얼마나 암울하게 되고 있는지 언젠가 밤샘 토론과 끝장 토론을 통해서라도 낱낱이 밝히고 싶다.

왕따와 편견의 프레임을 조장하는 언론을 뛰어넘어

토크빌은 1831년 미국을 다녀온 뒤 집필한 저서 《미국의 민주주의》를 통해 민주주의에 있어 언론과 종교, 지식인의 역할이 중요하다고 강조했다. 특히 "언론의 자유야말로 정치적 자유를 보장하는 가장 확실한 수단"이라고 했다. 우리 사회의 언론은, 최고 수준의 자유를 향유하고 있다고 해도 과언이 아닐 것이다. 그런데 언론이 부정확한 소식과 정보 등으로 우리 사회와 국민을 잘못 이끌어간다면? 그로 인해 단결력 강한 우리 국민들이 잘못된 방향으로 그 응집된 힘을 분출한다면? 우리 사회가 잘못된 '벌떼 민족주의'로 전락하거나 우리 국민들이 '닫힌 사회'에 갇힌 채 글로벌 경쟁력을 잃게 된다면?

거듭 말하지만, 오랜 기간을 해외에서 지낸 나는 국내 정치에 대해서는 잘 모를 수 있다. 그러나 여기서 내가 반복하며 강조하는 것은 중국과 일본을 전하는 우리의 언론 보도는 맞지 않는다는 것, 너무 한쪽에 치우쳐 있다는 것, 부정적 측면 위주의 보도가 너무 많다는 것이다. 실제로, 중일 양국과 관련된 우리 언론은 거의 획일화되어 있다고 해도 과언은 아니다. 중국은 '때놈', '짱개'여야 하고, 일본은 '쪽바리'여야 하는 보도지침이 있는 듯 그런 방향에 너무 충실하다. 특히 중국 관련은 정말 심하다.

현재, 중국에서는 우리를 '문화대국', '기술강국' 그리고 '경제강국'이라는 이미지로 보도한다. 그런데 우리의 일부 언론은, 언로가 막힌 사회주의 중국보다 더 고리타분하고 구태의연하다.

그러다 보니, 우리 국민들은 비행기로 두 시간도 채 안 되는 거리에 있는 중국을 아직도 온통 그 옛날식으로, 이상하고 괴기스런 나라쯤으로 인식하기 십상이다. 바로 이웃에 있는 나라를, 마치 인류의 과학기술 수준이 아직 채 못 미쳐 그 '정체'가 제대로 밝혀지지 않은 우주 저 멀리에 위치한 조그만 행성을 인식하는 듯하다. 그러다가 중국에 직접 가서 며칠이라도 지내보면 "어라? 이거 뭐야! 내가 듣던 중국과는 다르잖아"하고 생각하게 된다. 이런 반응은 중고교생들부터 각계각층의 지도자급 인사들까지 거의 한결 같다. 나는 중국 상하이 현지에서 이런 반응을 이미 10여 년 동안 보아왔다. 그러니 내 복장이 터지지 않고 배기겠는가. 한국에서 우리나라의 언론을 통해 간접적으로 접하는 중국에 대한 인식과 중국 현지에서 직접 체험하며 알게 된 중국에 대한 인식 사이에 엄청난 차이가 나는 '차이나 현상'! 이 현상은 과연 누가 만들었겠는가? 우리 국민들이 알아서 자발적으로 부정적으로 인식하고 있는 것일까? 아직도 20세기 냉전 위주의 보도를, 중국을 때리고 몰아붙여야 하는 대상쯤으로 설정하고 보도하는 듯한 이런 언론에 대해 좀비 정치인과 다를 바 없는 좀비 언론이라 칭할 만도 하지 않겠는가. 정말이지 중국에 대한 소식에는 '가짜 뉴스'를 넘어 '엉터리 뉴스', '[한중 양국] 이간질 뉴스'나 우리 국민을 바보와 멍청이로 만드는 '바보 뉴스', '멍청이 뉴스' 나아가 '뜬 소문'이나 '헛 소리' 등이 매우 많다. 그래도 소위 '보도'라는 이름으로 버젓이 나간다. 그러다 아니면? '아니면 말고!'다. 그런 뉴스 아닌 헛소리에 우리 국민들은 고스란히 희생당할 수밖에 없다.

이 때문에 우리 사회에서 중일 양국에 대한 편견과 고정관념, 선입견 등은 좀처럼 나아질 기색이 보이질 않는다. 중국과 일본은 오른쪽에서 위로 달려가고 있는데, 우리는 왼쪽에서 밑으로 내려가고 있는 것이라고 빡빡 우겨댄다. 그게 아니라고 들려주려 하면 '이 친중파!', '친일파!' 하며 분홍 딱지를 붙여 왕따 시킨다. 도무지 다른 목소리를 내질 못하게 한다. 그 다른 목소리가 맞는데도 말이다.

우리 한민족의 지속적 번영을 위해서는 무엇보다도 이웃 나라들에 대한 적확한 이해와 인식이 중요하다. 이를 위해서는 우리 국민들의 인식상의 '딥 체인지(deep change)', 즉 '근본적 변화'가 선행되어야 한다. 그리고 이를 위해서는 우리 언론의 자세부터 딥 체인지 될 필요가 있다. 아무쪼록, 우리 언론이 정론직필하는 언론다운 언론으로 환골탈태하여 우리 민족의 앞날을 더 밝게 이끌어주는 횃불과 같이 되어주기를 고대해 마지않는다.

'소한민국' 외교 프레임을 벗어나서

에마뉘엘 마크롱Emmanuel Macron 프랑스 대통령이 미국을 향해 사실상의 '유럽 안보 독립'을 선언했다.[17] 유럽과 미국이 손잡고 러시아와 중국에 맞섰던 냉전시대 질서 체계를 깨고 '빅2(미국과 중국)'에 대항할 수 있는 유럽의 독자 세력을 구축하겠다는 것이다. 그는 "중국과 미국은 유럽은 독자성을 가졌다고 생각하지 않는다는 게 유럽의 진짜 문제"라며 "유럽 안보를 미국에만 의존할 순 없다"고 외쳤다. 이어서 "우리의 안보를 책임지고 보증하는 건 우리 스스로에게 달렸으며 그건 유럽의 주권과 직결되는 것"이라고도 말했다. 냉전시대 이후 형성된 '동맹'을 시대 변화에 맞게 바꿔야 한다고 강조한 그는 경제 분야에서도 "유럽은 미국의 경제적 제재를 막아낼 수 있는 전략적 이익과 독립성을 확보하기 위해 무역과 경제 분야에서 더 힘을 발휘해야 한다"며 유럽의 홀로 서기를 강조했다. 이후 9월에는 장—이브 르 드리앙Jean-Yves Le Drian 프랑스 외무장관이 미국의 하버드 대학에서 새로운 동맹 결성을 촉구하며 이와 같은 새로운 국제협력은 미국이 함께 하든 안 하든 관계없이 진행될 것이라고 밝히기도 했다. 이에 앞서 2017년 5월에는 독일의 앙겔라 메르켈Angela Merkel 총리가 "유럽은 더 이상 미국과 영국의 동맹에만 의존할 수 없다"며 "우리의 운명은 우리 손으로 결정해야 한다"고 선언하기도 했다.

2018년 9월, 러시아의 블라디보스토크에서 개최된 동방경제포럼EEF에서는 실로 오랜 만에 일본과 중국, 그리고 일본과 러시아의 정상들이 환하게 웃으며 손을 맞잡았다[18] 일본은 그 동안, 미국을 의식하여서도 중일 및 러일 정상회담 등에 적극적이지 않았다. 하지만 이제는 오히려 마치 미국에게 보란 듯이 당당하게 미국의 라이벌격인 중국 및 러시아와의 정상회담을 개최한 것이다. 이 자리에서 아베 총리는 특히 러일 정상회담 못지않게 중국의 시진핑 주석과의 회담에 공을 들였다. 트럼프 대통령의 무역공세로 미중 관계가 험악해지고 있는 상황을 노려 중일 관계의 반전을 꾀함과 동시에 오랜 동맹 관계를 유지해온 자신들을 함부로 대하고 있는 트럼프 대통령에게 암묵적 메시지를 전하려 했던 것이다. 이런 식으로 일본은 '미국 우선주의'를 소리높여 외치는 트럼프 대통령의 집권 이후 미국에 대항하여 중국 및 러시아와의 공조 전선을 강화하며 기존의 외교 전략의 수정을 도모하고 있기도 하다.

중한민국 외교 프레임

　현재, 세계 각국은 급변하는 국제정세 하의 생존과 번영을 위해 '새 시대에 부합하는 새로움'을 활발히 전개하고 있다. 동북아 역시 마찬가지다. 한중일의 경제 성장으로 동북아는 미국, 유럽과 함께 세계 정치 경제의 3대 축으로 부상했다. 하지만 패권을 지키려는 미국과 이에 도전하려는 중국, 그리고 새로이 군사 강국을 지향하려는 일본으로 인해 동북아는 협력보다는 경쟁과 알력의 각축장처럼 되고 있다. 이렇게 치열한 국제정세 속에서 우리 외교는 과연 어떤가?

　나는 우리 외교를 생각할 때마다, '건장한 체격으로 성장한 청년이 과거 유치원 시절에 입었던 옷을 계속 입으려 떼쓰고 있는 듯한' 인상을 지울 수 없다. 자기 자신이 열심히 노력하여 체격을 잘 가꾸었으면 이젠 그에 걸 맞는 새 옷을 입어야 마땅하다. 그럼에도 불구하고, 이제는 더 이상 몸에 맞지 않는 과거의 옷을 고집하다 보니 우리의 국력과 국격에 적합한 외교가 펼쳐지질 못하고 있다. 아직도 과도한 자기비하 속에 강대국 눈치를 보거나 주저주저하다가 다 놓치고 마는 '뒷북치기' 외교에서 벗어나지 못하는 것이다. 우리에게는 중견강국 대한민국에 적합한 외교가 절실하다.

　20세기는 냉전기였고 당시의 우리는 약소국에 불과했다. 그 시절의 우리에게 있어 외교란, 유일 초강국이었던 미국과의 우호 관계를 유지하는 것이 거의 전부와도 같았다. 하지만 21세기 현재는 냉전도 끝났을 뿐더러 유일한 초강국의 시기도 저물어가고 있다. 우리에게는 더 이상 20세기 약소국의 초라했던 '소한민국 외교 프레임'은 적합하지 않

다. 우리 모두 열심히 노력하여 중견강국으로 부상한 우리에게는 적어
도 '중한민국 외교 프레임'이 필요하다. 하지만 국내외적인 상황이 크
게 바뀌었음에도 불구하고, 그 나라가 어떤 나라건, 아직도 특정 국가
위주의 외교를 지속한다면 그 상태로 우리의 국익을 과연 얼마나 제대
로 보위할 수 있을까. 이와 같은 맥락에서 1995년부터 얼마 전까지 일
본, 미국 그리고 중국 등에서 거주하는 가운데 시나브로 체득하게 된
21세기 중견강국 대한민국에 걸맞는 세 가지 외교 프리즘 즉, '조류鳥類
외교', '돌고래 외교'와 '홍익중용 외교'를 제안한다.[19]

'조류(鳥類) 외교'를 지향하라!

먼저 우리는 '조류鳥類 외교'를 지향할 필요가 있다. 왜 조류외교인가?
결론부터 말하면 조류 외교, 즉 새를 형상화한 외교야말로 한반도의
지정학상, 가장 바람직한 모델 중 하나라 여겨지기 때문이다. 왼쪽 날
개, 즉 '좌익左翼'에는 중국이나 러시아와 같은 대륙세력을, 오른쪽 날
개, 즉 '우익右翼'에는 일본이나 미국과 같은 해양세력을 가진 한반도가
아닌가. 새는 양쪽 날개의 힘과 크기에 적절한 균형과 조화가 이뤄져
야 비상할 수 있다. 마찬가지다. 새의 몸체에 해당하는 곳에 위치한 한
반도에도 이와 같은 역학 논리가 적용된다. 다시 말해, 어느 한쪽 날개
가 기형적으로 크고 강하거나(즉 한 곳에 지나치게 의지하거나) 혹은 작거나
약하면(즉 한 곳을 지나치게 경시하면) 균형이 깨져 비상할 수 없다. 국익 최
적화를 기할 수 없기 때문이다.

주지하다시피 20세기의 동북아 국제정세와 21세기 현재의 상황은 매우 다르다. 20세기 당시는 이데올로기의 서슬이 시퍼렇게 살아 있었다. 그러한 상황에서 남북으로 분단되며 미국의 영향을 받게 된 한국으로서는 싫든 좋든, 원했건 원하지 않았건 미국 위주의 외교 전략을 구사하지 않을 수 없었다. 당시에는 지금처럼 외교 전략의 방향을 놓고 토의할 대안조차 전무한, 오로지 오른쪽 날개(미국) 위주의 이른바 '남방 3각 안보협력체제'에 의존할 수밖에 없었던 것이다. 이렇게 볼 때, 한미일 남방 3각 안보협력체제는, 좌우 이데올로기의 대립이 빚어낸, 냉전 상태에서나 유효했던 체제라 할 것이다.

그런데 현재의 동북아 정세는 어떤가? 우선, 냉전은 종식된 지 오래됐다. 아울러 그동안 대립하고 적대시했던 왼쪽 날개의 한 축인 중국이 급속도로 부상하여 우리의 제1의 교역대상으로 자리매김한 지도 이미 오래전 일이다. 한쪽 날개에만 치중하게 했던 국제 정세는 냉전 종식과 더불어 사실상 마무리된 것이다. 이는 곧 현재의 우리는 좌와 우를 골고루 아우르는 외교 정책이 절실한 시기에 놓여 있음을 의미하는 것이기도 하다. 그러므로 이제 우리는 한반도의 지정학적 요건에 부합하는 새로운 외교 전략을 구사해나가야 한다. 현재의 우리에게는 미국이니, 중국이니 하는 어느 한 편을 들기보다는 모두를 아우르는 가운데 비상할 수 있는 '조류 외교' 전략이 필요하다.

'돌고래 외교'를 지향하라!

다음으로 '돌고래 외교'가 필요하다. 돌고래는 비록 고래보다는 덩치가 작지만, 스마트함과 민첩함 등으로 덩치가 큰 고래와의 공생을 유도한다. 한국 외교에도 이처럼 지혜로운 외교가 필요하다. G1인 미국, G2인 중국, G3인 일본 등도 생존경쟁을 위해 갖은 노력을 다하고 있다. 우리 또한 민첩하고 유연한 사고와 판단으로 이들에 잘 대처할 뿐만 아니라 그들과 윈윈하며 살아갈 방법을 모색해야 한다.

2018년 11월 5일에서 10일까지 중국 상하이에서 개최된 '제1회 중국 국제 수입박람회中国国际□博会'도 마찬가지다. 이 행사에는 170여 개국에서 대통령과 총리, 경제 관련 부총리나 장관 등을 비롯한 고위급 관계자들과 국제기구 책임자, 3,600개 이상의 기업이 참여한 가운데 무려 약 578억 3000만 달러(약 65조 3000억 원) 규모의 계약이 성사됐다.

그런데 이 행사 약 일주일 전에 중국 당국이 나를 만나고 싶다고 했다. 시진핑 주석이 중점을 들여 주최한 수입박람회에 중국의 이웃인 한국은 장관급 한 명도 오지 않는다는 것이었다. 이로 인해 최고위층의 심기가 매우 불편하다고 했다. 최고 지도부 사이에서는 '한국이 아무리 미국 위주의 외교를 한다 해도 이건 좀 그렇지 않은가?'라는 기류가 팽배해 있다는 것이다. 그러면서 '다른 나라에서도 대통령이나 총리혹은 장관들이 오니까 슬쩍 장관 한 명이라도 보내면 좋지 않은가. 시주석도 미국의 기색을 살펴야 하는 한국의 사정을 잘 알고 있으므로 사드 제재 조치 해제나 한국 측에 대한 경제적 인센티브도 그 만큼 더 전향적으로 할 텐데…'라는 것이었다.

이런 그들을 바라보며 한 번 생각해보았다. 미중 사이에서 눈치를 보는 건 전 세계 어떤 나라도 크게 다를 바 없다. 그런데 170여 개국이 참가하는 엄청난 규모의 경제 프로젝트에 우리 장관 한 명 정도가 오는 것은 여러모로 좋은 일이 될 수 있다. 중국의 체면을 세워주면서 사드 제재 조치도 풀고 또 큰 규모의 경제 행사에서 우리 파이도 크게 만들 수 있는 좋은 기회가 아닌가? 나는 이를 우리 측에 바로 알렸다. 중국 측의 '심경'도 심경이지만, 그보다는 우리의 경제 상황 등이 좋지 않으므로 이 기회라도 잘 활용하는 것이 필요할 것 같다는 소견과 더불어 말이다. 그 반응은? '역시나'였다.

현재의 우리는 더 이상 6·25 직후의 약소국이나 최빈국이 아니다. 하지만 우리 사회는 아직도 '고래 싸움에 새우등 터진다'는 새우등 외교나 혹은 샌드위치 외교에 갇혀 스스로를 20세기 약소국처럼 여기고 있다. 지독한 시대착오적 발상이 아닐 수 없다. 21세기를 살아가는 우리에게는 돌고래가 고래와의 상생을 유도하며 살아나가는 것처럼, G1과 G2라는 고래들 사이에서 국익의 균형점을 잘 찾아 조율하며 이끄는 가운데 우리 국익도 최적화시켜 나가는 스마트하며 민첩한 돌고래 외교가 절실하다. 그렇게 했다면, 중국 수입박람회와 같은 안타까운 상황은 연출되지 않았을 것이다.

'홍익중용 외교'를 지향하라!

현재의 대한민국은 '홍익중용 외교弘益中庸外交, Benefit All By Moderation Foreign

Policy'를 지향할 필요가 있다. 여기서 말하는 '홍익중용'이란 우리 민족의 건국이념인 홍익(弘益)과 중국 고대사서의 하나인 중용中庸을 융합하여 만든 개념이다.

먼저 홍익이란, 주지하다시피 '세상에 널리 이롭게 한다'는 의미로써 우리 민족의 건국 이념이다. 중용이란, 사서의 하나인《중용》및 아리스토텔레스의 덕론德論의 핵심 개념으로 '지나치거나 모자라지 않고 도리에 맞는' 혹은 '이성과 지견智見으로 과대와 과소가 아닌 올바른 중간을 정함'을 의미한다. 이로써 유추할 수 있듯이, '홍익중용 외교'란 글로벌 전 세계 각지에 골고루 이익이 되도록 하는 홍익 외교를 표명함과 동시에 특히 동북아에서는 관련 각국의 국익이 과대도 과소도 아닌 올바른 '가운데(中)'가 되도록 협력과 통합을 이끄는 중용 외교를 지향하자는, 21세기 중견강국 대한민국의 스마트 외교 전략이라 할 수 있다(이 홍익중용 외교에 대해서는 현재 연구를 진행 중에 있으므로 그 진전에 따라 더 상세히 밝힐 기회를 마련하도록 하겠다).

'중국 및 러시아 활용 외교'를 강화하라!

중국은 우리를 필요로 한다. 미중 간의 대립이 격화될수록 필요성 또한 그만큼 더 증가한다. 그런데도 우리는 중국에 대해 주도면밀하게 파고들어 분석하고 적극 활용하기보다는, '짱깨'니 '때국'이니 하며 삐딱하고 과도하게 경계하고 있는 형국이다. 이래가지고서야 중국 활용은 고사하고 도저히 당해낼 수도 없을 것이다. 이미 살펴본 사드 문제만 해도 그렇다. 우리가 중국의 표면적 모습에 너무 휘둘리지 말고 그 속내를 적확하게 간파해냈다면 어땠을까?

우리는 그동안 소홀히 해온 러시아에도 주목할 필요가 있다. 러시아는 동북아 역내에서 그 존재감이 상대적으로 옅었다. 하지만 막강한 군사력이나 성장 잠재력 그리고 주변국과의 복잡한 관계 및 한러 관계 강화에 대한 러시아 측의 열망 등을 고려할 때, 러시아와의 관계 강화는 동북아 정세를 호전시킬 촉매제가 될 수도 있다. 실제로 러시아는, 한반도 주변 4강 가운데 어쩌면 한반도의 통일을 반대하지 않는 유일한 나라일 수도 있다. 러시아는 세계 최대의 영토를 지니고 있는 나라이다. 하지만 그 영토가 너무나도 방대하여 현재도 자국의 구석구석까지 꼼꼼하게 통치하기가 쉽지 않은 것이 현실이다. 게다가 수도인 모스크바가 유럽과 가까이 위치해 있어 한반도 사안이 그들의 치명적 안보나 국익 등과 직결되지는 않는다. 이러한 상황 속에서 지금보다 더 강한 통일 한반도의 등장은 주변 강대국들에 대한 세력 견제 등도 가능하기 때문에, 러시아는 오히려 지금보다 더 반길 수도 있다. 이렇게 러시아는 한반도 통일과 관련하여 미중일 3국과는 맥을 달리 하는 면이 있다. 우리가 그만큼 러시아를 잘 활용할 필요가 있는 것이다.[20]

자발적 약소국의 외교 패러다임을 벗고

우리 역사에는, 가까운 조선시대만 보더라도 국제 정세를 잘못 파악함으로써 국난을 겪어야 했던 적이 적지 않았다. 정확한 정세 파악과 그에 대한 합당한 대처 실패로 엄청난 시련을 초래한 1592년의 임진왜란 후에도 불과 수십 년 만인 1636년에 병자호란이라는 국난을 또 다시 자초하지 않았던가. 당시 조정에서는 임진왜란이 끝난 뒤에도 정세 파악 실패에 대한 성찰과 국방력 증진은 고사하고 철지난 명나라만 부르짖고 있었다. 명나라의 태양은 이미 저물기 시작했고 후금의 태양이 그 자리를 대신하려 하고 있었음에도 위정자들에게는 대국이었던 명나라의 운명과 자신들의 기득권이 더 급했던 것이다. 그렇기 때문에 후금의 사신을 오랑캐라고 멸시하며 위협하다가 결국 병자호란을 초래, 삼전도의 굴욕이라는 우리 역사상 최대의 치욕을 당하고 말았다. 구한말 당시는 또 어땠는가. 서구 열강들의 야욕이 거칠게 드러나고 있었음에도 불구하고 당시의 우리는, 주일 청국 참사관 황준헌의 "조선을 두고 부엌에 불이 붙기 시작했는데도 정작 그 조선은 마치 처마에서 지저귀며 노니는 제비와 참새 같다"는 말처럼, 세상 물정 모르는 채 기득권 싸움에 골몰했다. 그리고 그 결과는 어땠는가?

일본인들이 자주 사용하는 속담 중에 '제대로 갖추면 걱정은 필요없다(備えあれば憂い無し, 소나에 아레바 우레이 나시)'라는 말이 있다. 중국의 마오쩌뚱은 늘 "편안할 때 위험을 생각하라(居安思危, 지안쓰웨이)"고 강조했다. 바로 유비무환(有備無患)이다. 좋은 말이다. 하지만 제대로 된 유비무환을 위해서는, 어떤 식으로 유비무환을 해야 하는지 그 토대를 제대로 다져야 한다. 외교의 경우도 마찬가지다. 상대방의 상황을 안팎으로 꼼꼼히 파악하고 이에 대한 우리의 대처 능력 등도 충분히 객관화시켜야 비로소 믿음직한 외교 전략이 수행 가능하다.

하지만 여태까지의 우리 외교는 그렇지 못했기 때문에 외교적 참사요 패배가 끊이질 않았다. 이로 인해 '전략 없는 외교', '무방비 외교' 그리고 심지어는 '속국 자처 외교'라는 비아냥을 면하기 힘들었다. 그러나 이제는 달라져야 한다.

이를 위해서도 21세기 대한민국은 중견강국 마인드에 입각하여 오늘날의 우리에게 최적인 외교 전략을 전개해야 한다. '샌드위치 외교'니 '새우등 외교'와 같은 약소국 외교 마인드는 더 이상 우리에게 맞지가 않다. 이는 우리 스스로를 객관화시키지 못한 자기 비하가 아닐 수 없다. 국토 면적이 서울시의 절반 정도이며 인구 또한 44만 명에 불과한 인도양의 조그만 섬나라 몰디브 또한 양옆에 위치한 중국과 인도 사이에서 양국을 요리조리 잘 활용하며 국익을 최적화시키고 있지 않은가. 우리는 이제 중견강국의 외교를 당당하게 전개해나가야 마땅하다. 일본은 저들이 '오금이 저려 소변을 지릴 정도로 두려워하는' 북한에 대한 외교를 위해서도 우리를 필요로 한다. 이를 우리가 면밀히 파악하고 대일 전략에 반영하면, 아베 정권에 이렇게까지 무방비하게 끌려갈 필요가 없다. 마찬가지로 중국에 대해서도 위에서 언급한 것처럼 보다 당차고 힘찬 외교를 전개해나갈 필요가 있다. 20대의 건장한 청년이 언제까지 유치원생과 같이 행동할 것인가. 이미 오래전에 케네디(John F. Kennedy) 전 미국 대통령도 "국내 정치의 실패는 다음번 선거의 패배로 귀착되지만 외교의 실패는 그 나라의 흥망성쇠와 직결된다"고 한 바 있지 않은가.

지금, 세계가 한국을
부러워하는 이유

"교수님, 우리는 한국과 한국 기업이 너무 부러워요!"

중국이 계속 성장하다 보니, 전 세계에서 중국으로 몰려드는 외국 유학생들도 계속 늘어나고 있다. 특히 상하이는 중국 경제의 핵심이라 그런지 세계 각국 최고 지도자들의 혈족이나 해당 국가의 국비 장학생, 재벌 혹은 중견 기업의 후계자들도 많이 온다. 상하이의 대학에서 이들 외국인 학생들을 상대로 '한중일 비교', '동아시아 개론' 등을 강의한 나로서는 가르치는 것 못지않게 전 세계를 온 몸으로 느끼며 배우는 엄청나게 값진 경험이었다. 세상에 부러울 것 없어 보이는 명문가 청년들이 생뚱맞게 우리가 부러워 죽겠다는 이유는 무엇일까.

21세기를 리드할 중국을 바로 옆에 두고 있고, G3인 일본도 곁에 두고 있으니 부럽다는 그들의 말에 처음에는 기가 막혀 할 말이 없었다. 그 '웬수' 같은 나라들이 옆에 있어 부럽다는 말이 곧이곧대로 들리지 않았다. 비단 나뿐 아니라 일반적인 한국인이라면 비슷할 것이다. '아이고, 너희들이 한중일의 복잡 미묘한 과거를 몰라서 하는 소리다'라고 생각할 따름이었다.

그러다가 며칠 후, 불현듯 뒤통수를 한 방 맞은 듯한 깨달음이 용솟음쳤다. '맞다. 이 친구들은 한중일의 복잡한 과거를 잘 모르고 또 관심도 없다. 이 친구들은 미래라는 측면에서 우리를 부러워하고 있는 것이구나!'

실제로, 이들 젊은 친구들은 한중일의 역사에 대해선 그다지 관심이 없었다. 그들은 그저 글로벌 사회에서 떠오르는 중국에 관심이 있어 상하이까지 온 것이다. 이 나라를 잘 활용하면 그들 자신과 국가의 미래에도 도움이 될 것이기 때문이다. 하지만 일단 중국에 오는 일부터 쉽지 않다. 아프리카나 남미에서 비행기를 갈아타며 오는 데 걸리는 시간만 해도 2박 3일의 대장정이다. 또한 중국어를 비롯해서, 저들에게는 매우 독특하고 난해한 '유교'라는 관습과 생활문화에 익숙해지는 것도 어느 것 하나 쉽지 않다.

이에 비해 우리는 중국 베이징이나 상하이까지 비행기로 두 시간이면 갈 수 있다. KTX로 서울에서 부산 가는 것보다 짧다. 유교문화 덕에 생활 매너도 크게 낯설지 않다. 이런 식으로 생각을 달리해보면, 우리가 부러움의 대상이 될 만도 하다. 게다가 기술 강국에 경제 대국인 일본도, 마찬가지로 두 시간도 안 되는 거리에 두고 있지 않은가. 양국에 거리적으로도 가장 쉽게 갈 수 있고 경제적으로도 활용하기에 매우 유리하니, 입장을 바꿔놓고 보면 정말 부러울 수도 있는 게다.

중국 시장에서 우리가 잘 '먹힐' 수밖에 없는 이유

세계 최대의 시장으로 부상 중인 중국. 그러나 우리에게는 '중국 시장은 한국 기업의 무덤'이라고 여기는 분위기가 존재한다. 하지만 이미 몇 차례나 언급한 바와 같이, 우리 기업이 힘들다면 서구 기업은 얼마나 더 힘들겠는가. 이를 증명하기 위해 미국을 비롯한 서구 기업 및 일본 기업의 중국 시장 진출 여건과 우리 기업의 여건에 대해 간단히 비교해보도록 한다.

먼저, 미국을 위시한 서구 기업과의 비교이다. 첫째, 이들 기업은 중국 사회의 근간이라 할 만한 유교에서 비롯되는 상관습이나 비즈니스 문화 등에 우리보다 훨씬 덜 익숙하다. 서로 만나 나누는 농담부터 대화 후의 식사 자리까지 거의 모든 문화와 관습이 상당히 다르기 때문이다. 한 예를 들면, 한중일 3국 사람들은 미팅이 끝나면 식사와 더불어 술도 함께 마신다. '앞으로 잘해봅시다!'라면서 '건배!', '깐뻬이干杯!', '간빠이!乾杯'를 외친다. 이때는, 설령 술을 잘 못하는 사람일지라도 술잔 정도는 함께 부딪히며 마시는 흉내라도 낸다. 이런 모습은 우리나라의 비즈니스 현장과 다를 바 없다. 하지만 서구인들의 경우는 퍽 다르다. 이런 상황에서도 '오케이, 당신들은 술 마시고, 나는 물 마시고!' 하며 아무 거리낌 없이 자신의 뜻대로 하는 이들도 적지 않다. 겸손이

미덕인 유교 문화에 따라 행동하면 오히려 이상한 눈으로 쳐다보는 이들도 있다. 정말 많이 다르다. 오히려 다른 게 더 자연스럽다. 하지만 중일 양국 사람들로서는 당혹스러울 수밖에 없다. 새삼 문화적 이질감과 거리감 등을 느끼게 되는 것이다.

둘째, 정치적인 대립으로 인한 '정치 리스크'가 우리보다 더 크다. 특히 미국 기업은 사실상 헤게모니 쟁탈전 양상을 보이고 있는 미중 간의 대립의 영향을 송두리째 받고 있다. 이로 인해 중국에 진출한 미국 기업들은 중국 소비자들의 정서에 점점 더 민감해진다. 자칫하면 바로 불매운동으로 이어질 수 있기 때문이다. 예를 들면, 미중 양국 간의 대립이 격화될 때면 중국에 진출한 미국 브랜드는 직격탄을 맞기도 한다. 실제로 스타벅스의 경우, 양국의 갈등 고조로 인해 10년 전에는 자금성에 있는 스타벅스 분점을 철수하기도 했다. 자금성이라는 중국 문화의 상징에 미국 문화의 상징인 스타벅스가 함께 있는 것에 중국 민심이 점점 더 곱지 못하게 변해갔기 때문이다. 이때부터 중국 진출에 성공한 미국 브랜드들은 '남다르게' 긴장하기 시작했다. 미국 기업이기 때문에 당할 수 있는 우려가 현실화되기 시작했던 것이다. 1987년에 중국에 진출한 KFC도 예외는 아니다. 미국 브랜드 중 중국에서 가장 성공했다는 평가를 받는 KFC의 아침 메뉴는 중국인들의 일상적인 아침 식사가 되었을 만큼 중국 현지화에 성공했다. KFC의 중국 매장이 본고장인 미국보다 훨씬 많은 5,000여 개에 이를 정도다. 게다가 아직 개설을 원하는 요청이 끊이질 않는다니 중국은, 가히 '황금알을 낳는 시장' 같았을 것이다. 그러나 한편에서는 걱정이 태산 같다. 미중 경쟁이 격화될수록 중국인들의 곱지 못한 시선 또한 더해져 가는 탓에 장밋빛 앞날이지만은 않기 때문이다.

다음으로, 일본 기업과의 비교이다. 일본 기업은 유교 문화를 어느 정도 공유한다는 측면에서는 미국이나 서구 기업들보다는 낫다. 하지만, 중일 양국 사이의 정치적 대립에 더해 역사적 갈등 등 부정적 요소의 영향이 커서 곤욕스럽다. 이에 대해서는 위에서 언급한 '샤오 르뻔小日本'과 '르뻔 꿔즈日本鬼子'만 연상해도 어렵지 않게 추측할 수 있을 것이다. 물론 지극히 실용적인 중국 사회임을 고려할 때, 중국인들은 일본 기업 혹은 일본 제품 아니면 안 되는 경우라면 일본 것을 찾을 것이다. 그러나 다른 대체제가 있다면, 일본 기업을 더더욱 배척하려 할 것이다. 이런 점은 아무리 기술력이 뛰어난 일본 기업이라도, 유감스럽지만, 어쩔 수 없는 측면이기도 하다. 그래서 어떤 일본 기업들은 불상사의 예방 및 신규 비즈니스 수주 용이 차원에서 일본 기업적 '색채'를 가급적 드러내지 않으려는 곳도 있다.

한편, 시진핑 주석은 '중국 기업의 기술력을 글로벌 수준으로 끌어올려라'고 지시한 바 있다. 하지만 기술력이란 것이 단기간에 쑥 올라가는 게 아니다. 아무래도 외국 선진기술과의 제휴와 협력이 필요하다. 그런데 이 과정에서 미국이나 일본 기업은 기술 협력 대상에서 점차 제외되어 간다. 이는 곧 그에 필적할 기술을 지닌 우리 기업의 진출 가능성이 그만큼 높아지는 것임을 의미하는 것이기도 하다. 이에 대한 한 예로 화석연료 퇴출에 나선 중국 정부의 초거대 국책 프로젝트인 '사계절 항온하우스 보급사업'을 들 수 있다. 중국 정부는 2015년부터 화석연료의 사용을 전면 금지시켰다. 이로 인해 중국 내의 비닐하우스는 그동안 사용해왔던 석탄을 사용할 수 없게 되었다. 이에 따라 중국 정부는 중국의 MIT라 불리는 이공계의 최고 명문 칭화淸華 대학교에 무려 2,700여만 동에 달하는 온실하우스의 최첨단화를 위한 초거대 국가 프로젝트를 부여했다. 이에 중국 최고의 가전 메이커인 하이얼 그룹을 비롯, 일본의 최첨단 소재 기업인 교세라, 닛산 등과 같은 글로벌 기업들이 이 엄청난 '황금알을 낳는 프로젝트'를 따내기 위해 대거 경쟁에 참가했다. 슬쩍 들은 바에 의하면, 당초 일본 측이 다소 유리했던 것 같았다. 하지만 어인 일인지, 하이얼 그룹의 난방기 채택 가능성이 높아졌다. 그러다가 갑자기 우리나라의 한 중소기업의 난방기가 주목을 받으며, 결국 승리의 여신은 우리의 중소기업 품에 안겼다! 이로써 이 회사는 큰 돌발 변수가 발생하지 않는 한, 향후 몇 조원에 이르는 엄청난 과실이 예상되는 쾌거를 올리게 된 것이다. 이는 물론 우리 기업의 우수한 기술이 가장 큰 요소로 작용한 성과이다. 하지만 일각에서는 '아무래도 일본 기업이기 때문에 배제된 것'이라는 수근거림도 없지는 않은 것 같다.

이러한 중국 시장에서, 우리는 어떤 분야를 어떻게 공략해나가면 좋을까? 이와 관련된 정보는 우리 사회에 이미 적지 않다. 이에 따라, 여기에서는 한중 간의 기업 컨설팅 및 지원 등을 직접 해오는 과정에서 몸소 느낀 몇 가지 사항을 간단히 요약하고자 한다.

먼저 중국은, 누가 뭐래도 우리를 필요로 한다는 점을 기억하자. 아직은 말이다. 미일 양국은 중국과 헤게모니 쟁탈전이라는 '근본적 대립' 양상인 반면, 우리는 특정 사안이 불거질 때 일정 기간 경색되곤 하는 '부차적 대립' 양상이다. 그렇기 때문에 중국은 실용적 측면에서 자신들이 필요하다면, 우리에게만큼은 어떤 식으로든지 비교적 쉽게 손을 내민다. 실제로 중국의 사드 제재 조치로 우리 기업들이 어려움을 겪고 있을 때도, 우리 소비재 일부 품목들은 대중 수출이 오히려 증가했다. 심지어 200퍼센트까지 증가한 품목도 있다. 중국 정부는 표면적으로는 으르렁거리지만, 우리를 그렇게까지 뿌리치지는 못한 것이다. 또한 그들은 자국에서 대체 기술이나 대체재를 찾지 못하는 한, 미일 양국 기업에 대한 기술 의존 심화를 우려해서라도 우리 기업을 더 찾을 것이다. 이를 고려할 때, 우리가 중국 기업들이 따라오지 못할 기술을 유지한다면, 중국 시장에서의 지속 성장은 얼마든지 가능하다. 핵심 관건은 다름 아닌, 우리 기술의 '비교 우위'에 있음을 잊지 말자.

다음으로 중국 정부가 사활을 걸다시피하는 환경 분야를 비롯하여 중국에서 짝퉁이나 불량품 등이 자주 불거져 나오는 식품 및 위생 분야들을 집중 공략할 필요가 있다. 환경과 식품 분야는 중국에 대한 우리의 감정이 매우 좋지 않은, 중국 정부에게 분노를 느끼는 매우 민감한 분야들이다. 게다가 현재의 중국 기업의 기술로는 해결이 난망하여 중국 정부는 그만큼 더 곤욕스러울 수밖에 없는 분야들이기도 하다. 이로 인해 중국 정부는 '얼마가 들어도 좋으니 해결만 해다오!'라는 자세를 취하고 있다고 해도 과언이 아니다. 다행히도 중국 정부가 바라는 '면모'를 지닌 우리 기업들이 적지 않다. 한 예로 미생물을 가지고 수질 오염을 획기적으로 정화시키는 우리의 한 중소기업의 사례를 들 수 있다.

'바이오 ○'이라는 이 회사는, 오염이 극심했던 중국의 하천 지류 두 곳을 살려냈다. 그 효과는 실로 놀라웠다. 악취가 심하고 죽은 동물의 사체가 둥둥 떠내려가던 시커멓게 죽은 하천을 물고기와 개구리가 살

수 있는 수준으로 살려낸 것이다. 이는 내 눈으로도 직접 확인했고 중국의 관련 전문가들 또한 나와 함께 확인하며 놀라워했다. 하지만 한국 기업임에도 불구하고, 또 이미 한국의 하천 지류 몇 곳을 정화해냈음에도 불구하고 한국에서는 빛을 보지 못하고 있다. 유감스럽지만, 공무원들에게는 기존에 쭉 함께해온 '사이좋은' 기업들이 있고, 또 그들은 뭔가 새롭게 하는 것을 질색하지 않는가. 우리 공무원들을 떠올릴 때마다 머리카락이 빠진다. 이젠 그 많던 머리카락이 위태로워졌다. 현재 우리의 자랑스런 이 기업은 중국 측으로부터 기술을 인정받아 하천 지류가 4만 개에 이르는 상하이를 중심으로 오염된 하천을 살리는 단계에 이르렀다. 그 결과가 계속 좋으면, 이후에는 하천오염 등과 관련된 중국 정부의 국가표준기술에도 선정되어 중국 전역의 모든 수질 오염을 '고객'으로 맞이할 예정이다. 하지만 이 기업의 대표이사는 기쁘지만은 않은 것 같다. '우리 강토를 살리기 위해 혼신을 다하여 개발한 기술인데 정작 다른 나라 하천 살리기에만 활용되고 있으니…'라며 안타까워하고 있는 것이다.

세 번째로, 중국이 진행 중인 구조조정 분야도 적극 고려하자. 현재 중국은 사활을 건 경제의 구조조정을 진행하고 있다. 이것이 제대로 이뤄지지 않는다면, 중국호는 침몰로 향할 수도 있기 때문이다. 그런데 이는 중국 시장에서 우리의 '유리한' 기회 또한 그다지 오래가지 않을 수 있음을 암시하는 것이기도 하다. 구조조정이 잘 이뤄지면 굳이 외국 기업을 찾을 필요가 없기 때문이다. 따라서 우리 기업들은, 중국 기업들의 구조조정 국면도 수수방관하듯 할 게 아니라 최대한 활용해야 한다. 이를테면, 중국 기업의 구조조정이 제대로 이뤄지기 위해서도 타국의 선진적 기술이 필요하다. 이런 분야 역시 우리가 전반적으로 중국보다 앞서 있다. 그러므로 우리 기업들은, 구조조정 중인 중국 기업들과도 적극 협력하자. 그리고 그 대가로써 지분 등을 최대한 확보하도록 하자. 이들 중국 기업이 잘 나갈수록 우리의 이익도 그만큼 커지도록 다양한 형식으로 지분을 최대한 늘려나가는 것이다.

네 번째로, 현실을 직시하자. 그리고 더 스마트해지자. 이는 중국으로 진출한 대부분의 우리 기업들이 귀담아 들으려 하지 않는 매우 안타까운 사안 중 하나이다. 우리 기업들의 경우, 중국 진출에 있어 '100퍼센트 외자外資 기업'의 형태를 선호한다. 중국 파트너와의 사이에 무슨 일이 벌어질지 모르니 중국 내에 설립할 기업을 단독 외자법인으로 함으로써 속 편하게 경영한다는 것이다. 하지만 현실은 녹록지 않다. 중국 시장의 '속성'을 비롯하여 현지 유통망이나 상관습에 대해 얼마나 잘 안다고 혼자 헤쳐나가려 하는지 우려되는 것이다. 그보다는, 중국 기업과의 합작 등에 대해 오히려 더 적극 고려하라고 권하고 싶다. 우리의 뛰어난 기술과 중국 기업의 현지 생산시설이나 자본 및 현지 유통망 등을 결합시키는 것이다. 그렇게 되면 우리에게 부족한 것을 대부분 보완할 수 있게 된다. 물론 중국 기업의 '기술 탈취' 등의 우려가 제기된다. 이에 대해서도 전향적으로 생각할 필요가 있다. 일단 우리 기술의 난이도가 그리 높지 않아 중국 측에게 쉽사리 '뺏길' 우려가 있다면, 아예 처음부터 기술을 양도한다는 마음을 가지는 게 좋다. 물론 표면적으로 드러내지는 않는다. 하지만 합작 기업 설립 협상을 할 때, 기술 이전료를 최대한 많이 확보하도록 힘쓰자. 이때, 협상 카드로 합작 지분율을 사용한다. 즉 기술 이전료를 최대한 확보하고 지분율을 양보하는 형태로 협상한다. 오히려 지분율을 중국 측에 더 많이 주도록 하는 것이다. 그러면 그들은 무척 신명나게 일한다. 자기들의 수익이 훨씬 더 많으므로 비즈니스 과정에서 초래될 수 있는 각종 리스크들을 알아서 처리하는 등, 더 적극 일하게 되는 것이다. 이렇게 되어 수익이라는 파이가 커질수록 우리에게도 좋다. 가령 우리가 지분 40퍼센트를 갖는 회사가 수익 100원을 내서 40원을 갖는 것과, 지분은 20퍼센트지만 500원의 수익을 내서 100원을 갖는 것 중 어느 쪽이 더 나은가? 이리 되면, 일단 우리는 기술 이전료로 이미 어느 정도의 수익을 확보했고 또 이후의 비즈니스에도 크게 신경 쓰지 않으며 지속적인 수익을 기대할 수 있으니 실로 나쁘지 않은 구도가 아닐 수 없는 것이다.

가깝다는 것, 그 자체로 큰 비즈니스 강점

중국어 속담 중에, '사람이 복 안에 있어도 복을 모른다(人在福中不知福, 런 짜이 푸쫑 뿌쯔푸)'라는 게 있다. 사람이 복에 겨워도 그걸 알지 못한다는 의미이다. 이는 중국 시장과 관련 우리에게도 적용되는 말이 아닐 수 없다. 중국으로 향하는 외국인과 외국 기업은 우리를 부러워한다. 하지만 우리는 그 복을 잘 모르고 있다. 사실, 이러한 사정은 일본 시장에 대해서도 크게 다를 바 없다. 이는, 일본과 교역하고 있는 우리나라 한 중소기업 이사의 "일본은 우선 시차가 없고 지리적으로도 매우 근접해 있다는 점 등에서 진출할 때 물리적 부담이 훨씬 덜한 곳"이라는 언급으로도 잘 알 수 있다.[21] 그는 "시차와 물리적 거리가 꽤 되는 시장을 개발하고 관리한다는 것은 생각보다 어려운 일이다. 우리는 미국 법인을 운영 중에 있기 때문에 이에 대해 직접 느끼고 있다. 파트너 회사나 법인 직원의 질의와 피드백 처리에서도 본사를 거치게 되면 시차로 인해 최소 1일 이상의 지연이 발생한다. 핵심 기술과 플랫폼 개발을 본사에서 하는 만큼 이런 부분을 현지에서 처리하는 것도 쉽지 않은 등 항상 여러 문제에 노출되어 있다. 하지만 일본 시장은 이런 문제도 훨씬 적다"고 덧붙였다.

이처럼 과거의 우리는 힘없고 무기력한 약소국이었기 때문에 중국과 일본 사이에 끼인 상태가 긍정적이지만은 않았다. 하지만, 현재의 우리는 역량 있고 패기 있는 중견강국으로 성장했기 때문에 중국과 일본 사이에 끼인 상태가 부정적이지만은 않다. 국제정치적으로 우리가 외교만 보다 더 잘해나간다면, 경제 및 비즈니스적으로도 다른 어떤 나라들보다도 더 많은 것을 더 손쉽게 취할 수 있을 것이다.

한중일 파워시프트,
이제는 대한민국!

동유럽 국가 루마니아에는 30여만 명 인구 규모의 클루지나포카 시가 있다. 이 작은 도시에서는 매년 4월, '한국어 말하기 콘테스트'가 열린다. '한반도와 세계평화'라는 주제로 진행된 2018년 대회에는, 헝가리와 불가리아 같은 주변국에서도 대거 참가했다. 그 덕에 클루지나포카 시의 관광 수입에도 기여했다는 후문이다. 전 세계에서 인기를 모으고 있는 우리의 자랑스러운 한류 문화는 어느덧 우리와는 저 멀리 떨어져 있는 나라의 작은 도시 수입에도 기여할 정도가 되었다. 우리는 이미 김구 선생께서 소원하신 '문화대국'의 길을 다져가고 있다. 뿌듯하고 멋진 일이다.

젊은 시절부터 타국에 나가 오랜 시간 공부한 나는, 이 나이가 되도록 아니, 이 나이가 되어서 더더욱 내 자랑스러운 고국 대한민국이 가슴뭉클하고 눈물겹다. 그리고 바보 같게도 '참지 못하겠다'. 우리 민족의 불행했던 역사를 반복하고 말 것 같은 모습을 볼 때마다 기어이 나오는 목소리를 누르지 못하겠다. 그리하여 방송과 칼럼, 강연 등을 통해 '아닌 것'과 '그저 넘어갈 수 없는 것'을 절절히 토로하는 것이다. 하지만 언제나 계란으로 바위 때리기였다. 사실, 원고를 다 써 내려간 지금도 괜한 짓을 한 것 같아 출판을 포기하고 싶은 마음 또한 없지 않다. 허나, 내 졸견을 진지하게 들어주고 함께 고민해줄 누군가가 있으리라는 가느다란 바람이 이 책의 출간을 가능하게 했다.

문재인 대통령이 지난 2018년 8월 15일 광복절 경축사에서 "외국에 나가보면 누구나 느끼듯이 한국은 많은 나라들이 부러워하는 성공한 나라이고 배우고자 하는 나라입니다. 그 사실에 우리 스스로 자부심을 가졌으면 합니다"라고 말하기도 했듯이, 불과 60여 년 전 한국전쟁 당시 세계 최빈국이었던 우리는 세계가 놀랄 만큼 짧은 시간에 오늘날과 같은 경이로운 발전을 이뤄냈다. 페트리쉬 미국 하버드대 교수 역시 "세계인들은 한국을 발전한 나라라고 평가하며 칭송한다. 하지만, 정작 한국인들은 그것을 인정하지 않는다. 한국인들의 바로 이러한 모습이 오늘날의 한국을 이뤄냈다. 나라의 힘이 아닌, 사람들의 힘으로 발전해온 나라이기 때문에 한국은 더더욱 기대가 되는 나라이다"고 평하기도 했다. 이처럼 우리는 세계가 인정하는 저력을 가진 나라이다. 그러나 '있는 그대로의' 우리 위상과 역량에 대해 정작 제대로 알고 있는 사람은 많지 않다. 그 커다란 가능성을 품고 있으면서도 '내가 과연 먹고는 살 수 있을까' 하고 고민하는 사람들이 적지 않은 것이다. 밖으로 나가보면 상황은 달라진다. 우리가 '대한민국 사람'이라는 그 단순한 이유만으로도, 우리는 부러움의 대상이 된다. 실제로 그렇다. 밖으로 나가보면, 정작 우리는 '헬조선'이라 부르는 이 땅에 태어났다는 사실, 세계 최고의 국력과 경제력을 자랑하는 두 나라 사이에서 얼마든지 새로운 기회를 잡을 수 있는 가능성의 땅에 태어났다는 사실 때문에 우리를 부러워하는 이들도 많은 것이다. 멀리 갈 필요도 없다. 비행기로 불과 몇 시간만 가면 닿는 아시아 지역에 살고 있는 사람들도 21세기 문화강국으로 발돋움하고 있는 우리를 동경하며 우리말과 우리 문화를 익히고자 노력한다. 우리가 몰라서 그렇지, 어쩌면 이 또한 '선천적 불평등'일 수 있다. '헬조선' 안에서 아등바등하는 데 익숙해진 나머지 더 넓은 글로벌 무대에서 충분히 자긍심을 가질만 한 사람들이라는 것을 잊고 있는 것이다.

20세기 약소국의 관점을 깨버리고

우리는 지금 한반도 역사상 가장 위태로운 시기에 놓여 있기도 하다. 조선시대 임진왜란 당시 영의정이었던 류성룡 선생은 "과거의 잘못을 경계해 훗날에 환난이 반복되지 않도록" 하기 위해 《징비록懲毖錄》을 남겼다. 과거는 실로 강력한 힘을 지닌 존재이거늘, 우리는 또 그 과거를 외면하고 있는 것은 아닌지 살펴보아야 한다. 21세기의 지속적인 생존과 번영을 위해 우리는 오늘 무엇을 하고 있는가? 새로운 시대를 위해 혁신할 준비가 되어 있는가? 과학저술가인 매트 리들리Matt Ridley는 저서 《이성적 낙관주의자》에서 "인류만이 혁신할 수 있는 유일한 동물"이라 했다. 일본은 많은 면에서 우리보다 먼저 혁신과 변화를 감내했고 그만큼 앞선 것은 부인할 수 없다. 하지만 많은 면에서 우리보다 늦게 시작했고 그만큼 뒤쳐졌던 중국도 지금은 무서운 기세로 발전해나가고 있다. 하지만 우리는 아직도 철 지난 이념 대립과 내분으로 좌충우돌하고 우왕좌왕하는 가운데 도무지 앞으로 나아가질 못하고 있지 않은가.

더 이상 우리 스스로를 강대국 사이에 낀 샌드위치요 고래싸움의 새우등 신세라고 자기 비하하지 말자. 초라함을 자초하고 국격을 떨어트리는 약소국의 사고에서 벗어나자. 중견강국으로 성장한 오늘날의 우리에게는 적합하지 않다. 우리는 세계 2, 3위 강대국인 중일 양국 사이에서 중개자요 균형자로서의 제 역할을 당당히 해나갈 수 있을 만큼의 입지에 올라섰다. 그 어렵디 어려웠던 구한말, 한민족의 절체절명의 위기 상황 속에서도 안중근 의사는 우리의 역할이 적지 않은 '동양평화론'을 주창하며 이미 한중일 3국의 공동 번영의 길을 제시하지 않았던가. 하물며 현재 우리의 국력은 당시와는 비교조차 무의미할 정도로 강하게 변모했다. 우리 모두가 온갖 고생을 하며 이뤄낸 자랑스러운 자화상이다. 이처럼 오늘날의 우리는, 안중근 의사의 사상을 충분히 추구할 수 있게 된 것이다. 이를 고려하더라도, 우리는 우리 및 중일 양국에 대한 과거의 시각에서 깨어날 필요가 있다. 21세기 중일 양국에 대해 20세기 약소국의 관점이 아닌, 21세기 중견강국 대한민국의 관점에서 제대로 바라보고 다가가야 하는 것이다.

아시아 전문가로서의 역량을 가진 이 땅의 청년들에게

21세기 중견강국 대한민국의 관점에서 세계를 대하기 시작하면 이전에 불가능했던 많은 도전들이 가능해진다. 무엇보다 이 땅의 귀한 청년들이 '헬조선의 흙수저'라는 자기 비하에 빠져 있지 않기를 간곡하게 요청한다. 전술한 바처럼, 우리는 그 오랫동안 불운한 나라의 운명에 적극적으로 맞서 오늘의 발전을 이뤄냈다. '나라의 힘'이 아닌, '사람들의 힘'으로 발전해온 것이다. 그럼에도 불구하고 많은 청년들이 스스로가 만든 '창살 없는 감옥'에 갇혀 미래를 위해 오늘을 저당잡힌 그림자에 불과한 삶을 보내고 있다. 나는 눈을 높게 떠 넓은 세계를 보라고 권하고 싶다. 무엇보다 스스로에게 당당한 삶을 선사하기 위해서라도 활동 무대를 '한반도 터전'에서 '글로벌 터전'으로도 넓히는 것이다. 나는 이미 20여 년을 글로벌 각지를 다니며 지내는 가운데 이런 사실을 온몸으로 느껴왔다.

해보지 않은 것은 단지 해보지 않은 것일 뿐 못하는 것이 아니다. 이제부터라도 글로벌 세계에서 우리가 얼마나 축복받았고 또 유능한 존재였는지 그 세계에 나가 부딪혀봐야 한다. '개도 밖에 나가 다녀야지만 막대기에라도 부딪힌다(犬も歩けば棒に当る、 이누모 아루께바 보니 아따루)'는 일본의 속담처럼 일단 뛰쳐나가봐야 뜻밖의 행운과 기회도 붙잡을 수 있다.[22] 나아가 여러분들께 '아시아 전문가'의 길을 다져보라고 권하고 싶다. 미래학의 대가이자 유럽의 대표적 지성으로 꼽히는 자크 아탈리Jacques Attali 플래닛 파이낸스 회장은, 향후 수년을 전 세계의 권력 구도가 아시아로 전이되는 역사적 분기점으로 전망했다. "아시아 지역

은 양적인 측면에서는 이미 서구사회를 초과했고, 질적인 측면에서도 급속히 미국을 따라잡고 있다"면서 "한중일 3개국은 세계에서 가장 영향력이 센 경제권으로 형성될 것"이라고 전망했다. 이를 고려할 때, 한중일 전문가는 곧 아시아 전문가라고 해도 과언은 아닐 것이다. 이전 저서에서 이미 밝힌 바 있듯이, 여러 가지 요인을 고려할 때 한중일 전문가를 지향함에 있어 우리 '한반도인'이 가장 유리한 입장에 놓여 있다.

그러니 이 땅의 청년들께서 유라시아 지역에 더 많은 관심을 가져 주길 바란다. 그동안 우리는 20세기 냉전의 영향으로 동일한 민주주의권과의 교류에 비해 중국과 러시아를 비롯한 사회주의권과의 교류는 상대적으로 협소했다. 현재의 우리는 글로벌 시장이라는 하나의 프레임 속에서 생존과 번영을 추구해가야 한다. 이를 고려하더라도 그동안 우리가 상대적으로 소홀히 해온 중앙아시아 지역과 러시아 및 동구 유럽 등지에 더욱 많은 관심을 가지고 우리의 또 다른 터전으로 가꿔나가야 할 것이다. 다양한 자원의 보고이며 시장으로서의 가치 또한 적지 않은 그곳은 우리에게도 매우 호의적인 보물단지와도 같은 곳이기 때문이다. '내가 과연 해낼 수 있을까?' 걱정도 될 것이다. 하지만 '걱정하기보다는 하는 것이 더 쉽다(案ずるよりは生むが易し, 안주르 요리와 우무가 야스시)'라고 했다. 무슨 일이든 막상 해보면 생각보다 쉬운 것이 세상사인 것이다. 그러므로 지금 당장 더 넓은 세계를 품어 보시길, 더 늦기 전에 넓은 세상에서 크고 당당하게 호흡하시길 바란다.

정부 역시 중일 양국을, 나아가 글로벌 세계 각지를 우리 국민과 기업이 보다 더 잘 활용하도록 지원해야 할 필요가 있다. 사진만 몇 장찍고 무책임하게 예산을 쏟아붓는 전시행정이 아닌, 우리 국민과 기업의 '글로벌 진출(해외취업·해외창업·해외시장 진출 등)'을 그야말로 실사구시적으로 이끌며 지원하는 플랫폼이 필요한 것이다. 이와 관련, 십수 년을 글로벌 현장에서 유관 업무도 직접 병행하는 과정에서 다져온 생각을 토대로 나는 우리 정부에 다음과 같이 제안하고자 한다.

글로벌 진출과 관련된 전문기구의 설치 제언

글로벌 각지에는 우리 국민과 기업의 글로벌 진출의 기회가 생각보다 훨씬 많다. 글로벌 세계 역시 우리들에게 호의적인 시점이다. 이는 단순한 통계나 이론 차원이 아니다. 중국 및 동북아를 토대로 오랫동안 우리들의 글로벌 진출 지원에 직접 참여해온 가운데 현장에서 입증한 것이다.

하지만 이에 대한 우리 정부의 지원 체계는 안타까운 점이 없지 않다. 현재, 다양한 중앙 부처를 비롯하여 웬만한 지방자치단체들은 글로벌 진출을 위한 지원에 나서고 있다. 문제는 해외 현지에 직접 가담해온 입장에서 볼 때, 매우 비효율적이라는 것이다. 예를 들면, 지원 단체는 다양한데 프로그램은 서로 베낀 듯 대동소이에 불과하다. 그러니 부처 간 중복 경쟁과 예산 중복 사용과 같은, 납세자로서 정말 돈이 아까울 지경의 전시행정이 많다. 이를 종합적으로 고려하고 그동안의 직접 경험을 토대로 글로벌 진출과 관련된 전문기구의 설치를 제안하고자 한다.[23]

우선은 청와대에 '글로벌 진출 비서관' 등을 신설, 관련 부처들의 중복된 업무를 '원 시스템One System' 안에 체계적으로 일원화할 필요가 있다. 사실 생각 같아서는 대통령 직속 '대한민국 글로벌 추진위원회'의 설치를 제안하고 싶다. 하지만 여러 사정상 그런 기구로 바로 출발하기란 쉽지 않을 수 있기 때문에 일차적으로 전담 비서관직이라도 신설해서, 이곳에서 정부 각 부처의 비효율적 경쟁도 최소화하고 예산 또한 보다 더 효율적으로 사용하도록 다져나가자는 것이다. 이와 더불어, 해외 현지의 우리 공관들과 글로벌 각지의 코리안 네트워크 등을 보다 체계적으로 활용할 수 있는 구조도 이곳에 만들 필요가 있다. 특히 해외 각지 우리 공관들을 '글로벌 진출'을 위한 현지의 '베이스캠프'화 시켜야 한다. 우리 공관들은 과거에 해왔던 것만 하며 탱자탱자 해선 안 된다! 이제는 21세기 현재 우리가 필요로 하는 새롭지만 필요한 일에도 적극 나서야 한다. 이런 식으로 거듭난 해외 공관을 거점으로, 그 주위의 코리안 네트워크와 현지 국가의 유관 네트워크 등과 긴밀히 협력하는 구도도 만들어야 한다. 이렇게 새롭게 일원화된 체계를 토대로 우리의 글로벌 진출을 보다 효율적이며 실질적으로 지원해나가는 것이다. 이때 필요한 예산은, 각 부처들의 중복 경쟁에서 절감한 것만으로 충분하고도 남을 것이다.

　사실 이런 구상은, 그동안 우리 정부에 다양한 경로를 통해 몇 번이고 제안해왔다. 하지만 그 때마다 탁상행정과 복지부동이라는 '공무원 장벽'에 부딪히기만 했다. 그러나 이제는 '일자리 정부'를 표방하는 정부가 들어섰다. 그래서 마지막이라는 심정으로 다시 한 번 제안하는 것이다. 그러므로 이번에는, 일자리 정부를 자처하는 대통령과 청와대가, 일선 공무원들에게 맡기지만 말고, 직접적으로 챙겨주었으면 좋겠다. 그리하여 이번 정부부터라도 우리 한민족의 '터전' 개념을 '한반도 터전' 뿐만 아니라 '글로벌 터전'으로도 적극 확대해서 우리 국민과 기업이 글로벌 각지를 우리의 또 다른 터전으로써 확보하며 가꿔나갈 수 있도록 '제대로' 이끌고 '제대로 된' 지원을 해주시길 간절히 바라마지 않는다.

마지막으로, 솔직히 나도 '친중파'나 '친일파'라는 소리는 듣고 싶지 않다. 나는 열렬한 '대한민국파'이기 때문이다. 하지만 국제사회가 팍스 아시아나 시대로 변모해가고 있고, 그 속에서 한중일의 위상, 특히 우리의 역할이 더 부각되는 '한중일 파워시프트, 대한민국의 시대'를 제대로 준비하는 데 이 책이 터럭 같은 참고라도 된다면, 그보다 더한 소리도 기꺼이 감내할 것이다. 아무쪼록 우리가 중일 양국을 조화롭게 이끄는 가운데 한중일 3국이 함께 성장해가는 상위동행相慰同行을 꿈꾸며, 무거운 짐을 내려놓은 기분으로 걸쭉한 막걸리에 심신을 맡기고자 한다. "감사합니다!", "どうもありがとうございました(도우모 아리가또 고자이 마시따!)！", "谢谢大家(시에시에따쟈!)！"

한중일 기본 비교

대한민국	
수도	서울
면적	100,363㎢ (세계 109위) 221,000㎢ (남북한 면적)
국기	태극기
국화	무궁화
국가	애국가
언어	한국어
인종	단일민족
종교	무교(56%), 기독교(27.7%), 개신교(19.7%), 불교(15.5%), 천주교(7.93%)
건국기념일	10월 3일
정부형태	대통령제
인구	약 51,812,153명 (세계 27위)
인구밀도	509명/㎢ (2018년 기준)
GDP	1조 6,556억$ (2018년 기준, 세계 11위)
GDP (PPP)	2조 1,397억$ (2018년 기준, 세계14위)
1인당 명목 GDP	32,046$ (2018년 기준, 세계 28위)
1인당 PPP GDP	41,416$ (2018년 기준)
GDP 성장률	2.8% (2018년 기준)
무역 규모	1조 521억$ (2017년 기준)
외환보유액	4,024$ (2017년 기준)
빅맥지수	4.03$ (세계18위)
무디스 국가신용등급	Aa2 (2015년, 3등위)
피치 국가신용등급	AA- (2012년, 4등위)
S&P 국가신용등급	AA (2016년, 3등위)
민주주의지수	8.00 (2017년 기준, 세계 20위)
언론자유지수	23.51 (2018년 기준, 세계 43위)
부패인식지수	54점 (2017년 기준, 세계 51위)
권력자 집권	이승만: 1948.07.24~1960.04.26, 3회 윤보선: 1960.08.13~1962.03.24, 1회 박정희: 1963.12.17~1978.12.27, 5회 최규하: 1979.12.06~1980.08.16, 1회 전두환: 1980.08.27~1988.02.24, 2회 노태우: 1988.02.25~1993.02.24, 1회 김영삼: 1993.02.25~1998.02.24, 1회 김대중: 1998.02.25~2003.02.24, 1회 노무현: 2003.02.25~2008.02.24, 1회 이명박: 2008.02.25~2013.02.24, 1회 박근혜: 2013.02.25~2017.03.10, 1회 문재인: 2017.05.10~현재

행정단위	특별시 : 서울 자치시 : 세종 광역시 : 부산, 대구, 인천, 광주, 대전, 울산 도 : 경기도, 강원도, 충청북도, 충청남도, 전라북도, 전라남도, 경상북도, 경상남도, 제주특별자치도

중국	
수도	베이징
면적	9,596,960㎢ (세계 4위)
국기	오성홍기
국화	공식적 국화 없음
국가	의용군 행진곡
언어	중국어
종교	도교, 불교, 이슬람교, 천주교, 개신교 ⇒ 67.4%
건국기념일	10월 1일
정부형태	일당 독재 체제
인구	약 1,415,046,000명 (세계 1위)
인구밀도	140/㎢ (2018년 기준)
GDP	14조 0,925억$ (2018년 기준, 세계 2위)
GDP (PPP)	21조 2,690억$ (2016년 기준, 세계 1위)
1인당 명목 GDP	10,088$ (2018년 기준, 세계 73위)
1인당 PPP GDP	15,424$ (2016년 기준)
GDP 성장률	6.9% (2017년 기준)
무역 규모	4조 2,350억$ (2015년, 세계 1위)
외환보유액	3조 1,121억$ (2017년 기준)
빅맥지수	3.09$ (세계 33위)
무디스 국가신용등급	A1 (2017년, 5등위)
피치 국가신용등급	A+ (2007년, 5등위)
S&P 국가신용등급	A+ (2017년, 5등위)
민주주의지수	?
언론자유지수	78.29 (2018년 기준, 세계 176위)
부패인식지수	41점 (2015년 기준, 세계 77위)
권력자 집권	마오쩌둥: 1949~1976 화궈펑: 1976~1981 덩샤오핑: 1981~1989 장쩌민: 1989~2004 후진타오: 2004~2012 시진핑: 2012~

행정단위	성(23) : 하북성, 산서성, 강소성, 절강성, 안휘성, 복건성, 강서성, 산동성, 하남성, 호북성, 호남성, 광동성, 해남성, 요녕성, 길림성, 흑룡강성, 섬서성, 감숙성, 청해성, 사천성, 귀주성, 운남성, 대만성 직할시(4) : 북경시, 천진시, 상해시, 중경시 자치구(5) : 내몽고자치구, 광서장족자치구, 영화회족자치구, 신장위구르자치구, 서장자치구

일본	
수도	도쿄
면적	377,915㎢ 세계 62위
국기	일장기
국화	공식적 국화 없음
국가	기미가요
언어	일본어
인종	대화족(야마토족) 99% 이상, 기타 재일교포, 아이누족 등 1% 미만
종교	신도(52.3%), 불교(42.2%), 기독교(1.1%), 기타(4.3%)
건국기념일	2월 11일
정부형태	내각책임제
인구	약 127,185,000명 (세계 11위)
인구밀도	338/㎢ (2018년 기준)
GDP	5조 1,670억$ (2018년 기준, 세계 3위)
GDP (PPP)	5조 4,202억$ (2017년 기준, 세계 4위)
1인당 명목 GDP	40,849$ (2018년 기준, 세계 23위)
1인당 PPP GDP	42,658$ (2017년 기준)
GDP 성장률	1.8% (2017년 기준)
무역 규모	1조 2,494억$ (2015년 기준, 세계 4위)
외환보유액	1조 2,587억$ (2017년 기준)
빅맥지수	3.50$ (세계 23위)
무디스 국가신용등급	A1 (2017년, 5등위)
피치 국가신용등급	A (2017년, 6등위)
S&P 국가신용등급	A+ (2015년, 5등위)
민주주의지수	7.88 (2017년 기준, 세계 23위)
언론자유지수	28.64 (2018년 기준, 세계 67위)
부패인식지수	73점 (2017년 기준, 세계 20위)

권력자 집권	43대 히가시쿠니노미야나루히코: 1945.08.17〜1945.10.09 44대 시데하라기주로: 1945.10.09〜1946.05.22 45대 요시다 시게루: 1946.05.22〜1947.05.24 46대 가타야마 데츠: 1947.05.24〜1948.03.10 … 75대 우노 소스케: 1989.06.03〜1989.08.10 76대 77대 가이후 도시키: 1989.08.10〜1991.11.05 78대 미야자와 기이치: 1991.11.05〜1993.08.09 79대 호소카와 모리히로: 1993.08.09〜1994.04.28 80대 하타 쓰토무: 1994.04.28〜1994.06.30 81대 마라야마 도미이치: 1994.06.30〜1996.01.11 82대 83대 하시모토 류타로: 1996.01.11〜1998.07.30 84대 오부치 게이조: 1998.07.30〜2000.04.05 85대 86대 모리 요시로: 2000.04.05〜2001.04.26 87대 88대 89대 고이즈미 준이치로: 2001.04.26〜2006.09.26 90대 아베 신조: 2006.09.26〜2007.09.26 91대 후쿠다 야스오: 2007.09.26〜2008.09.24 92대 아소 다로: 2008.09.24〜2009.09.16 93대 하토야마 유키오: 2009.09.16〜2010.06.08 94대 간 나오토: 2010.06.08〜2011.09.02 95대 노다 요시히코: 2011.09.02〜2012.12.25 96대 97대 98대 아베 신조: 2012.12.26〜현재
행정단위	1도(都) : 도쿄도 1도(道) : 홋카이도 2부(府) : 오사카부, 교토부 43현(縣)

한국 관점 역사 연표

연대 국가	한국				중국	일본	서양
10000	구석기시대(BP.500000~13000)				구석기시대(BP.600000~13000)	구석기시대(B.P.500000~13000)	원시
5000	중석기시대(BP.13000~8000)				중석기시대(BP.12000~10000)	승문시대(BC.10000~300)	
3000	신석기시대(BC.6000~1500)	고조선	단군조선(BC.2333~1046)		신석기시대(BC.8000~2000)		B.C.4000
2000							
1500					하(BC.8000~2000)		
1000					은상(BC.1600~1047)		
700	청동기시대(BC.1500~300)		기자조선(BC.1046~184)		서주(BC.1046~771)		
500					춘추전국(BC.770~221)		고대
400							
300					진(秦, BC221~207)		
200	철기시대(BC.300~100)		청왕시대(BC.323~184)			미생시대(B.C.300~A.D.300)	
B.C.100				위안조선(BC.194~108)	한(B.C.206~A.D.220)		
0	(전한) 삼한시대(변한) (미한)						
100	신라(B.C.57~935)	백제(B.C.18~660)	고구려(B.C.37~668) 부여(B.C.4~494)	낙랑(BC.108~313)			476
200					삼국(220~280)		
300					진(265~420)	고분시대(300~600)	
400					남북조(420~589)		
500							
600					수(580~617)	비조(592~710)	
700	전기 후기		발해(698~926)		당(618~907)	나라(691~774)	중세
800							
900	후삼국(892~936)				오대(907~959)		
1000	고려(高麗, 918~1392)				송(960~1279) 요(916~1125)	평안(771~1192)	
1100					금(1115~1231)		
1200					몽고(원, 1206~1367)	검창(1192~1334)	
1300						남북조(1192~1334)	
1400							1453
1500	조선(1392~1910)				명(1368~1362)	실정(1392~1573)	근세
1600						도산(1673~1600)	
1700					청(1616~1911)	강호(1600~1867)	19C
1800							
1900	일제강점기(1910~1945)				중화민국(1911~1971)	군국주의시대(1868~1945)	근대
2000	대한민국(1945~현재)				중국(1949~현재)	일본(1945~현재)	현대

중국 관점 역사 연표

서기	중국		한국	일본
前世期	하(夏)			
前1141~1111	상(商(은殷))			
	주(周)		기자조선(箕子朝鮮)	
	춘추(春秋)			
	전국(战国)			
前211~181	진(秦)		위씨조선(卫氏朝鲜)	
前181~151	한(汉)			
前151~121				
前121~91			낙랑군한령(乐浪郡汉领)	
前91~61				
前61~31				
前31~1				
前1~30	신(新)		낙랑군후한령(乐浪郡后汉领)	
30~60	후한(后汉)			왜·노국(倭·奴国)
60~90				
90~120				왜국(倭国(帅升))
120~150				
150~180				
180~210	촉(蜀) / 오(吴) / 위(魏)		삼한(三韩)	야마타이코쿠(邪马台国)(卑称呼)
210~240				
240~270				
270~300	진(晋)동진(东晋) / 십육국(十六国)전진(前秦)		고구려(高句?)	
300~330				수이(치치)왕조(崇神王朝)
330~360				
360~390	남송(南宋)			
390~420				인덕왕조
420~450				
450~480				
480~510	양(梁) / 북위(北魏)		백제(百济)	
510~540				게이타이왕조
540~570	양(梁) / 서위(西魏) 동위(东魏)			
570~600	진(陈) / 서주(西周) 북제(北齐)		신라(新罗)	긴메이왕조
600~630	수(隋)			
630~660	당(唐)			
660~690				
690~720	주(周)		발해(渤海)	
720~750				
750~780				
780~810	당(唐)			
810~840				
840~870				
870~900				

연대	중국			한국		일본
900~930	후양(后梁) 후당(后唐)			후고구려 (后高句丽)	후백제 (后百济)	고난왕조 (후지와라 섭정) (헤이안)
960~990	후진(后晋) 후한(后汉) 후주(后周)		요	고려(高丽)		
990~1020	송(宋) 남송(南宋)	서하 (西夏)				
1020~1050						
1050~1080						
1080~1110						
1110~1140						
1140~1170			금			다이라노 기요모리 (平清盛)
1170~1200						키소 요시나카 (木曾义仲)
1200~1230			몽고			가마쿠라 막부 (镰仓幕府)
1230~1260						겐지 (源氏) 호조 (北条氏)
1260~1290	원(元)					
1290~1320						
1320~1350						
1350~1380						남조(南朝)　　북조(北朝)
1380~1410	명(明)			이씨조선(李氏朝鲜)		무로마치 막부 (室町幕府) 아시카가 (足利氏)
1410~1440						
1440~1470						
1470~1500						
1500~1530						
1530~1560						
1560~1590						오다 노부가나 (织田信长)
1590~1620						도요토미 히데요시 (丰臣秀吉)
1620~1650						
1650~1680	청(?)					
1680~1710						
1710~1740						에도 막부 (江户幕府) 도쿠가와 (德川氏)
1740~1770						
1770~1800						
1800~1830						
1830~1860						
1860~1890						
1890~1920	중화민국(中华民国)			대한민국(大韩帝国)		대일본제국(大日本帝国)
1920~1950	중화민국(中华民国)			일본령(日本领)		
1950~1980	중국(中华人民共和国)			대한민국(大韩民国)	북한 (北朝鲜)	일본국(日本国)

일본 관점 역사 연표

	일본	한국	중국
기원전	죠몽시대(繩文時代)	기자조선(箕氏朝鮮)	한(汉)
		위씨조선(衛氏朝鮮)	
1세기	야요이시대(弥生時代)	한나라지배(汉의直接支配)	
2세기			
3세기	고분시대(古墳時代)		삼국(三國)
4세기			진(晋)
5세기	아스카시대(飛鳥時代)	고구려(高句麗) 백제(百済) 신라(新羅)	
6세기			수(隋)
7세기			당(唐)
8세기	나라시대(奈良時代)	신라(新羅)	
9세기	헤이안시대(平安時代)		
10세기		고려(高麗)	오대십국(五代十國)
11세기			송(宋)
12세기			
13세기	가마쿠라시대(鎌倉時代)		원(元)
14세기	무로마치시대(室町時代)		
15세기		이씨조선(李氏朝鮮)	명(明)
16세기	모모야마시대(桃山時代)		
17세기	에도시대(江戸時代)		청(淸)
18세기			
19세기	메이지(明治)	일본통치(日本의統治) 한국·북조선	
20세기	다이쇼·쇼와(大正·昭和)		중화민국(中华民国)
21세기	헤이세이(平成)		중국(中华人民共和国)

1장. 오늘, 대륙과 열도는 무엇을 꿈꾸는가

1. 이하, 〈연합뉴스〉(2018.09.14), "'일본 훌륭하다' 붐은 틀렸다'…英거주 일본인 책 일본서 화제" 참조 및 수정 인용
2. 이하, 〈한국경제〉(2018.02.07), "시장을 간섭하는 정책은 최하책" 수정 인용
3. 이하, 〈뉴스1〉(2018.01.01), "서구가 후퇴할 때 중국은 전진한다" 수정 인용
4. 이하는, 〈동아일보〉(2018.09.20), "아베의 3연임과 韓日" 참조 및 수정 인용
5. 《마스시타 고노스케, 위기를 기회로》(청림출판, 2010) 본문 20페이지
6. 삼성경제연구소 보고서 〈일본자본주의 정신 그 형성배경과 과정〉(김두겸, 1995) 참조 및 수정 인용
7. 이하, 〈노컷뉴스〉(2018.09.09), "반도체 호황에 대일무역적자↑…'가마우지경제' 해법 없나" 수정 인용
8. 이하, 〈조선일보〉(2018.05.05), "일본이 말한다 '이순신은 세계 제1의 海將'" 수정 인용
9. 독도 성금 등에 대해서는, 〈경향신문〉(2011.08.15), 졸필 "독도 해법, 새로운 제안" 참조
10. 이하, 〈세계일보〉(2018.04.20), "얼른 뛰어! 관람객이 던진 돌 때문에….", 〈서울신문〉(2018.04.10), "돈 보따리 들고 해외로 '엑소더스'하는 중국 부자들", 〈연합뉴스〉(2018.04.20), "중국서 함부로 무단횡단하면 물벼락 맞는다", 〈연합뉴스〉(2018.09.05), "中 유치원 입학식서 핫팬츠 여성댄서 봉춤" 참고 및 수정 인용
11. 이에 대한 상세는, 〈연합뉴스TV〉(2014.02.26), "中당국자 '韓요청하면 中도 '동해 병기' 검토 기류" 참조

2장. 동북아 힘의 지형을 이해하는 10가지 키워드

1. 이하, 筧 武雄 外,〈中国のことがマンガで3時間でわかる本〉、明日香出版社、2017、9 참고
2. 이하, 네이버 지식백과(https://m.terms.naver.com/entry.nhn?cid

=42999&docId=1833086&categoryId=42999, https://namu.wiki/
w/%EC%9E%90%EC%9C%84%EB%8C%80) 참조 및 수정 인용

3. 이하, 〈중앙SUNDAY〉(2018.09.15), "변화 꺼리는 일본, 아베 같은 '금수저'도 적폐
    아닌 전통" 수정 인용

4. 이하, 네이버 지식백과(https://m.terms.naver.com/entry.nhn?cid=42999&docId=
    1833085&categoryId=42999&expCategoryId=42999) 등 참조 및 수정 인용

5. 이하, 나무위키(https://namu.wiki/w/%EC%9E%90%EC%9C%84%EB%8C%80)
    참조 및 수정 인용

6. 이하, 〈중앙일보〉(2018.03.25), "日 경악시킨 트럼프 한마디 '아베, 이젠 웃지 못 할
    걸'" 수정 인용

7. 이하, 〈조선일보〉(2018.04.04), "시진핑, 덩샤오핑의 길 버리고… 리콴유式 '1인 통
    치' 택했다", 수정 인용
    이하, 〈한국경제신문〉(2018.09.11), "'가장 빠른 추격자' 된 중국 ICT 혁명의 비밀",
    〈중앙일보〉(2018.04.18), "중국은 실리콘밸리를 능가할 수 있을까" 참조 및 수정 인
    용
    〈이데일리〉(2018.06.08), "세계 1위 도요타, 중국서 폴크스바겐 앞에서 꼬리 내리는
    이유" 등 참조 및 수정 인용

8. 이하, 〈뉴시스〉(2018.11.26.), "JAL의 극적인 재도약 비결은?…'기초로 돌아가라'" 참
    조 및 수정 인용

9. 이하, 〈Weekly BIZ〉(2016.07.16.), "'기술의 일본' 있어도 '경영의 일본'은 없었다",
    〈중앙선데이〉(2018.09.15.), "변화꺼리는 일본, 아베 같은 '금수저'도 적폐 아닌 전
    통",
    〈이데일리〉(2018.06.08), "세계 1위 도요타, 중국서 폴크스바겐 앞에서 꼬리 내리는
    이유" 등 참조 및 수정 인용 및 수정 인용

10. 이하, 네이버 지식백과 시사상식사전, '모노즈쿠리'; 네이버
    지식백과, '모노즈쿠리법' 참조 및 수정 인용

11. LG경제연구원(2017.10), "산업 정체 타개를 위한 일본의 선택", 참조 및 수정 인용

12. 이하, 〈뉴시스〉(2018.11.26.), "JAL의 극적인 재도약 비결은?…'기초로 돌아가라'" 참
    조 및 수정 인용

13. 이하, 〈중앙시사매거진〉(2018.10.23), "일본기업 부활의 비결: 공유가치";
    〈노컷뉴스〉(2018.11.26), "농업과 복지의 만남…日 '사회적 농업'을 아시나요?" 참조
    및 수정 인용

14. 이하, 〈조선일보〉(2018.10.26), '아스팔트 위의 메이와쿠', 수정 인용

15. 이하, 나무위키(https://namu.wiki/w/%EC%A4%91%EA%B5%AD%EC%96%B4)의 중국어 설명을 참고로 하여 부분적으로 전재 및 수정 인용

16. 이하, 나무위키(https://namu.wiki/w/%EC%9D%BC%EB%B3%B8%EC%96%B4)의 중국어 설명을 참고로 하며 부분적으로 전재 및 수정 인용

3장. 한국이 주도하는 동북아 전환 시대의 논리

1. 이하, 〈매일경제신문〉(2018.09.13), "주판알만 튕기는 트럼프, '유리잔' 같은 한미동맹" 참조 및 수정 인용

2. 이하, 〈프레시안〉(2018.11.27), 졸필 칼럼, "북향민 청년 '아오지탄광, 그런 곳인줄 한국와 첨 알았다'" 수정 인용

3. 〈뉴시스〉(2018.04.18), "다시 중국의 변방 소국으로 전락할 것인가" 수정 인용.

4. 〈연합뉴스〉(2016.12.15), "서구 패권주의는 종식할 것…한국 중국 쫓아가야" 수정 인용.

5. 이하, 〈한국경제신문〉(2018.10.10.), "일본 방문객 수-한국이 중국 추월할 것이란 전망에 미소 짓는 日" 수정 인용.

6. 이하, 〈경향신문〉(2017.12.22), "일본을 이기는 방법" 참조 및 수정 인용.

7. 이하, 〈서울신문〉(2018.02.19), "일본을 반면교사로 실업대란 탈출하자", 참조 및 수정 인용.

8. 이하, 〈연합뉴스〉(2018.08.15.), "'어, 일본에서 봤는데'…유통 · 식품업계 도넘은 일본 '벤치마킹'" 참조 및 수정 인용

9. 이하, 〈더스쿠프〉(2018.07.11.), "일본 열풍에 숨은 슬픈 경제학" 참조 및 수정 인용

10. 이하, 〈조선일보〉(2018.09.17.), "日, 20년 취업난이 낳은 '40代 결포 세대'" 참조 및 수정 인용

11. 이하, 〈매일경제신문〉(2018.09.16.), "日 다마신도시는 왜 유령도시로 추락 했나" 참조 및 수정 인용

12. 이하, 〈조선일보〉(2018.07.18.), "일본이 초고령 사회를 버티는 힘" 참조 및 수정 인용

13. 이하, 〈중앙SUNDAY〉(2018.05.05.), "'정치 갈등으로 사회 분열' 한국은 61퍼센트 유럽은 20퍼센트대" 수정 인용

14. 이하, 〈연합뉴스〉(2018.05.19), "국민 10명 중 8명 '우리 사회 갈등 심하다'" 수정 인용

15. 이상, 독일 언론의 평가에 대한 상세는, 〈연합뉴스〉(2018.09.23.), "한반도 전망에 박하던 獨언론, 잇단 남북회담 후 희망적 시선" 참조

16. 이하, 〈세계일보〉(2018.09.05.), "日은 報道, 韓은 言論, 中은 媒體", 참조 및 수정 인용

17. 이하, 〈동아일보〉(2018.08.29), "'美에만 의존할 수는 없다'… 마크롱의 유럽안보 독립선언" 수정 인용

18. 이하, 〈동아일보〉(2018.09.11.), "트럼프 빼고 머리 맞댄 中日러시아… 북핵-무역이슈, 美에 각 세우나" 수정 인용

19. 이하, 〈프레시안〉(2017.09.07), 졸필 "문재인 외교, 무엇이 문제이고 어떻게 해야 하나?", 수정 인용

20. 상세는, 〈프레시안〉(2018.06.19) 참조(http://www.pressian.com/news/article.html?no=200790&utm_source=daum&utm_medium=search#09T0)

21. 이하, 〈매일경제신문〉(2018.09.13.), "일본, 스타트업 통해 경제 성장 돌파구 찾았다", 수정 인용

22. 이하, 〈상하이 저널〉(2015.07.31), 졸필 칼럼, "미래를 리드하려면, '아시아 전문가'가 되자!" 수정 인용

23. 이하, 〈한겨레신문〉(2011.06.09), 졸필 칼럼, "'청년문제'가 던지는 시대적 메시지", 〈매일경제신문〉(2011.07.01), 졸필 칼럼, "청년실업, 해외 현지채용으로 넘자", 수정 인용

한중일 기본 비교

● 한국

https://terms.naver.com/entry.nhn?docId=3533406&cid=58550&categoryId=58551
https://terms.naver.com/entry.nhn?docId=795692&cid=46624&categoryId=46624

● 중국

https://namu.wiki/w/%EB%82%98%EB%AC%B4%EC%9C%84%ED%82%A4:%EB%8C%80%EB%AC%B8

https://kimjujuparkjuju.blog.me/221364081804

● 일본

https://terms.naver.com/entry.nhn?docId=956621&cid=43787&categoryId=43788

http://news.kotra.or.kr/user/nationInfo/kotranews/14/userNationBasicView.do?nationIdx=51

한중일 역사연표

● 한국 관점

https://blog.naver.com/khjksj37/221078481716

● 중국 관점

http://www.docin.com/p-323724371.html

● 일본 관점

https://blog.naver.com/khjksj37/221078481716